U0603193

中学生思辨读本

学术文章的论证魅力

余党绪 编

上海教育出版社
SHANGHAI EDUCATIONAL
PUBLISHING HOUSE

序　一

于　漪

　　余党绪老师的"中学生思辨读本"丛书即将出版,嘱我写序。有幸先期阅读,深受启发的同时,敬意油然而生。在当下急功近利之风劲吹的日子里,能静下心来坚持十多年研究中学阅读教学,并作切实的改进,使学生实实在在受益,很是难能可贵。

　　阅读是一种心智锻炼。读现代人的书,可与同时代的人作精神上的沟通交谈;读古人的书,可继承古圣先贤的精神遗产。读书可以享受或吸取学问家思想家多年的心血的结晶,是青年学生获得真正教养的最重要的途径之一。阅读的量与质直接影响他们心灵发育的状况。有人如此判断:一个人的阅读史就是他的心灵发育史。此话寓意深刻,一点不假。然而,由于较长时间应试教育作祟,教书不育人、求学不读书的现象比比皆是。说的是素质教育,行的是应试教育,对分数顶礼膜拜;说的是阅读重要,行的是题海战术,对考点奉若神明。在功利氛围浓重的情况下,要破解阅读教学难题,是要有点勇气、执着精神和仁爱之心的。

　　首先是勇于直面学生阅读状况的现实。课外阅读量少,只做题目,不读书,有些只读片段。教材阅读量又有限制,每册仅六七万字。阅读贫困,何来文化积淀? 何来视野? 何来识见? 何来语文素养? 阅读量不足显而易见,阅读的质、阅读的方式也令人担忧:低水平重复,在文字表面跳荡的"浅阅读",从应考派生出来的机械化阅读模式等,对学生心灵的滋养不仅无益,而且在有意无意间产生负面影响。余党绪老师对此了然于胸,从思辨性阅读入手,改进阅读教学,破解中学阶段阅读低效的难题,冲破阅读定式,打开阅读教学的新局面。

说说方便,做起来绝非轻而易举。需要时日、精力与智慧,没有十数年如一日的孜孜以求的执着精神,是难以见到成效的。

中学阶段是人的价值观、思维方式与人格形成的关键时期,读什么,怎么读,影响他们价值取向的选择,思维的锻炼与发展,思想、道德、性格、气质、知识、能力向上向善的逐步形成与完善。因此,从学生成长的内在需求出发,余党绪老师以思辨性阅读为抓手,从四个方面着力。

一是阅读杂文佳品。杂文是作者思想根基与文化底色的生动反映,文字特色鲜明,尺幅能起波澜,千字可兴风雨,学生坚持阅读其中作品,内心在受到思想穿透力冲击的同时,思维方式获得锻炼,还享受到激浊扬清、正本清源的快乐。二是阅读经典。经典是历久弥新的人类精神世界的精华,自然的魅力、社会的奥秘、生命的密码、人生的智慧均蕴含于其字里行间,能从不同角度、不同层面给人以无限的遐想和不尽的启迪,组织学生切实读几本经典,不是附庸风雅,不是装门面,而是静下心来,以读促写,以写促读,来回数遍,从中吸取养料,滋养心灵。中学阶段以此作人生的奠基,认识社会,思考人生,追求高尚,憧憬理想,终生受到教益。三是阅读"万字时文"。徘徊于精巧的"心灵鸡汤"式美文的阅读,学生写作不仅容易模式化,而且容易视野狭窄,胸中无时代风云激荡,无多彩文化赏析、滋润。精选"万字时文"组织学生阅读,上百万字的佳文进入学生的眼帘,进入学生的心田,文化视野得到大大开阔,思维力获得发展,理解和运用语言文字能力于潜移默化中获得提升。四是阅读古典诗歌。优秀的古典诗歌不仅是炼字炼句的高标,而且是抒写生命的本真、人性的本色。引领学生进入此瑰丽的宝库,他们会从驰骋的想象、充沛的感情、鲜明的形象、深邃的思想和音乐般的语言中,感受到优美、动人、鼓舞、力量。诗,像种子一样,有一股顽强的爆发力，好的诗歌破土而出之后，会和芳香的空气融合，长久地弥漫大地。余党绪老师组织学生读诗，不仅披文以入情，而且引导学生由"情"而入"理"，以"理"的观照，突破"情"个体的局限。古典诗歌思辨性地阅读，别有一番生命感受与心灵体验。

这套读本，单是选择就需花费大量精力。博览才能做到约取，其中的筛选、剔除，要有眼力，有识见，作品本身要反复比较、多方衡量，更为重要的是，中学生健康成长在情感、态度、价值观等方面内在需求这把标尺。既尊重今日学习的现实，又瞻望明日长足发展的需要，铺几块扎扎实实的基石，让学生今日走得稳当，明日更能大步前行。这种十几年坚持不懈的阅读实践，支撑的是教师对学生生命成长的热切期盼，对莘莘学子的仁爱之心。

这种阅读教学的改进一扫我说你做的陈腐气，而是师生互动，思想碰撞，心灵交流。比如杂文卷文后点评就是教师和学生一起学习、探究、争议的产物；经典名著阅读指导的撰写，让学生分享阅读的智慧，分享教师的人生；时文阅读中学生俨然是主角，他们写摘要，写读后感，写评点，还要写5000字的"时文综述"，逻辑思维得到大大锻炼，对文章宏观把握与掌控的能力得到大大提升，文后附的"读点"就是师生共同阅读的感悟和创造。至于诗歌卷思辨性阅读指导是教师和工作室学员的共同创造，学生要读，提高阅读的量和质；青年教师更要读，率先垂范，做"腹有诗书气自华"的人。

古今中外的佳作珍品具有巨大的魔力，亲近它，热爱它，人会改变，心灵会辉煌起来，语文会高雅起来。不说别的，单读一读这套读本，就可感受到一届届学生在专心阅读，用心思考，精心表达，一个个鲜活的生命在进步，在成长，一扫人间低俗之气，带给人们无限的希望。

希望以书为伴的美丽风景线能辐射到更多的学校、更多的学生之中。

序　二

孙绍振

我读过不少中学骨干教师、特级教师的很有见地的文章,往往以感性经验的丰富见长。经验是可贵的,但是,不管是个人的还是集体的,甚至是民族的、时代的,都免不了狭隘。不向理论层面提升,就不可能全面而深邃:感觉到了的不一定理解,而且可能肤浅、片面乃至错误,故不论阅读还是为人,都不能跟着感觉走。只有理解了的才能纠正错误的感觉,使原本肤浅的感觉进一步深化。而这种深化,就要有相应的广度,起码要超越教科书的限度。这就需要相当的学养。对经验作理性的分析,把丰富的教学经验和理论研究结合起来,是语文教学在质量上突破的战略方向。然而,当前语文教学的瓶颈,乃在教师中鲜有学术追求者,这在文本阅读中表现特别突出。面对个案文本不能作深度分析,从表面到表面作无效低效的滑行,滔滔者天下皆是"语文课上和不上一个样"的抱怨之声。

这是由于一味把精神集中于"怎么教"却脱离了"教什么"这一根本问题,一味满足于在教法上花样翻新,沉迷于多媒体的豪华包装和肤浅的伪对话。根治之道乃是提高广大一线教师对文本的研究能力,缩短和学术前沿的距离。这当然任重道远,也许需要不止一代人的努力,但若不如此,语文教学表面性、陈腐性的顽症就很难根治。

当然,在这方面,就我有限的涉猎而言,在中学一线教师中有深厚学养基础且有相当研究能力者正在崛起,像黄玉峰、王栋生、程少堂老师那样的当非个别,只是在数量上稀罕而已。

可喜的是,由于一批拥有硕士乃至博士学位的后起之秀正在改变教学落后于学术研究的现状,他们在语文教学上表现出某种学术性,如浙江的沈江峰、谢澹,广东的熊芳芳,湖北的文勇,山东的单波,等等。他们个性风貌各有不同,但在学术性上都有某种可喜的突破,这正是语文教学的希望所在。在这一群体中,余党绪当属佼佼者,虽然在学术上还有相当长的路要走,这与他还年轻有关。他引起我惊异的是他的文本分析能力,他在写作上的逻辑展开能力,甚至他在一些观念上的突破能力。例如,对于古典诗歌,一般老师拘于"诗缘情"的经典论说,缺乏对此说的具体分析,而他特别提出不能停留在"诗缘情",不能只停留在情感宣泄和感染上,因为古典诗歌拥有穿透时空的情感力量,与其蕴含的思想密不可分,与其构思中的思维特性相关。因此,诗歌的"理解"最重要。值得一提的是,这表面上是一种观念,实质上则是一种自觉的思想方法,也就是把情与理作为对立面来分析的辩证的思维方法。正是由于对辩证方法的灵活运用,他对于杂文的理解达到了相当深邃的境地。他认为杂文的思维方式,主要是批判性的、逆向的,这有利于培养一个人独立、自主和求异的思维方式。因此,他不像一般教师那样停留在对杂文的被动欣赏层次上,而是把杂文作为在思维上展开分析的素材,或者可以说,当作叶圣陶先生所说的"例子"。一般论者都把叶圣陶所说的"例子"理解为静止的阅读的例子,这无疑是片面的。叶圣陶文本解读的开山之作《文章例话》还有一个副标题——叶圣陶的二十七堂作文课。余党绪不但继承了叶圣陶的这种精神,而且将其发扬光大。他显然意识到自己作为一线教师与一般文学批评家不同,其任务不仅在于理解,而且在于将理解转化为学生写作的能力,这是一个艰巨的系统工程,难得的是,他建构了相当可行的操作程序,不但贯串在他的课本教学中,也贯串在课外文学经典的阅读中,他把文学经典阅读与写作(包括高考写作)结合起来。文学经典是历史的积淀,与青少年的经验有时间上和空间上的遥远距离,但是,余党绪聪明地将之归结为一系列超越时空和民族文化的共同"母题",诸如成长、苦难、良知、命运等,这就缩短了经典与当代青少年的距离。借助名著及名著之间的"互文"关系,可以更好地理解这些"母题"。比如从"成长与成功"的角度解读《西游记》,但《哈姆莱特》《鲁滨孙漂流记》《悲惨世界》《红与黑》《红楼梦》何尝不能理解为一个关于成长与成功的故事?将之与中学生的写作联系起来,这样,他归纳出经典名著阅读的要义乃在基于理解、深化于运用,就相当切实、相当深邃,不像某些热衷于玩弄种种大而化之口号者那样流于空洞。

　　这当然与他作为高中教师独特的教学思想有关,他比较强调"理性"与"理解"。"理性"主要指教学内容和思维方法,"理解"是对教学过程的一个概括,即以学生的"理解"为核心,组织教学和相关活动。在写作教学中,也很注重理性内容的建构,注重将不同类别的阅读与写作实践结合起来。这套书包括诗歌、名著、杂文和时文等,都体现了这一理念。

前言

我的阅读教学改进:思辨性阅读

余党绪

一

　　2015年初,"中学生思辨读本"一套4本面世了。编写这套读本的初衷很简单,就是总结10多年思辨性阅读教学的经验,同时将自己精心搜集和整理的阅读资源分享给更多的人。没想到,书一面世就受到市场的肯定,一印再印;有些学校将这套书作为推荐书目,引导学生通读;还有教研机构,甚至将其作为教师培训用书。诸如此类,都给了我极大的鼓励,让我坚信我的探索是有意义的,思辨性阅读是有价值的;同时也给了我很多压力,总害怕因为自己的能力缺陷或观念偏见而愧待了读者。现在有机会修订再版,虽然不能让它脱胎换骨,但总算也能借机做一点调整,做一些修补,于这套书也算是一件幸事了。尤其让我欣喜的,是这次新推出的《学术文章的论证魅力》。学术性文章本来是思辨性阅读的重要内容,笔者在长文阅读中也多有涉猎。有了它,"思辨读本"少了很多缺憾。

　　阅读是语文的命门,而思维是阅读的命门;在教学的意义上,有什么样的阅读就有什么样的思维,有什么样的思维就有什么样的阅读。这个观念,从模糊到清晰,从游移到坚定,从自我反省到传播推广,几乎用去了我半生的时光。回望这20多年的探索,我不知道,这到底是值得开心呢,还是应该悲哀。这原本应该是个常识,也应该是个共识。可在众声喧嚣之下,常识与共识却成了稀缺的东西。想想当初的自己,也曾一度沉溺于各种大词,好发高论,喜作深沉,譬如我的一篇关于经典阅读的文章《阅读经典,涵养人文》,现在看看,难掩羞赧。什么叫"涵养"? 如果没有下足文本细读的功夫,如果缺乏真切的思辨与必要的探究,"涵养"何来? 但是,我们习惯了这一套宏大的语词,沉溺其中,难以自拔。譬如现在谈语文教学,几乎人人都在强调"守正创新",听起来颇为允当,可是,何谓"正",何谓"新"? 倘若连"正"的内涵都言人人殊,每个人都以"正"自居,高喊"守正创新"又有什么意义!

重建共识与常识,不仅关乎语文这个学科的发展,而且与一代教师的职业生命相关,还会长久地影响青少年的语文学习与精神成长。

2018年,《普通高中语文课程标准(2017年版)》颁布。新课标明确提出了"思维发展与提升"的学科核心素养,并推出了"思辨性阅读与表达"学习任务群。该任务群的目标是"发展实证、推理、批判与发现的能力,增强思维的逻辑性和深刻性……提高理性思维水平"。新课标确立了思维教育的地位,阐明了思辨性阅读的价值,彰显了批判性思维的意义。也许,新课标有助于我们达成新的共识。

2015年,这套书刚面世的时候,批判性思维还被不少人视为异端;4年之后,批判性思维已经回归了原本的内涵:探究与实证、求真与发现。

一套书的命运,也折射出观念的更新,思想的开化,时代的进步。

二

量少,质次,结构不合理,效益也有限,这是10多年前我对学生阅读状况的评价。遗憾的是,时至今日,这个状况并未得到根本的改变。

　　"量"的问题众所周知,自不必说。关键是这有限的"量",其"质"也不能让人信服。首先,课文在长度、容量和难度上缺乏梯度。文章的优劣,自然不能以长短、容量来论,但一篇一两千字的文章,不管怎样严丝合缝、花团锦簇,承载的内容都是有限的。随着学生认知水准与阅读能力的提升,他们热爱新知,渴望挑战,寻求突破。遗憾的是,在阅读教学中,低水平重复的多,老生常谈的多,内容浮浅的多,课文多是些一眼即可洞穿的文章。在语文学习中,有些重复和反复是必要的、有价值的,但低水平的反复只能加重学生的厌倦和厌恶。

　　不同的文章,阅读的心境不同,对阅读素养的要求也不一样。读物的容量小,思想肤浅,时间久了,学生自然心生居高临下之感。这种"君临式"的阅读,容易养成随意、散漫和浮躁的阅读心理,即人们常说的"浅阅读"。当然,容量超越了学生的认知水平和阅读能力,又会挫伤学生阅读的热情和兴趣。但是,目前的主要危险还是来自"浅阅读"。当下盛行的网络阅读,在阅读方式上主要是浏览、跳读、略读,缺乏独立、理性的分析与论证,我将其称为"感知—印证"式阅读,它印证的只是老生常谈或自以为是的观念;在内容上,则趋于平面化、娱乐化、简单化,"抓眼球"的诉求远胜于"摄人心"的实效;而现行的阅读检测,也存在将文本碎片化、简单化和教条化的倾向。若教材选文的容量和难度再不能激发学生细读与探究的欲望,必然会助长这种"浅阅读"的习气。

　　相反,如果读物的内容保持恰当的新鲜感与挑战性,保持略高于学生水准的长度和容量,则需要学生精神集中,摒除杂念,思维清晰,前后关联,排除干扰,且需要有一定的人生体验、背景知识和逻辑思维素养。这一点恰恰是目前的阅读教学中最稀缺的。

学生读长文的机会不多,读经典名著的机会更少。限于教材的篇幅,即便读,也多是节选,接触的是名著的片段,算是蜻蜓点水、浮光掠影、浅尝辄止。像沈从文的《边城》、卡夫卡的《变形记》、梭罗的《瓦尔登湖》、鲁迅的《阿Q正传》等,都以节选的形式出现在教材中。这自有其价值,但名著的价值离不开它的全息性和生命整体性。读片段,或许就破坏了这种完整性,就像欣赏美人,只能看到她最漂亮的鼻子或脖子,却看不到她的全身,总有遗珠之憾。其实,窥一斑而知全豹,见一叶而知秋,又要短平快,又要高效益,至少在艺术欣赏方面难以做到两全其美。

量不足,质不高,结构比例也不合理。中学阶段是人的价值观、思维方式和人格形成的关键时期。从认知方式和思维特点看,这个阶段是理性精神和逻辑推断力、抽象思辨和批判性思维形成的关键时期。在我看来,这方面的强调还远远不够,与人们对"想象力"的鼓吹比较一下,就不难明白。有人将牛顿发现万有引力归功于他的想象力,却没想到,倘若牛顿没有良好的科学素养,没有科学的思维方式,缺乏质疑反思的能力,再多的苹果砸在他头上,也催生不了万有引力的灵感。其实,理性精神与想象力一样重要。孤零零地强调想象力的培养,反而会妨碍我们去做一些基础性的工作,比如培养学生的独立人格、批判精神和怀疑意识。想象力主要是一种天赋和潜能,更需要的是保护、鼓励和开发;与此相对,理性精神则主要通过后天的教育而养成,只有严密的课程设计和教学安排才能保障它的生长与发育。单从目前的课文构成看,理性的、思辨性的、批判性的文章数量偏少,编排上也缺乏必要的合理设计。结合学生精神与文化成长的实际状况,是不是应该考虑一下其中的比例偏向呢?

量少,质次,结构不合理,而在方法上,除了感悟、揣摩、涵养、沉浸之类看似亲切实则玄空的字眼,实际上也提供不了什么行之有效的具体方法。

阅读教学效益的低下,自然有众多原因,但读什么与怎样读,肯定是两个关键因素。

三

阅读教学的改进,不外乎两种思路:一是阅读内容的重组,从"读什么"的维度寻求改进之道;二是教学方式的革新,从"怎样读"的维度进行方法变革。自然,"读什么"也会刺激"怎样读",而"怎样读"也会刺激"读什么",两种改进的思路总会交织和融汇在一起。近 20 年来,我进行过万字时文阅读、杂文阅读、经典精读、诗歌阅读等探索,一开始只是希望增加学生的阅读量,随着阅读内容的不断拓展和边界的不断跨越,阅读方式也必须随之做出调整,这促使我反思以感受与体验为主的传统阅读教学的不足,而选择了以"超越感性、走向理性"为精神实质的"思辨性阅读"。

比如万字时文阅读。本来,开展万字时文阅读,是为了纠正中小学阅读中短文与片段"为王"的偏颇,但随着阅读改进的不断深入,我发现,长文与短文的区别,绝不仅仅只是字数和容量上的差距,更多的是结构方式与思维方式的不同。长文阅读,不仅需要更多的时间和精力,而且需要更高的思维品质与阅读素养。曹文轩说:"一个孩子必须阅读规模较大的作品,随着年龄的增长,越应当如此。因为,大规模的作品,在结构方式上,是与短篇作品很不一样的。短篇作品培养的是一种精巧和单纯的思维方式,而长篇作品培养的是一种宏阔、复杂的思维方式。"与短文相比,长文就属于"规模较大的作品"。

　　习惯了短文阅读的学生，面对长文与整本书，阅读品质方面的缺陷一下子就暴露了。他们很难长时间地集中注意力——我称为不能"坐下来"，这是外在的表现。我做过一些粗略的统计，发现高一学生的有效阅读时间大多在10多分钟，此后就会抓耳挠腮，左顾右盼，开始走神与分心。这与长期的短文阅读习惯相关——短文阅读大多能在10来分钟完成。更难的则是"读下去"——在阅读过程中，始终保持思维的专注、持续与连贯，这是典型的浅阅读的内在状态——常常读了后面忘了前面，看到结果忘记了原因，思维处在飘忽不定的碎片化状态，结果自然是难以"读进去"。

　　坐不下来，读不下去，读不进去，这是长文阅读必须解决的问题。为了改变学生浮躁、肤浅、随性的阅读习惯，我在选文上下足了功夫，希望借助读物本身的特质来吸引或者逼迫学生"坐下来，读下去，读进去"，这就是我后来总结的选文"三标准"：一是思想认知上，要高于学生；二是文化视野上，要宽于学生；三是写作艺术上，要优于学生。形象地概括，就是要接近学生阅读水准的"极限"。那些华而不实、空洞无物的，一概不选；晦涩、玄虚的，不选；与学生的认知水准距离太远的，不选；伪抒情、伪情调、伪崇高的，不选。面对这样的选文，"一眼洞穿""瞬间把握""整体感悟"显然已不可能，学生必须保持聚焦的、持续的挑战与求索的心态，必须借助已有知识和信息，进行有效的分析、推断与论证，这样的阅读，必然走向深度思考与深度学习。

四

　　引进万字长文阅读，算是我的一个"创举"；而对习以为常的阅读方式的批判与改进，则是我的阅读改进的另一个尝试，比如在诗歌与杂文的阅读中我一直探索的专题式阅读，在经典名著阅读中开展的母题式阅读。

我主张中小学生多读古典诗歌,原因在于,古典诗歌可能是传统文化中最纯净的类别,虽然在诗歌的汪洋大海中,难免有无聊、庸俗甚至堕落之作,但相比其他文类,古典诗歌总体上更健康、更纯洁、更富有生活的情趣、更富有生命的力量。

但问题是,我们的学生从幼儿园到高中读的古诗,单看数量已经很可观了,但有多少转化成了自身的生命资源和文化资源呢?个中原因:第一,缺乏深切的理解,伪鉴赏盛行;第二,缺乏必要的思辨与整合。碎片化阅读的结果,必然是一地鸡毛。

从初中就开始的诗歌教学,在刷题中狂飙,在套路中突进,一路走来,收缴的是学习古诗的热情与兴趣,掠夺的是学生的灵性与创造性。这样的诗歌教学,恰恰践踏了诗的精神,背离了诗的本真。我们仰望的不再是星空,而是虚空;触摸的不是空灵,而是空洞。这样的诗歌学习,除了"眼前的苟且",哪还有什么"诗和远方"?

理解是鉴赏的基础,缺乏分析与理解的所谓移情与顿悟,都是伪鉴赏。这样的诗歌教学,很难切入学生的认知建构,更难切入学生的精神成长。

缺乏必要的思辨与整合,则是诗歌教学低效的另一个重要原因。阅读古诗,理解传统的价值观与生活方式,理解传统文化的是非优劣,在现代人与古人之间,架起一座生命体验与人生经验的桥梁,汲取诗歌中的精神力量,这是比中高考拿分更有意义的事情。显然,这个过程需要学生的对比、辨析、整合和转化,而不仅是死记硬背与所谓的沉浸体验。

我的改进之道,就是专题统领与驱动下的思辨性阅读。将诗词归纳在不同的专题下:生与死、情与怨、功与名、家与国、物与我、穷与达……这些专题基本上囊括了一个传统诗人所要面对的社会命题、所要经历的生命境遇和所要解决的人生问题。孤零零的一首诗,很容易沦落为汪洋大海中的一叶孤舟。要想牢记它,让它成为自己的"活性知识",还须将它与其他诗歌关联起来,与真实的生活关联起来,与自我的人生体验关联起来。这样,专题的辨析与探究就构成了阅读与学习的任务,有了明确的任务,思辨就有了源源不断的动力。

在杂文阅读中,我也借鉴了专题阅读的做法。杂文犀利的思想、思辨的说理和精巧的构思,往往能给学生醍醐灌顶、恍然大悟的感受,甚至让某个理念从此在他心里生根发芽。我给杂文的功能定位,就是"让思想摇撼心灵",给学生以思想的冲击与启迪。我的做法是按照思想专题给杂文分类,一个专题之下搜罗 10 来篇文章,让学生在这些经典杂文的交相辉映下,开展群文阅读,以准确和明确地认识某个理念。我指导过的专题,包括独立人格、自由思想、公民意识、理性精神、质疑能力、悲悯情怀、回到常识、坚守良知、拒绝遗忘、审美人生等等。效果之妙,堪比四两拨千斤。

从长文阅读到群文阅读与专题阅读,这个演进的线路里,隐含着怎样的内在机理呢?

五

我还有一个颇为自得的阅读改进,就是坚持了近 20 年的经典精读。这里特别说明,是精读,不是一般意义上的阅读。从理念看,比较接近今天的整本书阅读。骄傲地说,读经典名著的学校不少,但像我们那样,近 20 年前就用课程与教学来保证与支持的,恐怕不多。所谓"精读",强调的就是在教师的指导下开展文本细读。在单调而又烦琐的应试教育中,经典精读教学给了我另一种深切的教育体验。那就是创造的乐趣与育人的喜悦。我开过《呐喊》《彷徨》《俄狄浦斯王》《鲁滨孙漂流记》《三国演义》《悲惨世界》等课程,而教学,也从一开始的天马行空、高谈阔论推进到后来的母题式阅读。这其中经历的苦闷与挫折,可谓一言难尽,而今回想起来,则是无尽的感慨与获得感。

一部伟大的经典所能提供的精神与心理空间,大到足够每个读者都可以在其中找到自己的镜像,这是我们对经典的信托。其实,在经典面前,我们也应该有足够的自信——我说的这种自信与我们的学识无关——人性的相通,这是任何一个读者都该自信的理由。相信自己的理解力与批判力,也是基于对人性的信任,坚信另一个时空下的人,也和我们流着一样的泪。每个人都可能在用自己的人生诠释一部经典,这种自信才是理解力与批判力的源泉。

这就是经典的思辨性教学的初衷。经典看起来高不可攀,读者往往处在从属的、被动的位置,作为模仿者、练习者和体悟者而存在,似乎阅读所能追求的最高境界,就是与作品达成共鸣。对于那些有碍于共鸣的因素,都须"反躬自问",而反思也局限在"自我检讨"的层面。思辨性阅读则强调读者以主体的姿态切入文本,不以共鸣为目标,而以平等对话为桥梁,追求个人理解的完善与超越。这必然是一个不断质疑、论证、反思和评估的过程,也是一个反复的、螺旋式发展的过程。

号召学生拥抱经典,鼓动学生积极思辨,不如为学生提供必要的目标、路径与方法。后者才是教师的本职与本行。如何来激励、引导和驱动学生持续的阅读与深度的思考?我曾经尝试过各种读法,但最终选择了以"母题"来引导和推动学生的阅读与理解。在课程建设与教学安排上,以母题的理解与探讨为核心,追求经典名著资源化、阅读过程思辨化、活动设计情境化,我将这种阅读称为

"母题式阅读"。譬如,这套读本中的《经典名著的人生智慧》所涉及的文学母题是这样的:

1.《鲁滨孙漂流记》:冒险与生存
2.《红与黑》:野心与尊严
3.《三国演义》:功名与道义
4.《西游记》:成长与成功
5.《悲惨世界》:苦难与罪恶
6.《复活》:堕落与拯救
7.《俄狄浦斯王》:命运与担当
8.《水浒传》:反叛与规训
9.《哈姆莱特》:使命与命运

母题是个体在成长中必然面临的问题与选择,母题也是连接个体与社会、个体与文化的桥梁。因此,母题的思辨与探究,有助于将经典名著转化成为学生的文化成长与人格成长的资源,有助于推动学生的深度思考与研究性学习。

六

从单篇文章到群文阅读,从专题阅读到母题阅读,内在的驱动因素就是思考,思考才是阅读中最重要的因素,这就是本文开头所说的阅读教学的常识与共识。长文阅读,希望借助文章的主题与内容的压力,迫使学生进入真正的思考之中,而不要停留在飘飘忽忽、随意散漫的状态;群文阅读,试图通过文章与文章的关联,推动学生的推断、溯因、寻找异同,进行有意义的思考与建构;专题阅读,通过合理的专题设定,为学生的思考提供方向与源源不断的动力;而母题的选择与确定,则有利于引导学生在一个相对明晰的视域与框架下,让思考走向理性与清明。

聚焦思维,这个结论不是来自空想或演绎,而是来自我的教学实践与探索。我的教学在静静地改变,我的理念也在发生悄无声息的变化。在"阅读过程思辨化"的探索中,我有意地做了一些更为超前的探索,比如学术性阅读。其实,在长文阅读的探索中,我就发现,高中生对说理性、学术性的文章是有需求的,那些兼顾了学术性与可读性的文章,比起一般的散文或随笔,往往更受学生青睐。于是,我给学生推荐了鲁迅、冯友兰、孙绍振、雷颐,以及黄仁宇、佩雷菲特等,推荐了朱光潜的严恭静正的《中西诗在情趣上的比较》,也推荐李伯重将"粪便"纳入学术视野的《粪土重于万户侯》……何谓学术? 我以为一在求真、二在论证,以论证来求真,乃学术的精髓。通过学术性文章的阅读,培养学生的思维品质,或许是更为直接的路径。因为,思维,本质上即是一连串的推理与论证。

阅读教学的探索,方向不少,路径很多,但总会聚焦到学生的阅读活动,聚焦到阅读中的思考,聚焦到学生的学习方式。这是一种必然,这是当代教育"人文转向"的重要表现,也是现代学习理论的重大转向。

聚焦阅读中的思考,这必然导向思辨性阅读。思辨性阅读是理性主导的阅读,是对话式的阅读,是探究式的阅读,也是建构式的阅读。

目录

第二部分　**历史与社会**

第三部分　**哲学与思想**

第一部分

文学与艺术

魏晋风度及文章与药及酒之关系①

——九月间在广州夏期学术演讲会讲

鲁 迅

【阅读提示】

文章先从汉末魏初的文风说起。清峻、通脱、华丽、壮大,如此文风的形成,与汉末魏初的政治风尚和领袖人物的个性不无关系。除了曹氏父子,"建安七子"也是魏晋风度的代表人物,他们慷慨悲壮的文风,正是汉末"白骨露于野,千里无鸡鸣"悲惨时世的折射。

以何晏、王弼为代表的"正始名士",以嵇康、阮籍为代表的"竹林七贤",好谈老庄,竞为清谈,放浪形骸,不拘礼法,或耽于药,或醉于酒,这些怪诞不经的言行,正是他们内心的矛盾与痛苦的曲折表现。鲁迅甚至断言:"他们的本心,恐怕倒是相信礼教,当作宝贝,比曹操司马懿们要迂执得多。"

文学史家王瑶先生认为本文能够体现出鲁迅最精辟的文学史研究方法——"典型现象法",即从纷繁复杂的文学进程中选择可以反映文学史的历史特征的文学现象,然后在具体的历史展开过程中,把这些现象同时代背景和社会思潮

① 选自《鲁迅全集》(第三卷)(人民文学出版社2005年版),鲁迅著。

相联系,同文人的生活和作品相联系。比如,鲁迅把他拟写的六朝文学的一章定名为"酒、药、女、佛",这四个字指的都是文学现象,关于"酒"与"药",本文中已有精彩的论述。从"药与酒"的生活风尚中,看到"魏晋风度与文章"的深刻内涵,这正是鲁迅的不凡之处。

比起严恭静正的学术文章,演讲稿的长处不在于严谨周全的论证,而在于观点与表达的冲击力——演讲的现场感与对话感,也更能激发演讲者的灵感与才思。本文亦是如此。像"服散"与宽袍大袖、不鞋而屐、扪虱而谈之间的关系,都是断语式的表达,论证并不充分;但总体上,文章有一种纵横捭阖的气度,大起大落,活泼通脱,时有睿智与幽默之语,激发思考。没有深厚的学力功底,难有如此洒脱深厚之语。

我今天所讲的,就是黑板上写着的这样一个题目。

中国文学史,研究起来,可真不容易,研究古的,恨材料太少,研究今的,材料又太多,所以到现在,中国较完全的文学史尚未出现。今天讲的题目是文学史上的一部分,也是材料太少,研究起来很有困难的地方。因为我们想研究某一时代的文学,至少要知道作者的环境,经历和著作。

汉末魏初这个时代是很重要的时代,在文学方面起一个重大的变化,因当时正在黄巾和董卓大乱之后,而且又是党锢的纠纷之后,这时曹操出来了。——不过我们讲到曹操,很容易就联想起《三国志演义》,更而想起戏台上那一位花面的奸臣,但这不是观察曹操的真正方法。现在我们再看历史,在历史上的记载和论断有时也是极靠不住的,不能相信的地方很多,因为通常我们晓得,某朝的年代长一点,其中必定好人多;某朝的年代短一点,其中差不多没有好人。为什么呢?因为年代长了,做史的是本朝人,当然恭维本朝的人物,年代短了,做史的是别朝人,便很自由地贬斥其异朝的人物,所以在秦朝,差不多在史的记载上半个好人也没有。曹操在史上年代也是颇短的,自然也逃不了被后一朝人说坏话的公例。其实,曹操是一个很有本事的人,至少是一个英雄,我虽不是曹操一党,但无论如何,总是非常佩服他。

研究那时的文学,现在较为容易了,因为已经有人做过工作:在文集一方面有清严可均辑的《全上古三代秦汉三国晋南北朝文》。其中于此有用的,是《全汉文》《全三国文》《全晋文》。

在诗一方面有丁福保辑的《全汉三国晋南北朝诗》。——丁福保是做医生的,现在还在。

辑录关于这时代的文学评论有刘师培编的《中国中古文学史》。这本书是北大的讲义,刘先生已死,此书由北大出版。

上面三种书对于我们的研究有很大的帮助。能使我们看出这时代的文学的确有点异彩。

我今天所讲,倘若刘先生的书里已详的,我就略一点;反之,刘先生所略的,我就较详一点。

董卓之后,曹操专权。在他的统治之下,第一个特色便是尚刑名。他的立法是很严的,因为当大乱之后,大家都想做皇帝,大家都想叛乱,故曹操不能不如此。曹操曾自己说过:"倘无我,不知有多少人称王称帝!"这句话他倒并没有说谎。因此之故,影响到文章方面,成了清峻的风格。——就是文章要简约严明的意思。

此外还有一个特点,就是尚通脱。他为什么要尚通脱呢?自然也与当时的风气有莫大的关系。因为在党锢之祸以前,凡党中人都自命清流,不过讲"清"讲得太过,便成固执,所以在汉末,清流的举动有时便非常可笑了。

比方有一个有名的人,普通的人去拜访他,先要说几句话,倘这几句话说得不对,往往会遭倨傲的待遇,叫他坐到屋外去,甚而至于拒绝不见。

又如有一个人,他和他的姊夫是不对的,有一回他到姊姊那里去吃饭之后,便要将饭钱算回给姊姊。她不肯要,他就于出门之后,把那些钱扔在街上,算是付过了。

个人这样闹闹脾气还不要紧,若治国平天下也这样闹起执拗的脾气来,那还成甚么话? 所以深知此弊的曹操要起来反对这种习气,力倡通脱。通脱即随便之意。此种提倡影响到文坛,便产生多量想说甚么便说甚么的文章。

更因思想通脱之后,废除固执,遂能充分容纳异端和外来的思想,故孔教以外的思想源源引入。

总括起来,我们可以说汉末魏初的文章是清峻,通脱。在曹操本身,也是一个改造文章的祖师,可惜他的文章传的很少。他胆子很大,文章从通脱得力不少,做文章时又没有顾忌,想写的便写出来。

所以曹操征求人才时也是这样说,不忠不孝不要紧,只要有才便可以。这又是别人所不敢说的。曹操做诗,竟说是"郑康成行酒伏地气绝",他引出离当时不久的事实,这也是别人所不敢用的。还有一样,比方人死时,常常写点遗令,这是名人的一件极时髦的事。当时的遗令本有一定的格式,且多言身后当葬于何处何处,或葬于某某名人的墓旁;操独不然,他的遗令不但没有依着格式,内容竟讲到遗下的衣服和伎女怎样处置等问题。

陆机虽然评曰"贻尘谤于后王",然而我想他无论如何是一个精明人,他自己能做文章,又有手段,把天下的方士文士统统搜罗起来,省得他们跑在外面给他捣乱。所以他帷幄里面,方士文士就特别地多。

孝文帝曹丕,以长子而承父业,篡汉而即帝位。他也是喜欢文章的。其弟曹植,还有明帝曹叡,都是喜欢文章的。不过到那个时候,于通脱之外,更加上华丽。丕著有《典论》,现已失散无全本,那里面说:"诗赋欲丽","文以气为主"。《典论》的零零碎碎,在唐宋类书中;一篇整的《论文》,在《文选》中可以看见。

　　后来有一般人很不以他的见解为然。他说诗赋不必寓教训,反对当时那些寓训勉于诗赋的见解,用近代的文学眼光看来,曹丕的一个时代可说是"文学的自觉时代",或如近代所说是为艺术而艺术(Art for Art's Sake)的一派。所以曹丕做的诗赋很好,更因他以"气"为主,故于华丽以外,加上壮大。归纳起来,汉末、魏初的文章,可说是"清峻,通脱,华丽,壮大"。在文学的意见上,曹丕和曹植表面上似乎是不同的。曹丕说文章事可以留名声于千载;但子建却说文章小道,不足论的。据我的意见,子建大概是违心之论。这里有两个原因,第一,子建的文章做得好,一个人大概总是不满意自己所做而羡慕他人所为的,他的文章已经做得好,于是他便敢说文章是小道;第二,子建活动的目标在于政治方面,政治方面不甚得志,遂说文章是无用了。

　　曹操、曹丕以外,还有下面的七个人:孔融,陈琳,王粲,徐幹,阮瑀,应场,刘桢,都很能做文章,后来称为"建安七子"。七人的文章很少流传,现在我们很难判断;但,大概都不外是"慷慨""华丽"罢。华丽即曹丕所主张,慷慨就因当天下大乱之际,亲戚朋友死于乱者特多,于是为文就不免带着悲凉、激昂和"慷慨"了。

　　七子之中,特别的是孔融,他专喜和曹操捣乱。曹丕《典论》里有论孔融的,因此他也被拉进"建安七子"一块儿去。其实不对,很两样的。不过在当时,他的名声可非常之大。孔融作文,喜用讥嘲的笔调,曹丕很不满意他。孔融的文章现在传的也很少,就他所有的看起来,我们可以瞧出他并不大对别人讥讽,只对曹操。比方操破袁氏兄弟,曹丕把袁熙的妻甄氏拿来,归了自己,孔融就写信给曹操,说当初武王伐纣,将妲己给了周公了。操问他的出典,他说,以今例古,大概那时也是这样的。又比方曹操要禁酒,说酒可以亡国,非禁不可,孔融又反对他,说也有以女人亡国的,何以不禁婚姻?

　　其实曹操也是喝酒的。我们看他的"何以解忧? 惟有杜康"的诗句,就可以知道。为什么他的行为会和议论矛盾呢?此无他,因曹操是个办事人,所以不得不这样做;孔融是旁观的人,所以容易说些自由话。曹操见他屡屡反对自己,后来借故把他杀了。他杀孔融的罪状大概是不孝。因为孔融有下列的两个主张:

第一,孔融主张母亲和儿子的关系是如瓶之盛物一样,只要在瓶内把东西倒了出来,母亲和儿子的关系便算完了。第二,假使有天下饥荒的一个时候,有点食物,给父亲不给呢?孔融的答案是,倘若父亲是不好的,宁可给别人。——曹操想杀他,便不惜以这种主张为他不忠不孝的根据,把他杀了。倘若曹操在世,我们可以问他,当初求才时就说不忠不孝也不要紧,为何又以不孝之名杀人呢?然而事实上纵使曹操再生,也没人敢问他,我们倘若去问他,恐怕他把我们也杀了!

与孔融一同反对曹操的尚有一个祢衡,后来给黄祖杀掉的。祢衡的文章也不错,而且他和孔融早是"以气为主"来写文章的了。故在此我们又可知道,汉文慢慢壮大起来,是时代使然,非专靠曹操父子之功的。但华丽好看,却是曹丕提倡的功劳。

这样下去一直到明帝的时候,文章上起了个重大的变化,因为出了一个何晏。

何晏的名声很大,位置也很高,他喜欢研究《老子》和《易经》。至于他是怎样的一个人呢?那真相现在可很难知道,很难调查。因为他是曹氏一派的人,司马氏很讨厌他,所以他们的记载对何晏大不满。因此产生许多传说,有人说何晏的脸上是搽粉的,又有人说他本来生得白,不是搽粉的。但究竟何晏搽粉不搽粉呢?我也不知道。

但何晏有两件事我们是知道的。第一,他喜欢空谈,是空谈的祖师;第二,他喜欢吃药,是吃药的祖师。

此外,他也喜欢谈名理。他身子不好,因此不能不服药。他吃的不是寻常的药,是一种名叫"五石散"的药。

"五石散"是一种毒药,是何晏吃开头的。汉时,大家还不敢吃,何晏或者将药方略加改变,便吃开头了。五石散的基本,大概是五样药:石钟乳,石硫黄,白石英,紫石英,赤石脂;另外怕还配点别样的药。但现在也不必细细研究它,我想各位都是不想吃它的。

从书上看起来,这种药是很好的,人吃了能转弱为强。因此之故,何晏有钱,他吃起来了;大家也跟着吃。那时五石散的流毒就同清末的鸦片的流毒差不多,看吃药与否以分阔气与否的。现在由隋巢元方做的《诸病源候论》的里面可以看到一些。据此书,可知吃这药是非常麻烦的,穷人不能吃,假使吃了之后,一不小心,就会毒死。先吃下去的时候,倒不怎样的,后来药的效验既显,名曰"散发"。倘若没有"散发",就有弊而无利。因此吃了之后不能休息,非走路不可,因走路才能"散发",所以走路名曰"行散"。比方我们看六朝人的诗,有云"至城东行散",就是此意。后来做诗的人不知其故,以为"行散"即步行之意,所以不服药也以"行散"二字入诗,这是很笑话的。

走了之后,全身发烧,发烧之后又发冷。普通发冷宜多穿衣,吃热的东西。但吃药后的发冷刚刚要相反:衣少,冷食,以冷水浇身。倘穿衣多而食热物,那就非死不可。因此五石散一名寒食散。只有一样不必冷吃的,就是酒。

吃了散之后,衣服要脱掉,用冷水浇身;吃冷东西;饮热酒。这样看起来,五石散吃的人多,穿厚衣的人就少;比方在广东提倡,一年以后,穿西装的人就没有了。因为皮肉发烧之故,不能穿窄衣。为豫防皮肤被衣服擦伤,就非穿宽大的衣服不可。现在有许多人以为晋人轻裘缓带,宽衣,在当时是人们高逸的表现,其实不知他们是吃药的缘故。一班名人都吃药,穿的衣都宽大,于是不吃药的也跟着名人,把衣服宽大起来了!

还有,吃药之后,因皮肤易于磨破,穿鞋也不方便,故不穿鞋袜而穿屐。所以我们看晋人的画像或那时的文章,见他衣服宽大,不鞋而屐,以为他一定是很舒服,很飘逸的了,其实他心里都是很苦的。

更因皮肤易破,不能穿新的而宜于穿旧的,衣服便不能常洗。因不洗,便多虱。所以在文章上,虱子的地位很高,"扪虱而谈",当时竟传为美事。比方我今天在这里演讲的时候,扪起虱来,那是不大好的。但在那时不要紧,因为习惯不同之故。这正如清朝是提倡抽大烟的,我们看见两肩高耸的人,不觉得奇怪。现在就不行了,倘若多数学生,他的肩成为一字样,我们就觉得很奇怪了。

此外可见服散的情形及其他种种的书,还有葛洪的《抱朴子》。

到东晋以后,作假的人就很多,在街旁睡倒,说是"散发"以示阔气。就像清时尊读书,就有人以墨涂唇,表示他是刚才写了许多字的样子。故我想,衣大,穿屐,散发,等等,后来效之,不吃也学起来,与理论的提倡实在是无关的。

又因"散发"之时,不能肚饿,所以吃冷物,而且要赶快吃,不论时候,一日数次也不可定。因此影响到晋时"居丧无礼"。——本来魏晋时,对于父母之礼是很繁多的。比方想去访一个人,那么,在未访之前,必先打听他父母及其祖父母的名字,以便避讳。否则,嘴上一说出这个字音,假如他的父母是死了的,主人便会大哭起来——他记得父母了——给你一个大大的没趣。晋礼居丧之时,也要瘦,不多吃饭,不准喝酒。但在吃药之后,为生命计,不能管得许多,只好大嚼,所以就变成"居丧无礼"了。

居丧之际,饮酒食肉,由阔人名流倡之,万民皆从之,因为这个缘故,社会上遂尊称这样的人叫作名士派。

吃散发源于何晏,和他同志的,有王弼和夏侯玄两个人,与晏同为服药的祖师。有他三人提倡,有多人跟着走。他们三人多是会做文章,除了夏侯玄的作品流传不多外,王何二人现在我们尚能看到他们的文章。他们都是生于正始的,所以又名曰"正始名士"。但这种习惯的末流,是只会吃药,或竟假装吃药,而不会做文章。

东晋以后,不做文章而流为清谈,由《世说新语》一书里可以看到。此中空论多而文章少，比较他们三个差得远了。三人中王弼二十余岁便死了，夏侯何二人皆为司马懿所杀。因为他二人同曹操有关系，非死不可，犹曹操之杀孔融，也是借不孝做罪名的。

二人死后，论者多因其与魏有关而骂他，其实何晏值得骂的就是因为他是吃药的发起人。这种服散的风气，魏、晋，直到隋、唐，还存在着，因为唐时还有"解散方"，即解五石散的药方，可以证明还有人吃，不过少点罢了。唐以后就没有人吃，其原因尚未详，大概因其弊多利少，和鸦片一样罢？

晋名人皇甫谧作一书曰《高士传》，我们以为他很高超。但他是服散的，曾有一篇文章，自说吃散之苦。因为药性一发，稍不留心，即会丧命，至少也会受非常的苦痛，或要发狂；本来聪明的人，因此也会变成痴呆。所以非深知药性，会解救，而且家里的人多深知药性不可。晋朝人多是脾气很坏，高傲，发狂，性暴如火的，大约便是服药的缘故。比方有苍蝇扰他，竟至拔剑追赶；就是说话，也要胡胡涂涂地才好，有时简直是近于发疯。但在晋朝更有以痴为好的，这大概也是服药的缘故。

魏末，何晏他们以外，又有一个团体新起，叫作"竹林名士"，也是七个，所以又称"竹林七贤"。正始名士服药，竹林名士饮酒。竹林的代表是嵇康和阮籍。但究竟竹林名士不纯粹是喝酒的，嵇康也兼服药，而阮籍则是专喝酒的代表。但嵇康也饮酒，刘伶也是这里面的一个。他们七人中差不多都是反抗旧礼教的。

这七人中，脾气各有不同。嵇阮二人的脾气都很大；阮籍老年时改得很好，嵇康就始终都是极坏的。

阮年青时，对于访他的人有加以青眼和白眼的分别。白眼大概是全然看不见眸子的，恐怕要练习很久才能够。青眼我会装，白眼我却装不好。

后来阮籍竟做到"口不臧否人物"的地步，嵇康却全不改变。结果阮得终其天年,而嵇竟丧于司马氏之手,与孔融何晏等一样,遭了不幸的杀害。这大概是因为吃药和吃酒之分的缘故:吃药可以成仙,仙是可以骄视俗人的;饮酒不会成仙,所以敷衍了事。

他们的态度,大抵是饮酒时衣服不穿,帽也不带。若在平时,有这种状态,我们就说无礼,但他们就不同。居丧时不一定按例哭泣;子之于父,是不能提父的名,但在竹林名士一流人中,子都会叫父的名号。旧传下来的礼教,竹林名士是不承认的。即如刘伶——他曾做过一篇《酒德颂》,谁都知道——他是不承认世界上从前规定的道理的,曾经有这样的事,有一次有客见他,他不穿衣服。人责问他;他答人说,天地是我的房屋,房屋就是我的衣服,你们为什么进我的裤子中来? 至于阮籍,就更甚了,他连上下古今也不承认,在《大人先生传》里有说:"天地解兮六合开,星辰陨兮日月颓,我腾而上将何怀?"他的意思是天地神仙,都是无意义,一切都不要,所以他觉得世上的道理不必争,神仙也不足信,既然一切都是虚无,所以他便沉湎于酒了。然而他还有一个原因,就是他的饮酒不独由于他的思想,大半倒在环境。其时司马氏已想篡位,而阮籍名声很大,所以他讲话就极难,只好多饮酒,少讲话,而且即使讲话讲错了,也可以借醉得到人的原谅。只要看有一次司马懿求和阮籍结亲,而阮籍一醉就是两个月,没有提出的机会,就可以知道了。

阮籍做文章和诗都很好,他的诗文虽然也慷慨激昂,但许多意思都是隐而不显的。宋的颜延之已经说不大能懂,我们现在自然更很难看得懂他的诗了。他诗里也说神仙,但他其实是不相信的。嵇康的论文,比阮籍更好,思想新颖,往往与古时旧说反对。孔子说:"学而时习之,不亦说乎?"嵇康做的《难自然好学论》,却道,人是并不好学的,假如一个人可以不做事而又有饭吃,就随便闲游不喜欢读书了,所以现在人之好学,是由于习惯和不得已。还有管叔蔡叔,是疑心周公,率殷民叛,因而被诛,一向公认为坏人的。而嵇康做的《管蔡论》,就也反对历代传下来的意思,说这两个人是忠臣,他们的怀疑周公,是因为地方相距太远,消息不灵通。

但最引起许多人的注意,而且于生命有危险的,是《与山巨源绝交书》中的"非汤武而薄周孔"。司马懿因这篇文章,就将嵇康杀了。非薄了汤武周孔,在现时代是不要紧的,但在当时却关系非小。汤武是以武定天下的;周公是辅成王的;孔子是祖述尧舜,而尧舜是禅让天下的。嵇康都说不好,那么,教司马懿篡位的时候,怎么办才是好呢?没有办法。在这一点上,嵇康于司马氏的办事上有了直接的影响,因此就非死不可了。嵇康的见杀,是因为他的朋友吕安不孝,连及嵇康,罪案和曹操的杀孔融差不多。魏晋,是以孝治天下的,不孝,故不能不杀。为什么要以孝治天下呢? 因为天位从禅让,即巧取豪夺而来,若主张以忠治天下,他们的立脚点便不稳,办事便棘手,立论也难了,所以一定要以孝治天下。但倘只是实行不孝,其实那时倒不很要紧的,嵇康的害处是在发议论;阮籍不同,不大说关于伦理上的话,所以结局也不同。

但魏晋也不全是这样的情形,宽袍大袖,大家饮酒。反对的也很多。在文章上我们还可以看见裴頠的《崇有论》,孙盛的《老子非大贤论》,这些都是反对王何们的。在史实上,则何曾劝司马懿杀阮籍有好几回,司马懿不听他的话,这是因为阮籍的饮酒,与时局的关系少些的缘故。

然而后人就将嵇康阮籍骂起来,人云亦云,一直到现在,一千六百多年。季札说:"中国之君子,明于礼义而陋于知人心。"这是确的,大凡明于礼义,就一定要陋于知人心的,所以古代有许多人受了很大的冤枉。例如嵇阮的罪名,一向说他们毁坏礼教。但据我个人的意见,这判断是错的。魏晋时代,崇奉礼教的看来似乎很不错,而实在是毁坏礼教,不信礼教的。表面上毁坏礼教者,实则倒是承认礼教,太相信礼教。因为魏晋时所谓崇奉礼教,是用以自利,那崇奉也不过偶然崇奉,如曹操杀孔融,司马懿杀嵇康,都是因为他们和不孝有关,但实在曹操司马懿何尝是著名的孝子,不过将这个名义,加罪于反对自己的人罢了。于是老实人以为如此利用,亵渎了礼教,不平之极,无计可施,激而变成不谈礼教,不信礼教,甚至于反对礼教。——但其实不过是态度,至于他们的本心,恐怕倒是相信礼教,当作宝贝,比曹操司马懿们要迂执得多。现在说一个容易明白的比喻罢,譬如有一个军阀,在北方——在广东的人所谓北方和我常说的北方的界限有些不同,我常称山东山西直隶河南之类为北方——那军阀从前是压迫民党的,后来北伐军势力一大,他便挂起了青天白日旗,说自己已经信仰三民主义了,是总理的信徒。这样还不够,他还要做总理的纪念周。这时候,真的三民主义的信徒,去呢,不去呢? 不去,他那里就可以说你反对三民主义,定罪,杀人。但既然在他的势力之下,没有别法,真的总理的信徒,倒会不谈三民主义,或者听人假惺惺的谈起来就皱眉,好像反对三民主义模样。所以我想,魏晋时所谓反对礼教的人,有许多大约也如此。他们倒是迂夫子,将礼教当作宝贝看待的。

还有一个实证,凡人们的言论、思想、行为,倘若自己以为不错的,就愿意天下的别人、自己的朋友都这样做。但嵇康阮籍不这样,不愿意别人来模仿他。竹林七贤中有阮咸,是阮籍的侄子,一样的饮酒。阮籍的儿子阮浑也愿加入时,阮籍却道不必加入,吾家已有阿咸在,够了。假若阮籍自以为行为是对的,就不当拒绝他的儿子,而阮籍却拒绝自己的儿子,可知阮籍并不以他自己的办法为然。至于嵇康,一看他的《绝交书》,就知道他的态度很骄傲的;有一次,他在家打铁——他的性情是很喜欢打铁的——钟会来看他了,他只打铁,不理钟会。钟会没有意味,只得走了。其时嵇康就问他:"何所闻而来,何所见而去?"钟会答道:"闻所闻而来,见所见而去。"这也是嵇康杀身的一条祸根。但我看他做给他的儿子看的《家诫》——当嵇康被杀时,其子方十岁,算来当他做这篇文章的时候,他的儿子是未满十岁的——就觉得宛然是两个人。他在《家诫》中教他的儿子做人要小心,还有一条一条的教训。有一条是说长官处不可常去,亦不可住宿;官长送人们出来时,你不要在后面,因为恐怕将来官长惩办坏人时,你有暗中密告的嫌疑。又有一条是说宴饮时候有人争论,你可立刻走开,免得在旁批评,因为两者之间必有对与不对,不批评则不像样,一批评就总要是甲非乙,不免受一方见怪。还有人要你饮酒,即使不愿饮也不要坚决地推辞,必须和和气气的拿着杯子。我们就此看来,实在觉得很希奇:嵇康是那样高傲的人,而他教子就要他这样庸碌。因此我们知道,嵇康自己对于他自己的举动也是不满足的。所以批评一个人的言行实在难,社会上对于儿子不像父亲,称为"不肖",以为是坏事,殊不知世上正有不愿意他的儿子像自己的父亲哩。试看阮籍嵇康,就是如此。这是,因为他们生于乱世,不得已,才有这样的行为,并非他们的本态。但又于此可见魏晋的破坏礼教者,实在是相信礼教到固执之极的。

不过何晏王弼阮籍嵇康之流,因为他们的名位大,一般的人们就学起来,而所学的无非是表面,他们实在的内心,却不知道。因为只学他们的皮毛,于是社会上便很多了没意思的空谈和饮酒。许多人只会无端的空谈和饮酒,无力办事,也就影响到政治上,弄得玩"空城计",毫无实际了。在文学上也这样,嵇康阮籍的纵酒,是也能做文章的,后来到东晋,空谈和饮酒的遗风还在,而万言的大文如嵇阮之作,却没有了。刘勰说:"嵇康师心以遣论,阮籍使气以命诗。"这"师心"和"使气",便是魏末晋初的文章的特色。正始名士和竹林名士的精神灭后,敢于师心使气的作家也没有了。

到东晋,风气变了。社会思想平静得多,各处都夹入了佛教的思想。再至晋末,乱也看惯了,篡也看惯了,文章便更和平。代表平和的文章的人有陶潜。他的态度是随便饮酒,乞食,高兴的时候就谈论和做文章,无尤无怨。所以现在有人称他为"田园诗人",是个非常和平的田园诗人。他的态度是不容易学的,他非常之穷,而心里很平静。家常无米,就去向人家门口求乞。他穷到有客来见,连鞋也没有,那客人给他从家丁取鞋给他,他便伸了足穿上了。虽然如此,他却毫不为意,还是"采菊东篱下,悠然见南山"。这样的自然状态,实在不易模仿。他穷到衣服也破烂不堪,而还在东篱下采菊,偶然抬起头来,悠然的见了南山,这是何等自然。现在有钱的人住在租界里,雇花匠种数十盆菊花,便做诗,叫作"秋日赏菊效陶彭泽体",自以为合于渊明的高致,我觉得不大像。

陶潜之在晋末,是和孔融于汉末与嵇康于魏末略同,又是将近易代的时候。但他没有什么慷慨激昂的表示,于是便博得"田园诗人"的名称。但《陶集》里有《述酒》一篇,是说当时政治的。这样看来,可见他于世事也并没有遗忘和冷淡,不过他的态度比嵇康阮籍自然得多,不至于招人注意罢了。还有一个原因,先已说过,是习惯。因为当时饮酒的风气相沿下来,人见了也不觉得奇怪,而且汉魏晋相沿,时代不远,变迁极多,既经见惯,就没有大感触,陶潜之比孔融嵇康和平,是当然的。例如看北朝的墓志,官位升进,往往详细写着,再仔细一看,他是已经经历过两三个朝代了,但当时似乎并不为奇。

据我的意思,即使是从前的人,那诗文完全超于政治的所谓"田园诗人""山林诗人",是没有的。完全超出于人间世的,也是没有的。既然是超出于世,则当然连诗文也没有。诗文也是人事,既有诗,就可以知道于世事未能忘情。譬如墨子兼爱,杨子为我。墨子当然要著书;杨子就一定不著,这才是"为我"。因为若做出书来给别人看,便变成"为人"了。

由此可知陶潜总不能超于尘世,而且,于朝政还是留心,也不能忘掉"死",这是他诗文中时时提起的。用别一种看法研究起来,恐怕也会成一个和旧说不同的人物罢。

自汉末至晋末文章的一部分的变化与药及酒之关系,据我所知的大概是这样。但我学识太少,没有详细的研究,在这样的热天和雨天费去了诸位这许多时光,是很抱歉的。现在这个题目总算是讲完了。

【思考】

1. 从"药与酒"的生活现象洞察"魏晋风度与文章",这样的讨论隐含了一个怎样的假设前提?你认可这个假设吗?

2. 文末谈到了我们熟悉的东晋大诗人陶渊明。为什么陶渊明会有"和平""自然"的诗风?作者又是怎样解释的?

中西诗在情趣上的比较①

朱光潜

【阅读提示】

　　本文讨论"中西诗在情趣上的比较",从人伦、自然,以及哲学和宗教方面深入分析。

　　文章的最大特色是理性的分析与事实的参证相结合。譬如说到人伦,西方社会重个人主义,中国重兼善主义;西方受中世纪骑士风的影响,中国受儒家思想的影响;中国人重婚姻,而西方人重恋爱,等等,这是理性的分析。而在分析的过程中,佐以大量中西方诗人的生活现象与作品,读来理性而不失生动,具体而不至于零碎。对于"中国诗人在自然中只能见到自然,而不能像西方自然诗歌那样能见出一种神秘的巨大的力量"的阐释,显示出同样的论证特色与魅力。

　　"哲学和宗教"这一部分,则是对前两个问题的挖掘与追索。中国诗人何以在爱情中只能见到爱情、在自然中只能见到自然,而不能有深一层的彻悟呢?根源在中国人的哲学与宗教观念上。作者认为,中国人总体上重实际而不务玄想,重人伦而轻玄学,这样的生活态度与思维方式决定了中国诗歌的总体风貌。在论述过程中,作者还用大量篇幅讨论

---

　　① 选自《朱光潜集》(花城出版社 2009 年版),朱光潜著。

老、庄、释、道等文化"异类"给诗歌创作带来的影响。在儒家文化的主导与支配下,这些"异类"未能改变中国诗歌的总体风貌与"趣味"。

朱光潜先生在文中传达出这样的文化价值观:民族文化的长处,或许正隐藏着该文化的短板。这是我们在复兴传统文化的过程中,应有的一种思辨的文化态度。

诗的情趣随时随地而异,各民族各时代的诗都各有它的特色。拿它们来参观互较是一种很有趣味的研究。我们姑且拿中国诗和西方诗来说,它们在情趣上就有许多的有趣的同点和异点。西方诗和中国诗的情趣都集中于几种普泛的题材,其中最重要者有(一)人伦(二)自然(三)宗教和哲学几种。我们现在就依着这个层次来说:

(一)**先说人伦** 西方关于人伦的诗大半以恋爱为中心。中国诗言爱情的虽然很多,但是没有让爱情把其他人伦抹杀。朋友的交情和君臣的恩谊在西方诗中不甚重要,而在中国诗中则几与爱情占同等位置。把屈原、杜甫、陆游诸人的忠君爱国爱民的情感拿去,他们诗的精华便已剥丧大半。从前注诗注词的人往往在爱情诗上贴上忠君爱国的徽帜,例如毛苌注《诗经》把许多男女相悦的诗看成讽刺时事的。张惠言说温飞卿的《菩萨蛮》十四章为"感士不遇之作"。这种办法固然有些牵强附会。近来人却又另走极端,把真正忠君爱国的诗也贴上爱情的徽帜,例如《离骚》《远游》一类的著作竟有人认为爱情诗。我以为这也未免失之牵强附会。看过西方诗的学者见到爱情在西方诗中那样重要,以为它在中国诗中也应该很重要。他们不知道中西社会情形和伦理思想本来不同,恋爱在从前的中国实在没有现代中国人所想的那样重要。中国叙人伦的诗,通盘计算,关于友朋交谊的比关于男女恋爱的还要多,在许多诗人的集中,赠答酬唱的作品,往往占其大半。苏李、建安七子、李杜、韩孟、苏黄、纳兰成德与顾贞观①诸人的交谊古今传为美谈,在西方诗人中为歌德和席勒、华兹华斯与柯尔律治、济慈和雪莱、魏尔伦与兰波②诸人虽亦以交谊著,而他们的集中叙友朋乐趣的诗却极少。

恋爱在中国诗中不如在西方诗中重要,有几层原因。第一,西方社会表面上虽以国家为基础,骨子里却侧重个人主义。爱情在个人生命中最关痛痒,所以尽量发展,以至掩盖其他人与人的关系。说尽一个诗人的恋爱史往往就已说尽他的生命史,在近代尤其如此。中国社会表面上虽以家庭为基础,骨子里却侧重兼善主义。文人往往费大半生的光阴于仕宦羁旅,"老妻寄异县"是常事。他们朝夕所接触的不是妇女,而是同僚与文字友。

第二,西方受中世纪骑士风的影响,女子地位较高,教育也比较完善,在学问和情趣上往往可以与男子欣合,在中国得于友朋的乐趣,在西方往往可以得之于妇人女子。中国受儒家思想的影响,女子的地位较低。夫妇恩爱常起于伦理观念,在实际上志同道合的乐趣颇不易得。加以中国社会理想侧重功名事业,"随着四婆裙"在儒家看是一件耻事。

第三,东西恋爱观相差也甚远。西方人重视恋爱,有"恋爱至上"的标语。中国人重视婚姻而轻视恋爱,真正的恋爱往往见于"桑间濮上"③。潦倒无聊、悲观厌世的人才肯公然寄情于声色,像隋炀帝李后

————————

①　顾贞观是清进士,著名词人纳兰成德的汉人布衣知己之一。他曾居中介绍纳兰与江南才女沈宛结合;所写两首寄友《金缕曲》深为纳兰赏识,并运动清相明珠解决了顾词中所提及的冤案。

②　法国19世纪诗人阿尔图·兰波与同代的诗人保尔·魏尔伦不仅同为反叛传统的先锋派诗人,两人还曾有过长达两年的畸恋。

③　桑间在濮上之上,是古代卫国地名。据说当地青年男女不遵礼教,秘密幽会成风。《礼记·乐记》:"桑间濮上之音,亡国之音也。"

主几位风流天子都为世所诟病。我们可以说，西方诗人要在恋爱中实现人生，中国诗人往往只求在恋爱中消遣人生。中国诗人脚踏实地，爱情只是爱情；西方诗人比较能高瞻远瞩，爱情之中都有几分人生哲学和宗教情操。

这并非说中国诗人不能深于情。西方爱情诗大半写于婚媾之前，所以称赞容貌诉申爱慕者最多；中国爱情诗大半写于婚媾之后，所以最佳者往往是惜别悼亡。西方爱情诗最长于"慕"，莎士比亚的十四行体诗，雪莱和布朗宁诸人的短诗是"慕"的胜境；中国爱情诗最善于"怨"，《卷耳》《柏舟》《迢迢牵牛星》，曹丕的《燕歌行》，梁玄帝的《荡妇秋思赋》以及李白的《长相思》《怨情》《春思》诸作是"怨"的胜境。总观全体，我们可以说，西诗以直率胜，中诗以委婉胜；西诗以深刻胜，中诗以微妙胜；西诗以铺陈胜，中诗以简隽胜。

（二）次说自然　在中国和在西方一样，诗人对于自然的爱好都比较晚起。最初的诗都偏重人事，纵使偶尔涉及自然，也不过如最初的画家用山水为人物画的背景，兴趣中心却不在自然本身。《诗经》是最好的例子。"关关雎鸠，在河之洲"只是作"窈窕淑女，君子好逑"的陪衬；"蒹葭苍苍，白露为霜"只是作"所谓伊人，在水一方"的陪衬。自然比较人事广大，兴趣由人也因之得到较深广的意蕴。所以自然情趣的兴起是诗的发达史中一件大事。这件大事在中国起于晋宋之交约当公历纪元后五世纪左右；在西方则起于浪漫运动的初期，在公历纪元后十八世纪左右。所以中国自然诗的发生比西方的要早一千三百年的光景。一般说诗的人颇鄙视六朝，我以为这是一个最大的误解。六朝是中国自然诗发轫的时期，也是中国诗脱离音乐而在文字本身求音乐的时期。从六朝起，中国诗才有音律的专门研究，才创新形式，才寻新情趣，才有较精妍的意象，才吸哲理来扩大诗的内容。就这几层说，六朝可以说是中国诗的浪漫时期，它对于中国诗的重要亦正不让于浪漫运动之于西方诗。

　　中国自然诗和西方自然诗相比，也像爱情诗一样，一个以委婉、微妙简隽胜，一个以直率、深刻铺陈胜。本来自然美有两种，一种是刚性美，一种是柔性美。刚性美如高山、大海、狂风、暴雨、沉寂的夜和无垠的沙漠，柔性美如清风皓月、暗香疏影、青螺似的山光和媚眼似的湖水。昔人诗有"骏马秋风冀北，杏花春雨江南"两句可以包括这两种美的胜境。艺术美也有刚柔的分别，姚鼐《与鲁絜非书》已详论过。诗如李杜，词如苏辛，是刚性美的代表；诗如王孟，词如温李，是柔性美的代表。中国诗自身已有刚柔的分别，但是如果拿它来比较西方诗，则又西诗偏于刚，而中诗偏于柔。西方诗人所爱好的自然是大海，是狂风暴雨，是峭崖荒谷，是日景；中国诗人所爱好的自然是明溪疏柳，是微风细雨，是湖光山色，是月景。这当然只就其大概说。西方未尝没有柔性美的诗，中国也未尝没有刚性美的诗，但西方诗的柔和中国诗的刚都不是它们的本色特长。

　　诗人对于自然的爱好可分三种。最粗浅的是"感官主义"，爱微风以其凉爽，爱花以其气香色美，爱鸟声泉水声以其对于听官愉快，爱青天碧水以其对于视官愉快。这是健全人所本有的倾向，凡是诗人都不免带有几分"感官主义"。近代西方有一派诗人，叫作"颓废派"的，专重这种感官主义，在诗中尽量铺陈声色臭味。这种嗜好往往出于个人的怪癖，不能算诗的上乘。诗人对于自然爱好的第二种起于情趣的默契欣合。"相看两不厌，惟有敬亭山""平畴交远风，良苗亦怀新""万物静观皆自得，四时佳兴与人同"诸诗所表现的态度都属于这一类。这是多数中国诗人对于自然的态度。第三种是泛神主义，把大自然全体看作神灵的表现，在其中看出不可思议的妙谛，觉到超于人而时时在支配人的力量。自然的崇拜于是成为一种宗教，它含有极原始的迷信和极神秘的哲学。这是多数西方诗人对于自然的态度，中国诗人很少有达到这种境界的。陶潜和华兹华斯都是著名的自然诗人，他们的诗有许多相类似。我们拿他们两人来比较，就可以见出中西诗人对于自然的态度大有分别。我们姑拿陶诗《饮酒》为例：

> 采菊东篱下，悠然见南山。
>
> 山气日夕佳，飞鸟相与还。
>
> 此中有真意，欲辩已忘言。

　　从此可知他对于自然，还是取"好读书不求甚解"的态度。他不喜"久在樊笼里"，喜"园林无俗情"，所以居在"方宅十余亩，草屋八九间"的宇宙里，也觉得"称心而言，人亦易足"。他的胸襟这样豁达闲适，所以在"缅然睇曾邱"之际常"欣然有会意"。但是他不"欲辩"，这就是他和华兹华斯及一般西方诗人的最大异点。华兹华斯也讨厌"俗情""爱邱山"，也能乐天知足，但是他是一个沉思者，是一个富于宗教情感者。他自述经验说："一朵极平凡的随风荡漾的花，对于我可以引起不能用泪表现得出来的那么深的思想。"他在《听滩寺》诗里又说他觉到有"一种精灵在驱遣一切深思者和一切思想对象，并且在一切事物中运旋"。这种彻悟和这种神秘主义和中国诗人与自然默契相安的态度显然不同。中国诗人在自然中只能听见到自然，西方诗人在自然中往往能见出一种神秘的巨大的力量。

　　（三）**哲学和宗教**　中国诗人何以在爱情中只能见到爱情，在自然中只能见到自然，而不能有深一层的彻悟呢？这就不能不归咎于哲学思想的平易和宗教情操的淡薄了。诗虽不是讨论哲学和宣传宗教的工具，但是它的后面如果没有哲学和宗教，就不易达到深广的境界。诗好比一株花，哲学和宗教好比土壤，土壤不肥沃，根就不能深，花就不能茂。西方诗比中国诗深广，就因为它有较深广的哲学和宗教在培养它的根干。没有柏拉图和斯宾诺莎就没有歌德、华兹华斯和雪莱诸人所表现的理想主义和泛神主义；没有宗教就没有希腊的悲剧、但丁的《神曲》和弥尔顿的《失乐园》。中国诗在荒瘦的土壤中居然现出奇蓓异彩,固然是一种可惊喜的成绩,但是比较西方诗,终嫌美中有不足。我爱中国诗,我觉得在神韵微妙格调高雅方面往往非西诗所能及,但是说到深广伟大,我终无法为它护短。

就民族性说,中国人颇类似古罗马人,处处都脚踏实地走,偏重实际而不务玄想,所以就哲学说,伦理的信条最发达,而有系统的玄学则寂然无闻;就文学说,关于人事及社会问题的作品最发达,而凭虚结构的作品则寥若晨星。中国民族性是最"实用的",最"人道的"。它的长处在此,它的短处也在此。它的长处在此,因为以人为本位说,人与人的关系最重要,中国儒家思想偏重人事,涣散的社会居然能享到二千余年的稳定,未始不是它的功劳。它的短处也在此,因为它过重人本主义和现世主义,不能向较高远的地方发空想,所以不能向高远处有所企求。社会既稳定之后,始则不能前进,继则因其不能前进而失其固有的稳定。

我说中国哲学思想平易,也未尝忘记老庄一派的哲学。但是老庄比较儒家固较玄邃,比较西方哲学家,仍是偏重人事。他们很少离开人事而穷究思想的本质和宇宙的来源。他们对于中国诗的影响虽很大,但是因为两层原因,这种影响不完全是可满意的。第一,在哲学上有方法和系统的分析易传授,而主观的妙悟不易传授。老庄哲学都全凭主观的妙悟,未尝如西方哲学家用明了有系统的分析为浅人说法,所以他们的思想传给后人的只是糟粕。老学流为道家言,中国诗与其说是受老庄的影响,不如说是受道家的影响。第二,老庄哲学尚虚无而轻视努力,但是无论是诗或是哲学,如果没有西方人所重视的"坚持的努力"(sustained effort)都不能鞭辟入里。老庄两人自己所造虽深而承其教者却有安于浅的倾向。

我们只要把老庄影响的诗研究一番,就可以见出这个道理。中国诗人大半是儒家出身,陶潜和杜甫是著例。但是有四位大诗人受老庄的影响最深,替儒教化的中国诗特辟一种异境。这就是《离骚》《远游》中的屈原(假定作者是屈原)，《咏怀诗》中的阮籍，《游仙诗》中的郭璞，以及《日出入行》《古有所思》和《古风》五十九首中的李白。我们可以把他们统称为"游仙派诗人"。他们所表现的思想如何呢? 屈原说:

> 惟天地之无穷兮，哀人生之长勤。往者余弗及兮，来者吾不闻。……漠虚静以恬愉兮，澹无为而自得。闻赤松之清尘兮，愿承风乎遗则。
>
> ——《远游》

阮籍在《咏怀诗》里说:

> 去者余不及，来者吾不留。
> 愿登太华山，上与松子游。

郭璞在《游仙诗》里说:

> 时变感人思，已秋复愿夏。
> 淮海变微禽，吾生独不化!
> 虽欲腾丹谿，云螭非我驾。

李白在《古风》里说:

> 黄河走东溟，白日落西海，
> 逝川与流光，飘忽不相待。
> ⋯⋯⋯⋯⋯⋯
> 吾当乘云螭，吸景驻光彩。

这几节诗所表现的态度是一致的,都是想由厌世主义走到超世主义。他们厌世的原因都不外看待世相的无常和人寿的短促。他们超世的方法都是揣摩道家炼丹延年驾鹤升仙的传说。但是这只是一种想望,他们都没有实现仙境,没有享受到他们所想望的极乐。所以屈原说:

高阳邈以远兮,余将焉所程?

阮籍说:

采药无旋返,神仙志不符。逼此良可感,令我久踟蹰。

郭璞说:

虽欲腾丹谿,云螭非我驾。

李白说:

我思仙人,乃在碧海之东隅。海寒多天风,白波连山倒蓬壶,长鲸喷涌不可涉,抚心茫茫泪如珠。

他们都是不满意于现世而有所渴求于另一世界。这种渴求颇类西方的宗教情操,照理应该能产生一个很华严灿烂的理想世界来。但是他们的理想都终于"流产"。他们对于现实的悲苦虽然都看得极清楚,而对于另一世界的想象却很模糊。他们的仙境有时在"碧云里",有时在"碧海之东隅",有时又在西王母所住的瑶池。据李白的计算,它"去天三百里"。仙境有"上皇",服侍他的有吹笙的玉童和持芙蓉的灵妃。王乔、安期生、赤松子诸人是仙界的"使徒"。仙境也很珍贵人世所珍贵的繁华,只看"玉杯服琼浆""但见金银台",就可以想象仙人的阔绰。仙人也不忘情于云山林泉的美景,所以"青溪千余仞""云生梁栋间""翡翠戏兰苕"都值得流连玩赏。仙人最大的幸福是长寿,郭璞说"千岁方婴孩"还是太短,李白的仙人却"一餐历万岁"。仙人都有极大的本领,能"囊括大块""吸景驻光阴""挥手折若木""拂此西日光"。升仙的方法是乘云驾鹤,但有时要采药炼丹,向"真人""长跪问宝诀"。

这种仙界的意象都从老庄的虚无主义出发,兼采道家高举遗世的思想。他们不知道后世道家虽托老学以自重,而道家思想和老子哲学实有根本不能相容处。老子以为"人之大患在于有身",所以持"无欲以观其妙"为处世金针,而道家却拼命以求长寿,不能忘怀于琼楼玉宇和玉杯灵液的繁华。超世而不能超欲,这是游仙派诗人的矛盾。他们的矛盾还不仅此,他们表面虽想望超世,而骨子里却仍带有很浓厚的儒家淑世主义的色彩,他们到底还没有丢开中国民族所特具的人道。屈原、阮籍、李白诸人都本有济世忧民的大抱负。阮籍号称猖狂,而在《咏怀诗》中仍有"生命几何时,慷慨各努力"的劝告。李白在《古风》里言志,也说"我志在删述,垂辉映千春"。他们本来都有淑世的志愿,看到世事的艰难和人寿的短促,于是逃到老庄的虚无清静主义,学道家作高举遗世的企图。他们所想望的仙境又渺不可追,"虽欲腾丹谿,云螭非我驾",仍不免"抚心茫茫泪如珠",于是又回到人境,尽量求一时的欢乐而寄情于醇酒妇人。"欲远集而无所止兮,聊浮游以逍遥",在屈原为愤慨之谈,在阮籍和李白便成了涉世的策略。这一派诗人都有日暮途穷无可如何的痛苦。从淑世到厌世,因厌世而求超世,超世不可能,于是又落到玩世,而玩世亦终不能无忧苦。他们一生都在这种矛盾和冲突中徘徊。真正大诗人必从这种矛盾和冲突中徘徊过来,但是也必能战胜这种矛盾和冲突而得到安顿。但丁、莎士比亚和歌德都未尝没有徘徊过，他们所以超过阮籍、李白一派诗人者就在他们得到最后的安顿，而阮李诸人则终止于徘徊。

中国游仙派诗人何以止于徘徊呢？这要归咎于我们在上文所说过的哲学思想的平易和宗教情操的淡薄。哲学思想平易，所以无法在冲突中寻出调和，不能造成一个可以寄托心灵的理想世界。宗教情操淡薄，所以缺乏"坚持的努力"，苟安于现世而无心在理想世界求寄托，求安慰。屈原、阮籍、李白诸人在中国诗人中是比较能抬头向高远处张望的，他们都曾经向中国诗人所不常去的境界去探险，但是民族性的累太重，他们刚飞到半天空就落下地。所以在西方诗人心中的另一世界的渴求能产生《天堂》《失乐园》《浮士德》诸杰作，而在中国诗人心中的另一世界的渴求只能产生《远游》《咏怀诗》《游仙诗》和《古风》一些简单零碎的短诗。

老庄和道家学说之外，佛学对于中国诗的影响也很深。可惜这种影响未曾有人仔细研究过。我们首先应注意的一点就是，受佛教影响的中国诗大半只有"禅趣"而无"佛理"。"佛理"是真正的佛家哲学，"禅趣"是和尚们静坐山寺参悟佛理的趣味。佛教从汉朝传入中国，到魏晋以后才见诸吟咏，孙绰《游天台山赋》是其滥觞。晋人中以天分论，陶潜最宜于学佛，所以远公①竭力想结交他，邀他入"白莲社"，他以许饮酒为条件，后来又"攒眉而去"，似乎有不屑于佛的神气。但是他听到远公的议论，告诉人说它"令人颇发深省"。当时佛学已盛行，陶潜在无意之中不免受有几分影响。他的《与子俨等疏》中：

> 少学琴书，偶爱闲静，开卷有得，便欣然忘食。见树木交荫，时鸟变声，亦复欢然有喜。尝言五六月中，北窗下卧，遇凉风暂

① 东晋庐山东林寺高僧慧远。他是当时名士谢灵运、陶潜等人的朋友，年长谢五十多岁。慧远逝世后，谢灵运写有《远公祖师塔铭》，该文广为传颂。

至,自谓是羲皇上人。

一段是参透禅机的话。他的诗描写这种境界的也极多。陶潜以后,中国诗人受佛教影响最深而成就最大的要推谢灵运、王维和苏轼三人。他们的诗专说佛理的极少,但处处都流露一种禅趣。我们细玩他们的全集,才可以得到这么一个总印象。如摘句为例,则谢灵运的"白云抱幽石,绿筱媚清涟""虚馆绝诤讼,空庭来鸟雀",王维的"兴阑啼鸟换,坐久落花多""倚杖柴门外,临风听暮蝉"和苏轼的"舟行无人岸自移,我卧读书牛不知""敲门都不应,倚仗听江声"诸句的境界都是我所谓"禅趣"。

他们所以有"禅趣"而无"佛理"者固然由于诗本来不宜说理,同时也由于他们所羡慕的不是佛教而是佛教徒。晋以后中国诗人大半都有"方外交",谢灵运有远公,王维有瑗公和操禅师,苏轼有佛印。他们很羡慕这班高僧的言论风采,常偷"浮生半日闲"到寺里去领略"参禅"的滋味,或是同禅师交换几句趣语。诗境与禅境本来相通,所以诗人和禅师常能默然相契。中国诗人对于自然的嗜好比西方诗要早一千几百年,究其原因,也和佛教有关系。魏晋的僧侣已有择山水胜境筑寺观的风气,最早见到自然美的是僧侣(中国僧侣对于自然的嗜好或受印度僧侣的影响,印度古婆罗门教徒便有隐居山水胜境的风气,《沙恭达那》剧可以为证)。僧侣首先见到自然美,诗人则从他们的"方外交"学得这种新趣味。"禅趣"中最大的成分便是静中所得于自然的妙悟,中国诗人所最得力于佛教者就在此一点。但是他们虽有意"参禅",却无心"证佛",要在佛理中求消遣,并不要信奉佛教求彻底了悟,彻底解脱;入山参禅,出山仍然做他们的官,吃他们的酒肉,眷恋他们的妻子。本来佛教的妙义在"不立文字,见性成佛",诗歌到底仍不免是一种尘障。

佛教只扩大了中国诗的情趣的根底,并没有扩大它的哲理的根底。中国诗的哲理的根底始终不外儒道两家。佛学为外来哲学，所以能合中国诗人口胃者正因其与道家言在表面上有若干类似。晋以后一般人尝把释道并为一事，以为升仙就是成佛。孙绰的《天台山赋》和李白的《赠僧崖公诗》都以为佛老原来可以相通，韩愈辟"异端邪说"，也把佛老并为一说。老子虽尚虚无而却未明言寂灭。他是一个彻底的个人主义者，《道德经》中大部分是老于世故者的经验之谈，所以后来流为申韩刑名法律的学问，佛则以普济众生为旨。老子主张人类回到原始时代的愚昧，佛教人明心见性，衡以老子的"绝圣弃知"的主旨，则佛亦当在绝弃之列。从此可知老与佛根本不能相容。晋唐人合佛于老，也犹如他们合道于老一样，绝对没有想到这种凑合的矛盾。尤其奇怪的是儒家诗人也往往同时信佛。白居易和元稹本来都是彻底的儒者，而白有"吾学空门不学仙，归则须归兜率天"的话，元在《遣病》诗里也说"况我早师佛，屋宅此身形"。中国人原来有"好信教不求甚解"的习惯，这种马虎妥协的精神本也有它的优点，但是与深邃的哲理和有宗教性的热烈的企求都不相容。中国诗达到幽美的境界而没有达到伟大的境界，也正由于此。

【思考】

1. 文章围绕中西诗歌情趣上的比较展开，从人伦，到自然，再到宗教和哲学，请你说说作者为何这样安排，体现了怎样的论证逻辑？

2. 第三部分，文章列举受老庄影响最深的屈原、阮籍、郭璞与李白，即所谓"游仙派诗人"，目的何在？

长安十年①

冯　至

【阅读提示】

　　《杜甫传》是冯至1951年开始创作的一部杜甫的学术性传记。学术性传记要求依照学术研究的理念与原则,以客观事实为依据,对人物及其思想、作品作出合乎社会与文化逻辑的分析与叙述。冯至在《杜甫传》的"前记"中说,"力求每句话都有它的根据,不违背历史","由于史料的缺乏,空白的地方只好任它空白,不敢用个人的想象加以渲染"。这说明,冯至写此书,是严格遵循学术原则的。

　　本节叙述了杜甫在"安史之乱"来临前的"长安十年"的处境、交往与创作,细腻地分析了杜甫在灾难来临前的心路历程与创作情况。山雨欲来风满楼。动乱来临前,上至唐玄宗、李林甫,下至杜甫的朋友高适、岑参和郑虔,以及杜甫的家人,包括夭折的孩子,构成了唐朝社会的一个总体缩影。这就为分析杜甫的诗歌创作提供了一个合理的环境参照。

　　冯至认为杜甫在"长安十年"之前的诗歌不外是"个人遭遇"与"自然界的美丽与雄壮",而"长安十年"让"他给唐代的诗歌开辟了一片新的国土"。

---

① 选自《杜甫传》(人民文学出版社1980年版),冯至著。

从学术研究的角度看,这种"以诗证史、以史证诗"的研究方法叫作"诗文互证"。这个方法使用最好的当数现代学者陈寅恪,他的《元白诗笺证稿》非常娴熟地使用了这个方法。当然,陈寅恪是历史学家,他主要是"以诗证史";而冯至研究的是诗,主要是"以史证诗"。比如以杜甫与郑虔的交往与关系来探寻《醉时歌》的意蕴,这样的分析与推断就有迹可循,有据为证。

唐代的长安是一座规模宏大的京城。东西十八里一百一十五步,南北十五里一百七十五步,全城除去城北的皇宫和东西两市,共有一百一十个正方形或长方形的坊,坊与坊之间交叉着笔直的街道。它自从582年(隋文帝开皇二年)建立后,随时都在发展着,到了天宝时期可以说是达到极点。里边散布着统治者的宫殿府邸、各种宗教的庙宇、商店和旅舍,以及公开的和私人的园林。唐代著名的诗人很少没有到过长安的,他们都爱用他们的诗句写出长安地势的雄浑、城坊的整饬、统治阶级豪华的生活和日日夜夜在那里演出的兴衰隆替的活剧。杜甫在他三十五岁时(746)也到了长安,但他的眼光并没有局限在这些耀人眼目的事物上;他一年年地住下去,在这些事物以外,还看到统治集团的腐化和人民的痛苦。他在一首赠给张珀的诗里说他多年漫游所得的结果是"适越空颠踬,游梁竟惨凄";他在洛阳经历了许多人间的机巧;如今他到了长安,主要的目的是希望得到一个官职。他和佛教的因缘不深,王屋山、东蒙山的求仙访道是暂时受了李白的影响,无论是家庭的儒术传统或是个人的要求都促使他必须在政府里谋得一个工作的地位。他的父亲由兖州司马改任距长安不远的奉天(陕西乾县)县令,也许是使他西去关中的附带原因。不料在长安一住十年,他得到的并不是显要的官职,而是对于现实的认识,由此他给唐代的诗歌开辟了一片新的国土。

这时的政治正显露出日趋腐化的征象。李隆基做了三十多年的皇帝，眼看着海内升平，社会富庶，觉得国内再也没有什么事值得忧虑，太平思想麻痹了他早年励精图治的精神。这个年过六十的皇帝，十几年来迷信道教，不是亲自听见神仙在空中说话，就是有人报告他在紫云里看见玄元皇帝（即老君），或是某处有符瑞出现，使他相信他将要在一个永久升平的世界里永生不死。同时他又把自己关闭在宫禁中，寻求感官的享乐，终日沉溺声色，过着骄奢无度的生活。他把一切政权都交付给中书令李林甫。李林甫是一个"口有蜜腹有剑"的阴谋家。他谄媚玄宗左右，迎合玄宗的心意，以巩固他已经获得的宠信；他杜绝讽谏，掩蔽聪明，以完成他的奸诈；他忌妒贤才，压抑比他有能力的人，以保持他的地位；并且一再制造大狱，诬陷与他不合作的重要官员，以扩张他的势力。因此开元时代遗留下来的一些比较正直的、耿介的、有才能的，或是放诞的、狷洁的人士，几乎没有一个人不遭受他的暗算与陷害。杜甫所推崇的张九龄、严挺之都被他排挤，离开京师，不久便先后死去；惊赏李白的天才、相与金龟换酒的贺知章也上疏请度为道士，归还乡里；随后李邕在北海太守的任上被李林甫的特务杀害，左丞相李适之贬为宜春太守，不久也被迫自杀；与李适之友好、后来与杜甫关系非常密切的房琯也贬为宜春太守。这时的长安被阴谋和恐怖的空气笼罩着，几年前饮中八仙的那种浪漫的气氛几乎扫荡无余了。李林甫以外，政府里的人物不是像王铁、杨国忠那样的贪污，就是像陈希烈那样的庸懦。——杜甫初到长安，漫游时代的豪放情绪还没有消逝，他在咸阳的旅舍里度天宝五载的除夕时，还能和旅舍里的客人们在明亮的烛光下高呼赌博。但等到他和长安的现实接触渐多，豪放的情绪也就逐渐收敛，这中间他对于过去自由的生活感到无限的依恋。一种矛盾的心情充分地反映在他长安前期的诗里：一方面羡慕自由的"江海人士"，一方面又想在长安谋得一个官职，致使他常常有这样的对句：上句说要脱离使人拘束的帝京，下句紧接着说不能不留在这里。尤其是从外面回到寂寞的书斋,无论在风霜逼人的冬日,或是望着渭北的春天,他终日只思念着李白;孔巢父从长安回江东时,别筵上他也一再托付他,向李白问讯。他这样怀念李白,就是羡慕李白还继续着那种豪放的生活,而他自己却不得不跟这种生活告别。

唐玄宗终日在深宫里纵情声色,对于外边的情况一天比一天模糊,从一个精明有为的帝王变成一个糊涂天子。他有时偶然想到人民,豁免百姓的租税,但那些贪污的权臣的横征暴敛比他所豁免的要超过许多倍。747 年,他诏征文学艺术有一技之长的人到京都就选。李林甫最疾恨文人和艺术家,因为这些人来自民间,不识"礼度",他恐怕他们任意批评朝政,对他不利,于是摆布阴谋,让这次应征的举人在考试时没有一人及第。揭晓后,他反而上表祝贺,说这足以证明如今的民间没有剩余的贤能。玄宗也只好这样受他蒙混。杜甫和诗人元结(723—772)都曾经参加过这个欺骗的考试。杜甫本来把这次考试看成他唯一的出路,并且以为一定能够成功,不料得到这样的结果,所以他在诗里一再提到这件伤心事,等到 752 年李林甫死后,他更放胆说出他几年来胸中的悲愤:

> 破胆遭前政,阴谋独秉钧(指李林甫专权);微生沾忌刻,万事益酸辛。(《奉赠鲜于京兆二十韵》)

这是杜甫在李林甫的阴谋政治里遇到的打击,同时他私人的经济情形也起了大变化。他父亲可能在奉天县令的任上不久便死去了;他在长安一带流浪,一天比一天穷困,为了维持生活,他不能不低声下气,充作几个贵族府邸中的"宾客"。当时有一小部分贵族承袭着前代的遗风,除去在他们的府邸园林中享受闲散的生活外,还延揽几个文人、乐工、书家、画师作为生活的点缀。他们在政治上不会起什么作用,可是据有充足的财富,随时给宾客们一些小恩小惠。宾客追随着他们,陪他们诗酒宴游,维持自己可怜的生计;有时酒酣耳热,主客间也仿佛暂时泯除了等级的界限,彼此成为"朋友"。杜甫就做过这样的宾客。他除此以外,还找到一个副业,他在山野里采撷或在阶前种植一些药物,随时呈献给他们,换取一些"药价",表示从他们手里领到的钱财不是白白得来的。这就是他后来所说的"卖药都市,寄食友朋"。这些"友朋"中最重要的是汝阳王李琎和驸马郑潜曜。他写诗赠给他们,推崇他们,说他们对待他是——

　　招要恩屡至,崇重力难胜。(《赠特进汝阳王二十韵》)

但实际的情况却在另一首诗里说得清楚:

　　朝扣富儿门,暮随肥马尘;残杯与冷炙,到处潜悲辛! (《奉赠韦左丞丈二十二韵》)

　　他写出这样辛酸的诗句赠给韦济。韦济也不是怎样高明的人物,他在734年把乌烟瘴气的方士张果举荐给玄宗,逢迎皇帝求长生、迷信道教的心意。748年由河南尹迁尚书左丞。在河南时他曾经到首阳山下尸乡亭去访问杜甫,可是杜甫已经到长安去了。他到长安后,常常在同僚的座上,赞颂杜甫的诗句,这可以说是当时在长安唯一因为诗而器重杜甫的人。因此杜甫也就把他心里的悲愤毫无保留地向他倾诉,写成《奉赠韦左丞丈二十二韵》。这首诗一开端就说出他在这腐化的社会中感到的真实,"纨绔不饿死,儒冠多误身",随后他述说他早日的抱负和今天的沦落。这是杜甫最早的一首自白诗,也说明他的穷困从此开始。诗里还叙述了他内心的冲突:他想东去大海,恢复他往日自由浪漫的生活,可是又舍不得离开终南山下的长安。事实上,他在749年的冬天也回过故乡一次。他在洛阳城北参谒那时已经改名太微宫的玄元皇帝庙,欣赏吴道玄在宫中壁上画的《五圣图》,并且写出一首诗,对于玄宗过分地推崇道教表示不满。他在洛阳没有住多久,又回到长安。

玄宗在751年(天宝十载)正月八日到十日的三天内接连举行了三个盛典:祭祀玄元皇帝、太庙和天地。杜甫正感到无路可走,于是趁这机会写成三篇《大礼赋》,把《进三大礼赋表》投入延恩匦①。想不到这三篇赋竟发生了效果,玄宗读后,十分赞赏,让他待制集贤院,命宰相考试他的文章,成为他长安十年内最炫耀的一个时期。他在一天内声名大噪,考试时集贤院的学士们围绕着观看他。可是这个幸运一闪便过去了。考试后他等候分发,却永无下文,这也是李林甫在从中作祟。他只好长期地等待,等到第二年的春天他又回到洛阳小住时,他绝望地向集贤院的两个学士说,仕进的前途没有多大希望了,只有继承祖父的名声努力作诗吧。

但他并不完全断念。754年又接连进了两篇赋:《封西岳赋》和《雕赋》,他在这两篇赋的进表里仍旧是渴望仕进,把他穷苦的生活写得十分凄凉。同时他也不加选择,投诗给那些他并不十分尊重的权要,请求他们援引。他写诗给翰林张垍、京兆尹鲜于仲通、来长安朝谒的哥舒翰、左丞相韦见素。这些诗都是用排律写成的,具有一定的格式:首先颂扬他们的功业,随后陈述自己的窘况,最后说出投诗的本意,说得又可怜、又迫切,排律里堆砌的典故也掩盖不住他凄苦的心情。从这里我们看到,杜甫一方面被贫穷压迫,一方面被事业心驱使,为了求得一个官职已经到了不择手段的地步。

他四十岁后,不但穷,身体也渐渐衰弱了。751年秋天,长安下了许多天雨,到处墙屋倒塌,杜甫在旅舍里整整病了一秋,门外积水中生

①　匦,是当时一种提意见的信箱,创始于武后当权时。匦有四方面:东曰延恩,南曰招谏,西曰伸冤,北曰通玄。凡是自己觉得有本领、希求闻达的人可以把他的著作或条陈投入延恩匦里。

了小鱼,床前的地上也长遍青苔。他的肺本来就不健全,这次又染上沉重的疟疾。他病后到友人王倚家中,向王倚述说他的病况:

> 疟疠三秋孰可忍? 寒热百日相交战。头白眼暗坐有胝,肉黄皮皱命如线。(《病后过王倚饮赠歌》)

同年冬天,他寄诗给咸阳、华原两县县府里的友人说他饥寒的情况:

> 饥卧动即向一旬,敝衣何啻联百结。君不见空墙日色晚,此老无声泪垂血。(《投简咸华两县诸子》)

王倚和咸华两县的友人,既不是权贵,也不是文豪,却是些朴实无名的人。当杜甫运用典故写出一篇篇的五言排律呈给权贵请求援引时,他也向这些朴实而平凡的人用自然活泼的语言述说他的病和他的饥寒。这时杜甫已经起始吸取民间的方言口语,把它们融化在他的诗句中,使他的诗变得更为新鲜而有力。

在权贵和无名的友人之外,这里我们要提到三个人,这三个人在杜甫的长安后期丰富了他的生活,慰解了他的愁苦,并且都是他终生的朋友。他们是高适、岑参、郑虔。

高适在宋州和杜甫、李白别后,浪游数载,最后在河西节度使哥舒翰的幕府里做书记,752年的下半年随哥舒翰入朝,到了长安。岑参(715—770),这个与高适齐名的诗人,从749年起在安西四镇节度使高仙芝的幕府任记,在751年秋天随高仙芝来长安,754年初又随着封常清去北庭(新疆吉木萨尔)。郑虔则从750年起在长安任广文馆博士。在这时期内,三人中与杜甫来往最久、交谊最厚的是郑虔;至于杜甫与高、岑的聚合则集中在752年秋他们三人偕同储光羲、薛据共登慈恩寺塔的那一天。

　　慈恩寺在长安东南区的进昌坊,东南经过一些庙宇便是曲江,人们若是登上寺内七层的高塔,俯瞰这渭水与终南山中间的名城,从它山川的背景上便会更清楚地看出它雄浑而沉郁的气象,这正如岑参在登塔时所写的——

　　　秋色从西来,苍然满关中;五陵北原上,万古青蒙蒙。(岑参《与高适薛据登慈恩寺浮图》)

这天共同登塔的人,每个人都写了一首诗(只有薛据的诗失传了),这些诗大半都表达出一种共同的感觉,人们登上高处,就好像升入虚空,与人世隔离了。杜甫的诗却不然,他并没有出世之感,他说:

　　　自非旷士怀,登兹翻百忧。

他在秋日的黄昏望见秦山破碎,泾渭难分,从无语的山川里看出来时代的危机;随后他像屈原似的用借喻法写出对于唐太宗的怀念与对玄宗的惋惜:

　　　回首叫虞舜(指唐太宗),苍梧(指太宗墓)云正愁;惜哉瑶池饮,日晏昆仑丘!(指玄宗与贵妃在温泉的游宴)(《同诸公登慈恩寺塔》)

　　这正是号称治世而乱世的种子已经到处萌芽的时代。李林甫专政,奸臣弄权,把开元时代姚崇、宋璟培养的一些纯良政风破坏无余。边将们好大喜功,挑动战争,在开元末年和天宝初年还能在边疆的战场上获得一些胜利;可是后来就不同了,在751年的一年内,鲜于仲通争南诏,高仙芝击大食(阿拉伯),安禄山讨契丹,结果无一不败。为了补充兵额,人民担负着极大的征役的痛苦,有时杨国忠甚至遣派御史分道抓人,套上枷锁送入军中。玄宗把政事交给贪污的宰相,把边防交给穷兵黩武的将官,人民受着纳租税与服役的残酷剥削,同时生产力也就衰落下去了。

长安北渭水上的咸阳桥连接着通往西域的大道,统治者用暴力征发来的兵士开往边疆都要从这里经过。杜甫曾经亲自看到过士兵们出发时的情景,他们的父母妻子拦道牵衣,哭声震天。他问一个兵士到哪里去,那兵士说,他十五岁时就到过北方防守黄河要塞,好容易盼着回来了,如今满头白发,又要开往边疆营田,准备和吐蕃作战,抛下家里的田地反倒没人耕种,可是县官又来催租,真不知租税从哪里凑得起来。杜甫看着这凄惨的景象,听着这悲凉的谈话,再也遏制不住他心头的痛苦了,他写出他第一首替人民说话的诗:《兵车行》。在这首诗里他提到生产力的减少:

> 君不闻汉家山东二百州,千村万落生荆杞。纵有健妇把锄犁,禾生陇亩无东西。

提到统治者驱使人民,有如鸡犬,同时对于租税一点也不放松,最后想象出西方战场上的情况:

> 君不见青海头,古来白骨无人收,新鬼烦冤旧鬼哭,天阴雨湿声啾啾!

这时杜甫正在四十岁左右,他四十岁以前的诗存留下来的并不多,一共不过五十来首,其中固然有不少富有创造性的诗句,但歌咏的对象不外乎个人的遭遇和自然界的美丽与雄壮。随着《兵车行》的出现,他的诗的国土扩大了,里边出现了唐代被剥削、被奴役的人民。——

《兵车行》以后,他又写出《前出塞》九首,他一再地对于侵略性的战争提出疑问。他说,"君已富土境,开边一何多?"又说,"杀人亦有限,立国自有疆"。

在这政风腐败、边疆失利、民生渐趋凋敝的时代,玄宗奢侈的生活却有加无已。春天带着贵妃和杨氏姊妹从南内兴庆宫穿过夹城游曲江芙蓉苑,冬季到骊山华清宫里去避寒;贵妃院和杨氏五宅日常享用的丰富,出游时仪仗的隆盛,达到难以想象的地步,"进食"时一盘的费用有时能等于中等人家十家的产业。至于斗鸡、舞马、抛球……那些外人难明真相的宫中乐事,给民间添了许多传说,给诗歌传奇添了许多材料,但是这中间不知隐埋着多少人民的血泪。杨氏姊妹荒淫无耻的生活,使杜甫难以忍受了,他毫无顾忌地写出《丽人行》,描画她们丑恶的行为。

这是杜甫在长安真实的收获:他的步履从贫乏的坊巷到贵族的园林,从重楼名阁、互竞豪华的曲江到征人出发必须经过的咸阳桥,他由于仕进要求的失败认识了这个政治集团的腐败,由于自身的饥寒接触到人民的痛苦。

在个人的贫穷与时代的痛苦一天比一天加深的时期,却有一个朋友能使他暂时笑破颜开,有时甚至恢复早年的豪兴,这个朋友是我们前边提到的郑虔。郑虔懂得天文地理、国防要塞,还精通药理,著有《天宝军防录》《荟萃》《胡本草》等书;能够写字、绘画、做诗,曾题诗在自己的画上,献给玄宗,玄宗在上边题了"郑虔三绝"四个字。他并且理解音律,潇洒诙谐。天宝初年为协律郎,有人告发他私撰国史,被贬谪。750年回到长安,玄宗给他一个闲散的、无所事事的职位,广文馆博士,后又改充著作郎。可是他的著述和作品并没有一件流传下来,只是《全唐诗》里存有他一首并不高明的五言诗《闺情》。他多才多艺,却缺乏崇高的品质,安史乱中,被敌人捉到洛阳,虽然没有显著地投敌,可是也和敌人发生些不清不白的关系。但他在杜甫的朋友中占有重要的地位。安史之乱后,郑虔被贬为台州司户,杜甫怀念他的诗都十分动人,可以与怀念李白的诗并读。他和李白对于杜甫的生活与性格都发生过一些影响,如果说李白曾经使杜甫的胸襟豪放,那么郑虔则以他的聪颖启发了杜甫的幽默感。杜甫贫困到不能忍受时,他有时发出悲愤反抗的声音,有时也消极地用一两句幽默来减轻痛苦的重担。这是一种逃避的心情,这种心情杜甫在郑虔的面前最容易流露,在多么困苦的境遇里,只要见到郑虔,他便能在诙谐的言谈中暂时得到安慰。753 年八月,长安霖雨成灾,米价腾贵,政府从太仓里拨出十万石米减价粜给市民,每人每天领米五升,一直延续到第二年的春天。杜甫也属于天天从太仓里领米的人。可是他得到一点钱就去找郑虔,二人买酒痛饮,饮到痛快淋漓时,杜甫仍不免有这样深沉的、悚然的感觉——

　　　　清夜沉沉动春酌,灯前细雨檐花落;但觉高歌有鬼神,焉知饿死填沟壑。(《醉时歌》)

这说明那久已收敛的豪情虽然能够得到一度的发作,但眼前的饥饿究竟是铁一般的现实,无论如何也不能摆脱。

　　这年,从前和杜甫在山东一起游猎的苏源明也到了长安,任国子监司业。他和杜甫、郑虔常常在一起饮酒论文,成为亲密的朋友;后来苏、郑在 764 年(代宗广德二年)先后死去,杜甫在成都听到这个消息,作诗哀悼他们,一开端就这样说:

　　　　故旧谁怜我? 平生郑与苏。(《哭台州郑司户苏少监》)

　　751 年(天宝十载)以前,杜甫在长安和长安附近流浪,并没有一定的寓所,居住的多半是客舍。751 年以后,他的诗里才渐渐提到曲江,提到杜陵,他的游踪也多半限制在城南一带。长安以北直到渭水南岸是禁苑,供皇帝游猎;城南是山林胜地,许多贵族显宦在那里建筑他们的别墅园亭,从城东南角的曲江越过城外的少陵原、神禾原,一直扩张到终南山。那一带的名胜,如樊川北岸的杜曲、韦曲、安乐公主在韦曲北开凿的定昆池、韦曲西的何将军山林,以及皇子陂、第五桥、丈八沟、下杜城……这些地名都在杜甫长安后期的诗中出现了。由"寸步曲江头"和"贫居类村坞,僻近城南楼"那样的诗句我们可以揣想,杜甫在751年后已经在曲江南、少陵北、下杜城东、杜陵西一带地方有了定居,并且此后也起始自称为"少陵野老""杜陵野客"或"杜陵布衣"。至于他的妻子从洛阳迁到长安,大半在他有了定居以后,754年的春天。

他的长子宗文可能生于750年,次子宗武生于753年的秋天,至于后来在奉先饿死的幼儿这时还没有降生。一家数口来到长安,他的负担更重了,加以几年来水旱相继,关中大饥,他在杜曲附近虽然有些微薄的"桑麻田",也无济于事。这年秋天雨不住地下,四海八荒被一片无边无际的雨云蒙盖着,延续了六十多天。物价暴涨,人们也顾不得将要来到的冬寒,为了解除目前的饥饿,都把被褥抱出来换米。杜甫在这无望的景况中,举目泥泞,不能出门,索性把家门反锁起来,一任孩子们不知忧虑地在雨中游戏。院中的花草都在雨中烂死了,只有他在阶下培种的决明子格外茂盛,绿叶满枝好像是翠羽盖,开花无数正如他身边所缺乏的黄金钱。

在这样的情形下,他的家属在长安没有住满一年便住不下去了,秋雨后,他不得不把妻子送往奉先(陕西蒲城)寄居,奉先令姓杨,或许是他妻家的同族。他本人仍然回到长安。同时他的舅父崔顼任白水尉,白水是奉先的邻县,从此他就常常往来于长安、奉先、白水之间。

到了755年的十月,除去中间回了几趟洛阳,他在长安已经整整九年,也许是他上左丞相韦见素的诗发生了作用,被任河西县尉。当

时的县尉,可以说是使一个有良心的诗人最难忍受的职位。高适任封
丘尉时,有几句诗写县尉的生活非常沉痛:

> 只言小邑无所为,公门百事皆有期;拜迎官长心欲碎,鞭挞黎
> 庶令人悲。(高适《封丘作》)

　　杜甫在长安与高适重逢,也曾经为他欣幸,因为他脱身县尉,再也
用不着鞭打人民了。如今他绝不愿蹈高适的覆辙,去过逢迎官长、鞭
打人民的生活,他虽然贫困,虽然四十四岁了还没有一个官职,他却不
加考虑便拒绝了这个任命。他辞却河西尉,改就右卫率府胄曹参军,
任务是看守兵甲器仗,管理门禁锁钥,职位是正八品下。
　　他决定接受这个职务后,又到奉先去探视一次妻子。这正是唐朝
成立以来统治集团的奢侈生活与人民所受的剥削都达到前所未有的
高点的时刻,随着频年的水旱成灾,人民的生活比起开元时代好像翻
了一个大筋斗,贫富的悬殊一天比一天尖锐。杜甫在十一月里一天的
夜半从长安出发,当时百草凋零,寒风凛冽,手指冻僵,连衣带断了都
不能结上。他如今有了这么一个小小的官职,可以说是长安九年内不
断地献赋呈诗所得到的结果,他一路上便把这些年的生活总括起来检
讨了一遍。他想起他在长安内心里常常发生的冲突,他本来可以像李
白那样,邀游江海,潇洒送日月,但他关心人民,希望有一个爱护人民
的政府,他把这希望完全寄托在皇帝身上,所以他舍不得离开长安,他
觉得自己好像倾向太阳的葵藿,本性不能改变。如今头发白了,身体
衰弱了,当年以稷契自命,如今获得的职务只不过是在率府里看管兵
器。至于他所倾向的"太阳"呢?——他走过骊山下,天已破晓,他知
道,玄宗正在山上的华清宫里避寒,在歌舞声中尽情欢乐,把从民间搜
刮来的财物,任意赐予,他追究这些财物的来源是——

> 彤庭所分帛,本自寒女出。鞭挞其夫家,聚敛贡城阙。(《赴
> 奉先咏怀》)

而杨贵妃与杨氏姊妹饮馔的丰美,使他不禁想起长安街头的饿殍,心头涌出来这千古的名句:

> 朱门酒肉臭,路有冻死骨。(《赴奉先咏怀》)

门内门外,而咫尺之间竟有这么大的不同,想到这里,他或许会感到这个局面再也不能继续下去了,但他当时并不知道,安禄山已经起兵范阳,而唐代的社会从此便结束了它的盛世,迈入了坎坷多难的时期。他转北渡过渭水,到了奉先,一进家门便听见一片号咷的声音,原来他未满周岁的幼儿刚刚饿死。邻居都觉得可怜,做父亲的哪能不悲哀呢?但是杜甫的悲哀并不停滞在这上边,他想,他自己还享有特权,既不纳租税,也不服兵役,如今世界上不知有多少穷苦无归与长年远戍的人,他们身受的痛苦不知比自己的要多多少倍!想到这里,他的忧愁已经漫过终南山,弥漫天下了。

他把从长安出发到奉先这段路程的经历和感想写成《自京赴奉先县咏怀五百字》。这是一篇杜甫划时代的杰作,里边反映出安史之乱前社会的实况,反映出杜甫内心的矛盾与他伟大的人格;这也是杜甫长安十年生活的总结,从这里我们知道,杜甫无论在思想的进步上或艺术的纯熟上都超越了他同时代的任何一个诗人。

他再回长安,在率府里工作没有多久,安禄山就打到洛阳,在756年正月自称大燕皇帝,杜甫在长安沦陷前的一个月离开了长安。

【思考】

1. 你认为杜甫困守长安十年的遭遇对其诗风的转变

(由早期的豪情壮志、神采飞扬到后期的忧国忧民、沉郁顿挫)有何影响?

2. 相对于李白"安能摧眉折腰事权贵,使我不得开心颜"的豪迈潇洒,你如何评价杜甫长安十年中"朝叩富儿门,暮随肥马尘"的"献诗"生活?

《祝福》:礼教的三重矛盾和悲剧的四层深度①

孙绍振

【阅读提示】

本文根据孙绍振在东南大学演讲的录音记录整理,后编入其专著《审美阅读十五讲》中。

演讲从鲁迅先生的《狂人日记》说起,聚焦"吃人"这个主题。在主题的表现上,《狂人日记》重在象征与宣泄,而思想内容与感性形象"并不相称"。真正在艺术上完成这个主题的,是《祝福》。这个开头高屋建瓴,瞬间聚合现场焦点,同时也彰显了《祝福》的非凡价值。

论述从祥林嫂的寡妇身份说起,逐层辨析了重压祥林嫂头上的夫权、族权与神权。文章的耀眼之处,一在于"礼教的三重矛盾":礼教不讲理,人不讲理,神都不讲理。二在于"悲剧的四层深度":(一)封建礼教不仅是野蛮的,而且是荒谬的;(二)环境是野蛮的,受害者自身却迷信野蛮;(三)凶手很"凶",但面目并不狰狞;(四)悲剧,却不能引起人们的怜悯与深思。

本文论证的层次感非常好,条分缕析,层层推进,满足了演讲的现场需要,也加强了论证的逻辑力量。

---

① 选自《审美阅读十五讲》(北京大学出版社 2013 年版),孙绍振著。

一、八种死亡中最精彩的一种

鲁迅是个大艺术家,但是,他和巴金、郭沫若、曹禺、茅盾、老舍、张爱玲、钱锺书不同,他不大会写爱情,他擅长写死亡,一共写过八种死亡。巴金和他比,可谓望尘莫及。你看,巴金的《家》《春》《秋》里写了那么多死亡,其实都是差不多的,可以说是重复的。而鲁迅写死亡,我统计了一下,一共八种,每一种都不一样。今天时间有限,先讲我认为鲁迅写得最成功的一种死亡。你们想会是哪一种呢?(一同学:阿Q!)你们想想,我是不是同意这位同学的看法呢?我提示一下,如果,我同意阿Q的死亡最精彩,我今天还会不会来做这个讲座?大老远的,1000多千米呀!我的真实想法是,阿Q的死亡是相当成功的,但是还不是最成功的,因为阿Q死亡的写法是有缺点的。什么缺点?现在不能讲。我先讲一个写得最成功的死亡——祥林嫂的死亡。

从哪里提出问题呢?问题提得不对头、不是地方,就失败了一半。问题要提得好,一是要新颖,就是从人家忽略了、没有感觉的地方开始;二是要深刻,有很深邃的潜在量,有从表层通向深层的可能,像是中医讲的穴位一样,一点深刺,全身震动。

我从两个地方提出问题。

第一个,是鲁迅早期著名的小说《狂人日记》。为什么说是早期,而不说第一篇小说呢?这有讲究。因为它不是第一篇,这一点,现在也不方便讲,后面会讲到。你们印象中的《狂人日记》里的关键语句,那就是"吃人":"我翻开历史一查,这历史没有年代,歪歪斜斜的每叶上都写着'仁义道德'几个字。我横竖睡不着,仔细看了半夜,才从字缝里看出字来,满本都写着两个字是'吃人'!"这里,有一个矛盾,一方面,这是小说的思想光华所在,甚至可以说是历史价值所在。不管读过《狂人日记》没有,只要是读过中国现代史,都会知道这句名言。但这只是就思想的价值而言的,从艺术上来说呢?就有值得怀疑之处。因为,《狂人日记》所说的"吃人"是象征的。象征,只是一种思想,带着很强的抽象性,而不是感性形象。作品中的"吃人",恰恰是狂人的错觉、误解。比如,怀疑医生叫他好好养病,是要把他养胖了吃,自己也曾经和哥哥一起吃过妹妹的肉,甚至陌生女人骂孩子,也造成了被吃的恐惧,等等,几乎所有的"吃人"的恐怖,都来自狂人的幻觉。这些不足以支持中国历史全是"吃人"的结论。我的意思是说,作品的思想和作品的感性形象之间并不相称。或者说,从艺术上来说,这篇小说,主题并没有完成,思想的宣泄和生动形象的构成之间还有比较大的距离。从艺术上来说,这个经典小说有不成熟之处,这一点,下面会细讲。

什么样的小说,才能算是完成了"吃人"主题呢？我觉得应该是六年以后,在《祝福》里,在祥林嫂的悲剧中。虽然《祝福》中没有"吃人"这样的字眼,但是,祥林嫂的形象显示,她是被封建礼教的观念,对女人、对寡妇的成见、偏见"吃"掉的。她的悲剧的特点是没有凶手;如果说有凶手,就是一种观念。这是我要讲的第一个契机。

第二个,有人说,鲁迅在日本"弃医从文"并不像他在《呐喊》自序里讲的那样冠冕堂皇:在上细菌课之前,在新闻短片中,看到一个中国人为俄国人做探子,被日本人抓去枪毙,而麻木地围观的恰恰是中国人。这使他受到严重的刺激,因此想到"愚弱的国民",也就是愚昧的、没有觉悟的国民,身体再健康,也只能做两种人,一是杀头的对象,也就是示众的材料,二是围观的看客。因此中国的问题不是身体的问题,而是脑袋的问题。有人说,这不一定是老实话。有人甚至提出怀疑,日本细菌学课程之前有没有放映过新闻短片,都还是个问题。

他们说,问题出在鲁迅成绩不太好,有点混不下去了。仙台医学专科学校——一个大专水平的学校,鲁迅的成绩单我在 20 世纪 60 年代就看过,最好的分数是伦理学,讲道德人心的,属于文科性质,是 80 分,其他的成绩都是七十几、六十几分,其中的解剖学就是藤野先生教的。鲁迅在《藤野先生》中说,这位先生特别喜欢他,特地替他改笔记,还给他打过高分,以至于引起了周围日本学生的怀疑:是不是漏题了,偏爱中国学生? 看来,鲁迅的记忆可能有误。成绩单,两个学期的解剖学,第一个学期60分,第二学期59分,平均59.5分。这个藤野先生也真是的,够古板的了,这么喜欢的一个学生,就那一分也不饶他。我没有研究过教师心理学,我当教师,我的学生,如果我觉得他有天分、有前途或者人格高贵,那就不是59分了,随便加它个20分,就是79—80分了呀! 不知道这个日本人是怎么回事?! 就是这样一位先生,在鲁迅临走的时候,还拿一张照片送给他,还要写什么"惜别",给人打59.5分还惜别个什么劲呢? 所以有人就说鲁迅是因为不及格,混不下去了才弃医从文。我研究了一下,好像不是这样的。为什么呢? 按照学校的规定,两门功课不及格才要留级,鲁迅只有一门,还可以升级,无非要补考一下。再往细里研究,鲁迅成绩的排名怎么样呢? 全年级160多人,鲁迅考了80多名,一个中国人,才到日本,用日文考试,在全班是中间可能偏上一点,还算过得去嘛! 要混是可以混下去的。可以相信鲁迅不是为了59.5分而退学,而是实在有感于疗救中国的国民性是当务之急。所以他后来也不去念大学了,就跑到章太炎那里去学文字学,同时自己拼命自修西方小说,翻译西方小说。

"五四"期间,妇女婚姻题材很普遍,许多人写封建礼教、仁义道德"吃人",但是成为经典的,能进入我们大学、中学课本,不断改编为戏曲、电影的,只有《祝福》。当然,经典是各种各样的,有些经典只有历史价值,在当时很重要,很有贡献,但是,今天读起来,却索然无味。为什么,它的思想、形式和产生的那个时代联系得太紧密了,离开了那个时代,后代人读起来,就十分隔膜。像"五四"时期风靡一时的郭沫若的《女神》,其中绝大多数的作品,当代青年是读不下去的。而《祝福》却是另外一种经典,不但有历史的价值,而且有当代阅读的价值。为什么? 因为它有不朽的艺术生命力。生命力在哪里呢? 关键是它的主题"吃人",比《狂人日记》要深刻而丰富得多。

　　《祝福》全篇没有"吃人"这样的字眼,但是,人物命运的每一个曲折引起的周围的反应显示了:一个人被逼死,没有凶手,凶手是一种广泛认同的关于寡妇的观念。这种观念堂而皇之,神圣不可侵犯,却是荒谬而野蛮的,完全是一种不合逻辑的成见。

　　要把问题讲清楚,不能从什么是封建礼教的概念、定义讲起,而是应该从文本、从情节中分析出来。请允许我从祥林嫂死了以后各方面的反应讲起。

二、悲剧的凶手:荒谬的自相矛盾的偏见

　　"我"问,祥林嫂是怎么死的? 进来冲茶的茶房说:"还不是穷死的。"这好像不无道理,她毕竟是当了乞丐,冻饿而死的。

　　但是是终极的原因吗? 在它背后是不是还有原因的原因呢? 那她为什么会穷死呢? 是因为她被开除了。她为什么被开除呀? 原因是她丧失了劳动力。可是原本劳动力是很强的呀,最初到鲁家,鲁四奶奶不是庆幸她比一个男工还强吗? 原因的原因是,她的精神受了刺激。什么东西使她受了这么严重的刺激呢? 这就到问题的关键了:一切都因为她是寡妇。

　　按封建礼教成规,寡妇要守节。"五四"时期写妇女婚姻题材的小说,大都写封建礼教要寡妇守节,可是寡妇不甘。鲁迅偏偏不写这个。他写祥林嫂不想改嫁,不写她想改嫁,不写她不能改嫁之苦,如冬天晚上没人陪呀,被子里没有热气呀,屋角破了没有人来修理啊等等,更没有写看见什么帅哥心跳加快呀等等。他写祥林嫂不但不想改嫁,而且从婆婆家溜出来。为什么溜出来?《祝福》里没讲,夏衍改编的电影《祝福》里说,婆婆想把祥林嫂卖掉,给祥林的弟弟娶媳妇。这可能值得相信,除了别的原因以外,还因为夏衍和鲁迅是同乡,他对那个地区的风土人情有深刻的体悟和理解。祥林嫂为什么要逃? 值得分

析。公开地出走,像娜拉那样是不行的。因为在农村、山区,封建礼教很严酷。丈夫死了,妻子就成了丈夫的"未亡人",也就是等死的角色。这就是封建礼教的夫权:妻子是从属于丈夫的,丈夫死了,还是属于丈夫的。鲁迅在小说里,问题提得深刻:婆婆卖了她,让她去当别人的老婆,不是违背夫权了吗? 不! 封建礼教还有一权,那就是族权。儿子属于父母,丈夫死了,属于自己的妻子就自动转账到了婆婆名下。这样,就产生了封建礼教内在的第一重矛盾:夫权要求守节,族权可以将之卖出,卖出以不能守节为前提。接着就发生了所谓抢亲。这显示了,这种族权违反夫权,以暴力强制为特点,而这种野蛮却被视为常规。

鲁迅如果写祥林嫂想改嫁,那样就只有夫权一重矛盾,思想就比较单薄了。而把祥林嫂放在这样的矛盾下:夫权让她守节,族权强迫她改嫁,其"荒谬和野蛮"就深化了。如果光是写到这一层,也挺深刻了,可是鲁迅并不满足。他进一步提示:夫权与族权有矛盾,那是人间的事,那么到了地狱里,到了神灵那里,应该是比较平等的呀!

柳妈告诉祥林嫂:你倒好,头打破了,留下了一个疤,可是还是改嫁了,在人世留下了个耻辱的标记。这个问题还不大,但你死了以后,到了阎王老爷那里怎么办呢? 两个丈夫争夺你,阎王是公平的,就把你一劈两半,一人一半。阎王代表什么权力呢? 神权。神权居然是这样的一种"公平"。照理说,祥林嫂可以申辩:"我并不要改嫁,是他们强迫我改嫁的呀,你不能找我算账。真要劈两半的话,应该劈婆婆嘛!"可是,阎王是不讲理的。这样,鲁迅之所以不让祥林嫂想改嫁的原因就很清楚了,就是要通过她的处境来显示三个不讲理:夫权是不讲理的,族权是不讲理的,神权是不讲理的。要寡妇守节这一套完全是野蛮而又荒谬的!

礼教不讲理,人不讲理,神都不讲理,这就是鲁迅第一层次的深度。

鲁迅第二层次的深刻在于:这种荒谬而野蛮的封建礼教的观念,是不是封建统治者、封建地主才有的呢?马克思在《德意志意识形态》中不是讲过:"统治阶级的思想在每一时代都是占统治地位的思想。"鲁四老爷是封建统治阶级,他有这种思想,看见祥林嫂头上戴白花就皱眉头;鲁四奶奶有这个思想,她不过是不让祥林嫂端福礼。这还不太荒谬。荒谬的是,这种思想不仅他们有,跟祥林嫂同命运的人也有,就是柳妈,这种观念也是根深蒂固。虽然鲁迅没有点明柳妈是寡妇,但从情节的上下文来看,可能也是寡妇,老寡妇。何以见得?因为似乎她当寡妇的经验很丰富。没听说她丈夫来看她,她也没像长妈妈回家探亲什么的,大体可以断定是跟祥林嫂同样命运的女人。她坚信阎罗大王把祥林嫂一劈为二是公正的,劝祥林嫂去"捐门槛"赎罪。这种寡妇罪有应得,被统治阶级也当作天经地义,这才叫可怕。

三、"大家仍然叫她祥林嫂"为什么要特别提出来

荒谬野蛮的观念已经深入到被压迫者的潜意识里、到骨头里去了,荒谬到感觉不到荒谬了。举一个例子:祥林嫂在被抢亲改嫁了以后,很快丈夫得伤寒症死了,儿子被狼咬死了,又回到鲁镇。这个时候,鲁迅在《祝福》里单独列一行,写了一句话。什么话?

大家仍然叫她祥林嫂。

读者早就知道她叫祥林嫂了,这不是废话吗?其实,用意非常深刻。女人没有自己的名字。她为什么叫祥林嫂?因为她老公叫祥林。她姓什么、叫什么名字,谁都不知道。老公叫祥林,就叫祥林嫂。但是问题来了,嫁了第二个老公,此人名曰贺老六。再回到鲁镇来,有个学术问题要研讨一下,是叫祥林嫂还是叫老六嫂比较妥当呢?(大笑声)或者为了全面起见干脆叫她祥林老六嫂算了。你们说说?(众:

说不清……大笑声）"大家还叫她祥林嫂。"对这么复杂的文化学术问题，就自动化地、不约而同地"仍然叫她祥林嫂"，碰头会都没有开啊！（大笑声）这里有一个自动化的思维套路，只有第一个丈夫算数，"好马不配二鞍"呀，"烈女不事二夫"呀，嫁第二个丈夫是罪恶呀！思想的麻木，以旧思想的条件反射为特点。

　　看来是一个极小的问题，可跟西方的思维模式做一点文化比较，是很有意思的。比如，在西方，包括在俄国，女人嫁了丈夫以后，是要改姓的。譬如，普京娶了老婆，他老婆的名字后面要加上普京的姓，变成阴性的，叫普京娜。如果从俄语第二格来理解，就是属于普京的。比如，克林顿的夫人希拉里，这个人是女权主义者，不得了，用美国话来说，是非常 aggressive，也就是非常泼辣的。她嫁给克林顿以后，不久也改为希拉里·克林顿。又比如，肯尼迪的老婆，她原来的名字叫杰奎琳，她嫁给肯尼迪，就改为杰奎琳·肯尼迪。但是她后来也跟祥林嫂一样，丈夫死了，又嫁了一个丈夫，是希腊的船王，名曰奥纳希思。她的名字后面，加上奥纳希思。她过世之后，墓碑怎么刻呢？美国人也没有讨论。我出于好奇心去看了一下，怎么刻的呢？是杰奎琳·肯尼迪·奥纳希思。（大笑声）你看人家嫁了两个丈夫，在墓碑上堂而皇之。但中国人的观念不一样，要叫她祥林老六嫂（笑），她一定很恼火。但是叫她祥林老六嫂是很符合逻辑的呀。（大笑声，鼓掌声）"仍然叫她祥林嫂"，是不讲理的呀，荒谬呀，不合逻辑呀！但是，大家都习惯于荒谬，荒谬到大家都麻木了，荒谬得失去思维能力了。

　　被侮辱被损害者，并不感到不合理，不觉得可悲，也不觉得可笑，这种悲剧，这种悲喜剧，是不是更为令人沉痛？荒谬而野蛮的观念，成为天经地义的前提，成为神圣的观念，成为思维的习惯——所谓习惯，就是麻木，思维的套轴。

四、"你放着吧,祥林嫂!"这一句话
为什么会致祥林嫂于死地

　　更严重的是,这种观念不仅被统治阶级广泛接受,不仅大家有,而且被侮辱、被损害最甚的祥林嫂也有。当柳妈告诉她要被劈成两半,祥林嫂对这种荒谬完全没有反诘,没有怀疑,她只有恐怖:生而不能做一个平等敬神的人,死而不能做个完整的鬼,这太恐怖了。这完全是黑暗的迷信嘛!我们今天看得很清楚。如果祥林嫂和我们一样,也有这份觉悟,那就啥事都没有了。可她非常虔诚地相信了。她毫不怀疑地去"捐门槛"。我算了一下,大概花了一年以上将近两年的工资。她以为这样高的代价赎了罪,就可以摆脱躯体一分为二的恐怖下场,就可以成为平等的敬神者了。可是,她端起福礼的时候,却遭到了打击——鲁四奶奶觉着再嫁的寡妇,不管怎样赎罪,也不能端福礼。她对祥林嫂非常有礼貌地讲:"你放着吧,祥林嫂!"就是说,你没有资格端福礼,或者是,你端就不吉利。福礼是什么?我最初不知道,看了夏衍改编的电影《祝福》才知道,在一个漆成红色的木盘上面,放上一条大鲤鱼,端福礼,就是把这个盘子捧到神柜上去。但是,仍然不让她端福礼,祥林嫂这一下子,就像被炮烙似的——像个滚烫的铜柱子烫了一下,从此以后脸色发灰了。她的精神受到致命的打击,记忆力衰退,刚叫她做的事就忘掉了,接着是,体力也不行了。鲁迅这样描述道:

　　　　这一回她的变化非常大,第二天,不但眼睛窈陷下去,连精神也更不济了。而且很胆怯,不独怕暗夜,怕黑影,即使看见人,虽是自己的主人,也总是惴惴的,有如白天出穴游行的小鼠,否则呆坐着,直是一个木偶人。

祥林嫂精神恐惧的后果这样的严重,精神崩溃到这样的程度,无疑导致她走向了死亡。可是，恐惧的原因、杀人的凶手，在哪儿呢？没有人提出这样的问题。

鲁迅对祥林嫂，一方面看到她的苦难，是客观的原因造成的，叫"哀其不幸"。另一方面，祥林嫂又很麻木呀，她不让你端福礼就不要端了，不端福礼去睡大觉，身体不是更好吗？记忆力不是更强吗？这就是"怒其不争"了。鲁迅提示了，这个观念就是这样野蛮，可是，中毒就是这么深，中毒到了自我折磨、自我摧残，自己把自己搞得不能活的程度。这是鲁迅的深邃之处。祥林嫂不仅死于别人脑袋里的封建礼教的观念，而且死于她自己脑袋里的封建礼教的观念。所以，祥林嫂尽管对外部的暴力，反抗是很强的，在抢亲的时候她拼命反抗，脑袋都打破了；可从内心来说，虽然有怀疑，直到临死的时候，遇到作品当中的"我"——我们可以把他理解为鲁迅，也可以理解为一个人物——问："人死了之后有没有灵魂？"在这句问话之前"我"看到祥林嫂，四十岁左右头发就花白了，脸上不但没有悲哀，而且也没有欢乐，脸上肌肉不能动了，像木头一样，只有眼珠偶尔一转，证明她还没死。就是在问人死了有没有灵魂的时候，鲁迅写了一句话，"她那没有精采的眼睛忽然发光了"，就是说她残余的生命集中起来，还有点希望。希望什么？希望人死了以后没有灵魂。没有灵魂，家人不能见面，就不会打官司，阎王就不会把她一劈两半。她还在怀疑，这样一个有一点反抗性的人，最后还是被荒谬观念压倒了，或者用《狂人日记》中的话来说，就是被吃掉了。

鲁迅的深邃，就深邃在多层次：第一个层次是封建礼教本身野蛮和荒谬。第二个层次是周围的人和她自己也迷信野蛮。光是压迫者，一部分人有这种观念，可恶，但是没有多大杀伤力；当观念为周围大多数人奉为神圣不可侵犯，就具有了杀人的力量。第三个层次，就是写这个凶手的"凶"。其特点，其一，后果极其惨，但前因似乎不恶。如鲁四奶奶不让祥林嫂端福礼，也说得很有礼貌，"你放着吧"，并没有直说呀,给她留下了很大的余地啊。但就是软刀子杀人不见血,或者用《狂人日记》中的话来说,就是"吃人"但没有罪恶的痕迹。其二,人死了,后果这么严重,可是人们还是很安静。鲁迅所提示的是,没有恐怖感的恐怖,全镇都欢乐地准备年关的祝福,才是最大的恐怖。其三,这些心安理得的人,脑袋里有吃人的观念,曾经参与吃人,然而却没有感到任何歉疚,心安理得。

五、与情节无关的"我"为什么占了那么多篇幅

第四个层次,这里有一条重要线索,是所有研究鲁迅小说艺术的人都忽略了的:为什么作品中冒出一个"我"来? 这个"我"和故事情节一点关系都没有,但所占的篇幅相当大,全文 16 页,开头和结尾、"我"的情绪描写占了将近 3 页,把近五分之一的篇幅给了与情节"毫不相干"的人物。鲁迅不是说写完之后,至少要看两遍,尽量把可有可无的去掉吗? 把"我"拿掉并不影响祥林嫂的命运呀! 但是作为小说,不能。这个"我"有深意。从哪儿讲起? 从祥林嫂死了以后的反应讲起。

茶房认为祥林嫂"还不是穷死的",他的看法和故事有什么关系? 没有。能够删节吗? 不能。鲁迅是在说明,在茶房看来,穷了就要死是很自然的,没什么不正常的,没什么悲惨的,没什么值得思考的。可是鲁迅以全部文本显示的,却不是这样,如果她是穷死的,那她的悲剧就是经济贫困的悲剧。但是,《祝福》所突出的是,祥林嫂之死,是受了极其野蛮荒谬的迷信观念的打击。这种打击不仅是外来的,同时也是她自己的。这不是经济贫困导致的悲剧,而是精神焦虑的恐怖造成的。可是,人们普遍却看不到这种恐怖,因而麻木不仁。

这个"我"特别选了什么时刻去写祥林嫂的死亡呢? 旧历年关,一年中最为隆重的节日。为什么这个题目叫《祝福》呢? 所有的人,过年都敬神,祈求来年更大的幸福。祥林嫂死了,在鲁迅看来,其特别

悲惨之处在于,表面上没有刽子手,实际上刽子手就在每一个人的脑袋里。因而,鲁迅花了很多篇幅,正面描写了鲁镇人把她的悲剧当作谈资,当作笑料,当作自己优越的显示,没有一个人意识到这是对祥林嫂的生命的摧残。从这个意义上来说,每一个人对于她的死都有责任。可是整个鲁镇没有一个人感到痛苦,大家都沉浸在过年祝福的欢乐之中。鲁迅特别写道:女人忙着在水里洗东西,手都浸泡红了;还可以闻到放炮仗的火药香,但是听来这炮仗的声音是"钝响"。既然是火药的香,又是欢乐的氛围,如果"我"和大家一样欢乐,听节日的爆竹,应该是"脆响"啊,怎么是"钝响"呢?这说明,"我"内心很沉重、沉闷,节日的炮仗声在"我"的感觉中才是"闷"的;同样的道理,天上的云是"灰白色"的。《祝福》开头这一段,是很有匠心的,许多论者分析祥林嫂的命运,对于"我"和开头、结尾的大段文章占了近五分之一的篇幅视而不见。要知道,这里的艺术感觉是多么精深啊!一方面是非常欢乐的祝福的氛围,一方面又是非常沉重的悲痛。我这里念一段:

> 我乘她不再紧接的问,迈开步便走,匆匆的逃回四叔的家中,心里很觉得不安逸。自己想,我这答话(按:灵魂的有无,也许有也许没有,"我"说不清)怕于她有些危险。她大约因为在别人的祝福时候,感到自身的寂寞了,然而会不会含有别的什么意思的呢?——或者是有了什么豫感了?倘有别的意思,又因此发生别的事,则我的答话委实该负若干的责任……

所有的人,都不感到悲痛,只有这个和祥林嫂的悲剧毫不相干的人,内心怀着不可排解的负疚感。要知道,鲁迅的深邃就在这里,祥林嫂死亡,如果有一个具体的凶手,那就比较好办,比较容易解气了,像《白毛女》,有一个黄世仁,可以拿来把他毙掉。但是,人们脑子里的封建观念,是不能枪毙的呀!思想观念、国民性,是不会这么轻易地消亡的。鲁迅的艺术,是要启示读者反思,对寡妇的成见,看不见摸不着,但是是可以吃人的。这种观念,每个人都有,当然每个人都可能身受其害,然而看着他人受害的时候,却又怡然自得。因而鲁迅对于祥林嫂的诸多情节,采取幕后虚写的办法,却把主要篇幅用来描写祥林嫂所遭遇的冷嘲,那么痛苦,可得不到一丝同情,相反,招来的毫无例外是摧残。鲁迅花了那么大的篇幅,写她反复讲述阿毛被狼吃掉的自我谴责,她的期待是很卑微的,哪怕是一点同情,只要有人愿意听一下她的悲痛,她的精神焦虑就减轻了。她反复陈说,引来的却是上上下下普遍的冷漠和以她的痛苦取乐。

这里我想到了俄国作家契诃夫的《苦恼》,"五四"时期胡适从英文翻译了,登在《新青年》上。写一个马车夫姚纳,老了,希望让儿子来接班。可是他儿子却突然死了。小说开始时,这个姚纳在彼得堡夜晚的街上,任雪花落在肩头。他在等待客人。他内心最迫切的需求不是得到车资,而是客人听他诉说失去儿子的痛苦。来了一个客人,他就开始诉说,可是客人没有兴趣,不听。又来了一些客人,他又开始诉说,客人不但不听,而且兴高采烈,打他的脖儿拐。但是,他并不感到太痛苦,只要有人听他诉说,哪怕打他,他的痛苦就减轻了。一旦这些人消失了,他反而感到,痛苦就像大海一样,把他淹没。他只好回到大车店。看到一个人,从床上爬起来。他以为又可以找到一个倾听的对象了。可是那人喝了一点水,倒头便睡。他的痛苦实在无法解脱,只好到马圈里去,把自己的痛苦讲给小马听。小马安静地听着,还用舌头舔着他的手。契诃夫的艺术震撼力在于:第一,人与人之间的隔膜一至于此,连马都不如;第二,小人物的心灵需求很卑微,仅仅是倾听,这对他人并无损失,对主人公于事无补。但是,就是这一点点同情,人间也极其匮乏。鲁迅显然受到这种美学原则的启发,强调的是祥林嫂在精神上孤立到没法活的程度。当然,鲁迅把原因归结为封建礼教,而契诃夫却并不在乎社会文化的原因,而关注人性本身。人与人之间,竟有这样的隔膜,这样的自私,这样的悲哀,这样的冷漠,我甚至感到,有一点黑色幽默的性质,是不是呢?

鲁迅的艺术匠心就在于,人们对于这样的惨剧,不但没有恐惧,相反整个鲁镇都沉浸在欢乐的氛围之中,连众神都在享受香宴以后醉醺醺的:这一点也是许多论者忽略了的。为了把问题说得比较清楚,我不得不作些引述:

> 我给那些因为在近旁而极响的爆竹声惊醒,看见豆一般大的黄色的灯火光,接着又听得毕毕剥剥的鞭炮,是四叔家正在"祝福"了;知道已是五更将近的时候。我在蒙胧中,又隐约听到远处的爆竹声联绵不断,似乎合成一天音响的浓云,夹着团团飞舞的雪花,拥抱了全市镇。我在这繁响的拥抱中,也懒散而且舒适,从白天以至初夜的疑虑,全给祝福的空气一扫而空了。只觉得天地众圣歆享了牲醴和香烟,都醉醺醺的在空中蹒跚,豫备给鲁镇的人们以无限的幸福。

作品中的"我",可以算是鲁迅,那意思是,在某种意义上,又不完全是鲁迅。什么地方不是鲁迅呢? 这里,"在这繁响的拥抱中,也懒散而且舒适","我"是真的懒散而舒适地不再苦恼,摆脱了沉重的、不可解脱的负疚感了吗? 当然不是,这是反话,这说明,他愤激到甚至很悲观的地步。更明显的则是,连神、天地众圣,也在享受了福礼之后,一个个"醉醺醺的在空中蹒跚,豫备给鲁镇的人们以无限的幸福"。

鲁迅通过"我"的目光,看到祥林嫂面临的悲惨、绝望、暗无天日的境地:夫权不讲理,族权不讲理,神权不讲理,连同命运的寡妇也不讲理,连自己也不懂为自己讲理,所有的人都感觉不到需要讲理,连最后一个想讲讲理的局外人,对这种不讲理的世道,也无能为力,也绝望了,也痛苦得难以忍受了,也觉得干脆不讲理,是一条轻松之道了。这当然也是反语,恰好说明这个唯一的清醒者无可奈何的情绪。

鲁迅的深刻之处就在于,他批判的不是一个鲁四老爷,像鲁四老爷这种人,1949 年以后"镇压反革命"或者"清理阶级队伍",都轮不到他头上。因为,鲁四老爷对祥林嫂,皱了皱眉头,这不算犯罪;最后,祥林嫂死了,他说,死在过年祝福期间,不是时候,可见是个"谬种",这是意识形态问题,谈不上人身侵犯。就是"无产阶级专政的铁拳头",也拿他无可奈何。他写的是一种可怖的观念,习以为常、没有人感到的悲剧,才是最大的悲剧。

鲁迅写死亡的悲剧,最重要的成就不在写死亡本身,而在死亡的原因和死亡在人们心目中引起的感受。所以,祥林嫂的故事中有好多情节,逃出来的情节,被抢亲的情节,孩子、丈夫死的情节,"捐门槛"的情节,等等,鲁迅都放到幕后去了,只让人物间接叙述。鲁迅正面写的是这些情节的后果,尤其是在人们心目中引起的思绪和感觉,这是关键。鲁迅的艺术原则,是不是可以这样讲,事情不重要,情节链可以打碎,可以省略,可以留下空白,可以一笔带过,重要的是周围的人们怎样感觉,或者用叙事学、结构主义的话来说,关键在于人物怎么"看",感觉如何"错位"。

六、情节链锁性淡出和人物多元感知错位的强化

这里就引出了我要讲的第四个问题,就是鲁迅给中国小说带来了什么新的突破? 他的作品中,显示了一种什么样的美学原则?

我说,他带来一个突破。在这以前,我们的小说是以情节性为主、直接写人物为主的,叫一环套一环,环环紧扣,都是人物本身的动作和对话的连续性。这种方法,鲁迅是不是继承了? 是,如鲁迅提倡过的白描等等。但不可忽略,鲁迅并不照搬,而是加以改造,大大地丰富了。大量本来可以白描的情节、转折的关节,在传统小说中重点描写

的,在鲁迅写得最好的小说中,常常被放到幕后去叙述一下,或者省略了,或者变成了在场人物的交代。刚才讲到祥林嫂的主要遭遇都是间接叙述的。又如,夏瑜在狱中的表现,孔乙己的挨打,子君之归去,七斤之辫子被剪,等等。这些情节,都是决定人物命运的,却以间接叙述而不是正面描写的形式表现,被虚写了,略写了。着重写的是什么呢?事情发生了以后,人们的纷纭的感受。这些,对于事件来说,本来是所谓"余绪""花边",但是,在鲁迅的小说艺术中,人们多元的反应,成了重点用墨之所在。换句话说,鲁迅的小说,当然是短篇小说,情节变得不重要,情节可以不作完整的交代,情节的连续性可以处理成断断续续,这些都不重要,最重要的是,哪些环节能够引起人物各自错位的感知,这正是鲁迅为中国现代小说带来的新的艺术天地。

　　说起《狂人日记》,我的评价是,它基本上是小说。首先,它具有鲁迅小说最根本的艺术特征。它写的不是狂人的系统遭遇,而是他的系统感受,他的感受与具体遭遇是有距离的,是"错位"的。在人物感受和遭遇的"错位"中,营造人物的内心结构,这正是鲁迅所带来的新的美学原则。譬如,祥林嫂是怎么死的?"还不是穷死的",这是茶房的感受;死得不是时候,可见是个"谬种",这是鲁四老爷的感受。这里,有一种错位的现象,错位包含着多个层次。如,感受与事实是"错位"的;又如,各人的感受之间又是错位的。对改嫁寡妇的看法:死了在阎王面前要一劈为二,因而要捐门槛赎罪。这个观念和事实之间"错位"的幅度是很大的,这是一。在祥林嫂、柳妈和鲁四奶奶之间的错位就更大,这是二。而一般人又忙着欢乐地祝福,这是三。一个外来的人士,却背负着沉重的负疚感苦苦挣扎,这是四。又如,《风波》中,对七斤辫子的有无,展开了多元的感知错位:一是七斤的感觉:丧气、自卑;二是七斤嫂的感觉:由于丈夫没了辫子而自卑,反复用恶毒的语言辱骂丈夫,绝望,迁怒于女儿;三是九斤老太的感觉:得出哲学性的结论:一代不如一代;四是赵七爷的感觉:幸灾乐祸、自豪,穿上长衫的象征性;五是村民:畅快,后来又恢复对七斤的尊敬。这一切纷扰由皇帝复辟引起,但皇帝是不是真复辟并不重要,得知皇帝没有复辟,一切照旧。鲁迅所要表现的,不是皇帝复辟,而是人们因为皇帝复辟引起的感知多元错位的喜剧。又如,革命烈士夏瑜的死,其鲜血被当成治肺病的药方,而他还在牢中鼓动革命。在华老栓的茶馆里,分化为驼背五少爷、花白胡子等人的自以为清醒的感觉,其中包括"疯了""疯了"的感觉。又如,《白光》的故事本身并不特殊,鲁迅写它就是为了用主人公陈士成落榜的感觉、幻觉和疯痴的行为,来揭示人的心灵奥秘,感觉从片段性、层次性到意识连贯、推断,从幻视到幻听,最后沉湖。这里的幻觉可以说淋漓,但可惜的是,只有一个人的幻觉,没有人物之间的错位,因而比较单薄。① 小说的多元感知错位,有利于从多方面冲击读者原来稳定的、自动化的感知结构,让读者感到"惊异"。海德格尔说:"哲学本质上就是令人惊异的东西,而且哲学越成为哲学,它就越是令人惊异。"同时,这种惊异,又不仅仅是理念的,而且是感性的。

　　《狂人日记》中的"吃人"以及主人公那种害怕、呐喊救救孩子等等,都是他的感受,是幻觉,是错觉。譬如写他怕,怕什么呢? 第一,怕所有的人会吃他;第二,对生命中不相干的细节的恐怖性曲解,如对赵贵翁的眼色,妇女骂孩子也怕,小孩子也怕;第三,对关切他的大哥也怕,对给他治病的医生也怕。他生活在自己的怕里面,每种怕都和生活拉开了错位的距离,每种怕互相贯通为一个整体。狂人的被吃之怕,读者显然明白,不在真的被吃,"吃人"是幻觉、扭曲的错觉。所以说,鲁迅所带来的就是情节、事件、人物实际遭遇的淡隐,人物感受的多元错位。一种小说形式美学,在他的作品中逐渐形成,不仅仅是写

---

　　① 当然,还有一些感觉世界错位得比较单调,缺乏思想深度,如《端午节》方玄绰的矛盾,感觉只有他和妻子的不同,矛盾只是索薪参与与否;至于《一件小事》等,就更加单薄了。

人,而且是写不同人的错位感知,情节的感染力不在一环套一环的悬念,而是推动感知发生错位的机制。

　　鲁迅作为现代艺术家,他所理解的人和古典小说家是不太相同的。人不仅仅会行动,会思想,会说话,人之成为人,有一个特别的方面,就是同样的事情,不同的人会有不太相同的感知,不同的感知发生错位。人跟人的感觉好像是相通的,也确有相通的一面,但是,从根本上又是很难相通的。就是讲话,具体语句(能指)好像是听懂了,但是,其实际的意思(所指)往往是另外一回事,是误解的。哪怕关系再好,我救你,你是感激的,结果却是害了你,譬如柳妈那样的人——一心一意想救祥林嫂,却把她推向精神的火坑。鲁四奶奶很含蓄地不让祥林嫂端福礼,她并没有想到祥林嫂就活不成了,直到祥林嫂死了,她也没有感觉到。

　　从鲁迅的小说中归纳,什么样的人物能够使读者感动? 这样的问题,不能以单独一个人物来回答,应该从人物相互之间感知的多元错位来回答。

　　就《狂人日记》而言,一方面,它有感知错位;所以它是小说。但为什么又说它基本上是小说呢? 有一个问题,《狂人日记》里面有很多不属于小说的东西。那是什么? 最明显的一点,就是最著名的那段话:“我翻开历史一查,这历史没有年代,歪歪斜斜的每叶上都写着‘仁义道德’几个字。我横竖睡不着,仔细看了半夜,才从字缝里看出字来,满本都写着两个字是‘吃人’!”这不是小说,这是抽象概念的错位,不是人物的感知错位;这是鲁迅的思想,这是社会文化批评,把思想直接讲出来,讲得清清楚楚,很深刻,这是杂文。为什么不属于小说呢? 因为这种思想,在小说里找不到充分的根据。狂人讲的“吃人”,都是错觉——远方村子里有吃人的传说,古典文献中有吃人的记录以及医生要他好好养病,还有他妹妹死了,说是大哥把她杀了吃的,还有他周围的人要吃他,一个女人对她的儿子大喊一声“老子呀! 我要咬你几口才出气！"，使他感到马上就要被吃掉的恐怖，所有这一切都是错觉。这一系列的错觉跟鲁迅的结论——中国历史所写的都是"吃人"，而且还说自己"有了四千年吃人履历"，逻辑上并不合理。狂人的感受，不可能得出这样普遍的结论，得出结论的主要不是狂人，而是作者的代言人。所以鲁迅自己对《狂人日记》不满意，觉得它"太逼促""很幼稚"。写祥林嫂就不逼促、不幼稚，就很艺术。为什么呢？祥林嫂是被礼教观念害死了，但这是艺术形象显示的，作者没有一个字写到礼教杀人或者"吃人"，没有说就是封建礼教把祥林嫂吃了，却让人感到，祥林嫂在包围着她的罗网里走投无路，不得不死。你叫它杀人也好，吃人也好，反正是极其恐怖，令人毛骨悚然，然而人们却觉得平安无事。这叫艺术。

当然，鲁迅讲抽象的观念，如中国历史满篇仁义道德，实际上是吃人、吃人，这也是很精彩的。这种精彩不是小说的精彩，是杂文的精彩。这在《狂人日记》里比比皆是。如果诸位同意的话，我能不能这样说：在鲁迅的心灵深处，有两种才华，都是非常强大的。一种是小说家的才华，以他独特的感知错位为特点；一种是杂文家的才华，以深刻和犀利为特点。两者之间有统一的一面，水乳交融；也有矛盾的一面，互相干扰。例如在《狂人日记》里，统一的时候，有些片段写狂人的幻觉，特别是写到医生说"不要乱想。静静的养几天，就好了"，他就想"养肥了，他们是自然可以多吃"，这是一种幻觉，这是小说，因为这是一个人物的错位感受；但是说到中国的历史，翻开来全部是仁义道德，实际上都是"吃人"，这是杂文，因为这里的"吃人"，与小说中的"吃人"，在感性系统上、在理念上，不是错位了，而是脱节了。

两种强大的才能，有时统一，有时不统一；有时是太不统一了，就分裂了。《狂人日记》里杂文的力量更为强大，以至许多论者甚至学者只记得中国历史全部都是"吃人"这个杂文式的辉煌结论。而作为小说，《狂人日记》是试验性、探索性、未完成的，是留下了遗憾的。这句话我讲得很大胆,我到现在不敢写成论文,为什么? 因为现在研究鲁迅的权威太多了,他们把鲁迅的小说艺术看成完美无缺的,像我这样一个至今还没有写过什么关于鲁迅论文的人,如果写出来,前途堪忧呀!(笑声)他们会从四面八方来咬我,咬破我的鼻子啊! 如果从我的文章里找不出硬伤,就把我说成一个疯子,或者是专门找名人来骂的投机分子。我可能也会像狂人那样,怕起来,疑神疑鬼起来,怕被他们吃了,甚至见你们在笑,也可能像狂人那样发生感知变异,觉得是冷笑,是笑里藏刀。(大笑声)但是,可是,像赵本山说的那样,"可但是"(大笑声),我为什么敢在这里讲,不怕你们传出去呢? 因为我有根据呀。什么根据? 鲁迅自己讲的。

《狂人日记》写出来以后,异口同声认为好极了。傅斯年,五四运动的领导者之一、北京大学的学生会主席,写信给鲁迅赞扬《狂人日记》说:"文化的进步都由于有若干狂人……去辟不经人迹的路。最初大家笑他,厌他,恨他,一会儿便要惊怪他,佩服他,终结还是要爱他,象神明一般的待他。"[1]鲁迅却告诉傅斯年说:

> 《狂人日记》很幼稚,而且太逼促,照艺术说,是不应该的。[2]

按我的理解,不成熟,就在于杂文的、抽象的、直接的、正面的结论。作为杂文家,"五四"时期鲁迅已经成熟了;可作为小说家,虽然已经写出《阿Q正传》这样的经典之作,鲁迅自己却觉得远没有成熟。

【思考】

1. 本文不仅揭示了封建礼教的凶残、野蛮,而且揭示

---

[1] 《新潮》第 1 卷第 4 期,1919 年 4 月。
[2] 《对于〈新潮〉一部分的意见》,《新潮》第 1 卷第 4 期,1919 年 4 月。

了它的内在矛盾与荒谬。在祥林嫂的身上,夫权、族权与神权的矛盾体现在哪里?

2. 在作者看来,小说中关于"我"的情节为什么不是"可有可无"的?

商贾的婚姻难题及其家庭生活①

陈大康

【阅读提示】

文章讨论的是明代商贾的婚姻及其家庭生活,但据以为证的资料,则多来自明朝小说,且以冯梦龙、凌濛初的居多。以小说透视"世风",通过文学作品来观察时代状况与社会风尚,这是文学研究的重要内容。明代小说多关注"世情人心",为此类研究提供了丰厚的资源。通过商贾的婚姻难题,揭示了商贾的政治与社会地位,反映了商业经济给传统的道德伦理观念与家庭生活带来的或隐或显的冲击。

在传统社会,商人社会地位低下,道德上也被涂抹上诸多阴暗色彩,小说中的商人形象也常常"重利轻别离",重利轻义。如何剥离这层色彩,还原那个时代的"世道人心",需要论者有清晰的价值判断,而非简单粗暴的道德审判。本文站在人性与人道的立场,对商贾的社会处境与生活境遇做了合乎逻辑与情理的"还原"。在文学研究中,这一点至关重要。

无论是行商还是坐贾,他们在经营过程中总要遭受各式各样的波

---

① 选自《明代商贾与世风》(上海文艺出版社 1996 年版),陈大康著。

折与磨难,与此同时,他们的婚姻与家庭生活也经常是不尽如人意。这不仅是因为那种较为特殊的谋生方式迫使他们时常要抛妻别子,而且也因为是在明初以及后来很长的一段时期里,被强压在社会底层的商贾要寻觅美满的婚姻与和谐的家庭生活实属艰难,其实就是在明代中后叶的描写商贾的文学作品中,也常可以看到这一类的困扰。对商贾来说,经营与家庭这两者都不可缺少,它们的结合方才构成一个完整的统一体。而且,这两者又不能截然分离,它们紧密联系,对于双方都有着相当大的影响。因此,为了更全面地了解在困难环境中作艰苦努力的商贾,有必要对他们的婚姻以及家庭生活也作一番较为集中的考察。

当提及商贾的婚姻与家庭生活时,人们的脑海中常常会很自然地浮现出唐代诗人白居易在《琵琶行》中所写的名句:"商人重利轻别离。"诚然,确实有不少商人对利润的计较远远胜于对妻子儿女的关心,但是商人毕竟也是人而非只知盘算经济得失的机器,就其全体而言,他们又何尝不像社会上其他阶层的人那样,怀着对美满的感情生活与家庭生活的向往。然而,他们所从事的职业的特殊性,却是与这种愿望尖锐地对立着,于是在面对经商过程中的种种磨难时,他们还得忍受因经商而带来的生活上的另一层痛苦。"一年三载不回程,梦魂颠倒妻孥惊;灯花忽报行人至,阖门相庆如更生。"①这类凄恻断肠的诗篇是对商贾的生活及其情感的真实写照,若非生活所迫,他们又何尝愿意过这种不正常的家庭生活。因此,对于明时那些被强压于社会底层的商人,我们似乎并不应该简单而轻率地批评他们"重利轻别离"。

在明时的商贾之间流传着这样一句谚语:"做买卖不着,只一时,

① 冯梦龙,《古今小说》第十八卷"杨八老越国奇逢"。

讨老婆不着,是一世"①,而"一时"与"一世"的对照,至少可以证明在许多商人的心目中,经商的地位并非绝对地高置于家庭生活之上。然而,不少商人在"讨老婆",即组织家庭生活的第一步上,就往往会遇到许多障碍,因为那时商人地位低下,受人歧视,一般的人家怎肯将女儿嫁与他们呢?在古代小说中常可以读到这一类的故事,如周胜仙与范二郎互相爱上了,周胜仙的母亲也乐意答应这门亲事,可是她的父亲得知范二郎是商贾子弟后却恼怒地骂开了:

> 他高杀也只是个开酒店的。我女儿怕没大户人家对亲,却许着他。你倒了志气,干出这等事,也不怕人笑话。②

这篇小说的主旨意在歌颂青年男女对自由恋爱的追求以及封建势力对这种爱情的扼杀,然而由于范二郎为商贾子弟的特殊身份,我们从作品中又可读出更丰富的内涵。这里且不论周胜仙的父亲有无将女儿居为奇货,欲待价而沽,与"大户人家"攀联的心理,但他至少是认为将女儿嫁往商贾之家是一桩极不妥当的亲事,而"也不怕人笑话"一语则表明,这绝不是周胜仙父亲个人的偏见,而是当时相当普遍的一种社会舆论。有了这一层认识,我们对其他的古代小说中的类似情节也就不难理解了。如刘元普收养了落难的小姐裴兰孙,并准备为她操办婚事,他的夫人满以为那新郎必定是非自己的外甥王文用莫属,可是刘元普却断然拒绝作这样的安排,因为他认为裴兰孙尽管落难,但毕竟是仕宦人家的小姐,而王文用只是典铺的一个总管,"虽有综理之才,却非仕宦中人"③,这样的婚姻将为人们所非议。当时的世态

---

① 冯梦龙,《古今小说》第一卷"蒋兴哥重会珍珠衫"。
② 冯梦龙,《醒世恒言》第十四卷"闹樊楼多情周胜仙"。
③ 凌濛初,《初刻拍案惊奇》卷二十"李克让竟达空函,刘元普双生贵子"。

风情如此,因此商贾之家在讨媳妇之前都得自我掂量一番,以免上门提亲时遭人抢白,自讨没趣。如乐和与喜顺娘自幼青梅竹马,但这两家虽是表亲,门第却相去甚远。乐家原也是个衣冠人家,后来由于家道消乏,便在钱塘门外"开个杂色货铺子"度日,从此社会地位急剧下降。乐和非喜顺娘不娶,可是当他央求父亲去向舅舅喜将仕提亲时,他父亲却顾虑重重,因为自己已是"经纪营活"的商贾之家,不该有此非分之想,"若央媒往说,反取其笑"。于是,这位父亲宁愿眼睁睁地看着儿子忍受感情痛苦的煎熬,也决不肯请媒人去喜家试探一下。小说作者对这对青年男女的遭遇显然充满着同情,因此后来又安排了喜顺娘被钱塘大潮卷走,乐和奋不顾身地跳进水中相救,在神灵的帮助下,两人终成眷属的情节。① 然而,两人须以生命为代价,且又要靠神灵相助方能成就婚姻,作品喜剧性的结局反过来正证明了这种婚姻在当时的实际生活中是多么的不现实。在凌濛初的一篇小说中,贩卖丝绸绫绢的蒋生看上了马家的小姐,但他也像乐和的父亲那样,对于提亲是顾虑重重:"我是个商贾",这一桩亲事"料不是我想得着的"②。该作品以明代中叶为故事的背景,可见即使在这时,不少商贾论婚嫁时仍然怀有较强烈的自卑感。

耻于与商贾之家结亲的思想在一时间可以说是深入人心,由当时的小说描写可以知道,甚至就连同样置身于社会底层的人们,竟也时常奉此为择偶准则。如金老大是个"团头",也就是那"比不得平等百姓人家"的乞丐头儿,可是他为女儿挑选女婿时却也是将"平常经纪人家"排除在外,"立心要将他嫁个士人"③。一些沦落风尘的妓女也有类似的思想。平日里,她们看在银子的分上乐意与那些钱囊丰实的

---

① 冯梦龙,《警世通言》第二十三卷"乐小舍拼生觅偶"。

② 凌濛初,《二刻拍案惊奇》卷二十九"赠芝麻识破假形,撷草药巧谐真偶"。

③ 冯梦龙,《古今小说》第二十七卷"金玉奴棒打薄情郎"。

商贾来往周旋,然而一旦考虑终身结果而打算从良时,商贾却往往并不是她们选择的第一目标。譬如,名妓王美娘久有从良之意,平日里"也留心要拣个知心着意的,急切难得"。后来,王美娘遇见了自幼做贩油买卖的秦重,她以其丰富的阅人经验,判定这是一个值得信赖的人:"难得这好人,又忠厚,又老实,又且知情识趣,隐恶扬善,千百中难遇比一人。"然而,即使评价极佳,而且王美娘也知道秦重是钟情于自己,但她仍然不打算将这难得一遇的好人列入考虑对象:"可惜是市井之辈。若是衣冠子弟,情愿委身事之。"①在作品的结尾处,王美娘终于还是与秦重结合了,不过这是她在经历了一番周折,认识到人品好是最重要的因素后才出现的结局。连妓女从良也不太情愿选择商贾,由此可足以看出商贾在婚姻问题上的不顺利。

　　别的社会阶层的人常因商贾地位低下而瞧不起他们,不愿与之联姻,而这种思想就是对于商贾自己也有着相当大的影响。这里且看太湖洞庭山的高赞的见解吧。高赞是一个"惯走湖广,贩卖粮食",家中又"开起两个解库"的商人,他在为女儿挑选女婿时就明确表示:"不肯将他配个平等之人,定要拣个读书君子",而所谓的"平等之人",指的就是和自己一样的商贾或商贾子弟。只要条件适合,高赞对于被选中的书生的家境贫寒也毫不在意,"就赔些妆奁嫁去,也自情愿"②。这是因为高赞有的是钱,缺少的则是社会地位,对方如果是商贾之家,那么即便是拥有万贯之富,两家联姻后仍然还会被人瞧不起。有才华的"读书君子"的情况就不同了,他们即使出身于贫寒之家,却有可能通过科举之途获得官职。这时,商贾的女儿就可摇身一变为诰命夫人,而她的父亲自然也就成了现任官员的岳丈,谁个还敢小觑? 那高赞如此选挑女婿的动机是再明显不过了,他是在利用嫁女儿的机会,

---

① 冯梦龙,《醒世恒言》第三卷"卖油郎独占花魁"。
② 冯梦龙,《醒世恒言》第七卷"钱秀才错占凤凰俦"。

为自己家庭日后社会地位的提升而预作投资。当精明的父辈作如此
盘算时,社会上鄙视商贾的思想也就传入了深闺,商贾家的小姐暗中
也在考虑自己的终身大事,而其结论又常与父亲的深谋远虑相一致:
"我生长贾家,耻为贩夫贩妇。"此语出自冯梦龙笔下的韩玉娥之口,
这位徽商的女儿生怕日后父亲会把自己嫁与商贾之家,于是她等不及
父母之命与媒妁之言,就已在暗中物色了"家贫未娶"的秀才黄损,私
自与他订下了终身。① 在古代小说中,有此类举动的商贾家小姐并非
只是韩玉娥一人,西湖渔隐主人所描写的施蓉娘也是如此。这位大盐
商家的小姐的作为甚至比韩玉娥更进一步,她不仅是在私下里与秀才
许玄来往,而且两人还先做成了事实上的夫妻。② 在这两篇作品里,
黄损与许玄后来都是少年高第,当上了官,韩玉娥与施蓉娘也终于如
愿以偿。这类理想的结局对许多商贾之家来说无疑地具有极大的诱
惑力,而它又导致了门当户对的均势的被打破,使得一般商贾想娶亲
成家时所面临的形势变得越发严峻。因此,也难怪他们之间会流传着
"做买卖不着,只一时;讨老婆不着,是一世"之类的谚语。

　　商贾在婚姻问题上的老大难,其实是他们地位低下、遭人鄙视的
境况的一种较为集中、典型的反映,在这种情形下,有一部分商人对于
娶媳妇这人生大事也只得将就一些,卖汤粉的朱三娶双荷为妻的故事
便是颇能说明问题的一例。那双荷原是财主莫家的婢女,莫家夫人担
心丈夫会与这美貌的婢女发生私情,才将她嫁出家门,但实际上双荷
此时已经怀上了莫家主人的孩子。在封建社会里,这是不可容忍的奇
耻大辱,若是换了别种人,那定是非休妻不可。然而,"朱三是个经纪
行中人",他娶妻不易,再加上又得到莫家主人额外给予的钱财,因此
尽管他后来也知道了事实真相,却也不甚讲究贞操观念,所取的态度

---

① 　冯梦龙,《醒世恒言》第三十二卷"黄秀才徼灵玉马坠"。

② 　西湖渔隐主人,《欢喜冤家》第十回"许玄之赚出重囚牢"。

竟是"哪里还管青黄皂白"①。娶妻的不易困扰着商贾,于是某些商贾较为集中的地区还会因此而出现一些较为特殊的风俗,如以晋商而著称的山西一带的"娶空房"习俗即是如此:

> (晋人)其生也,发犹未燥即从人商贩于外,辄数年不归。其父母亦不俟子之返,即为之纳妇于家,名之曰"娶空房"。习俗不改,未知昉于何人。②

这段记载出自清代乾隆年间人的手笔,但是从"习俗不改,未知昉于何人"一语来看,这种风俗在当时已经有了相当长的历史,推断其产生于晋商开始闻名于世的明代当不致有误。按这种风俗行事,新郎远在千里之外,媳妇却已经娶进了家门,而古代社会信息的传递又甚不发达,于是有些商人在毫不知晓的情况下,突然间已变成了有家室之人,至于对方的相貌、品行与性格等,这对夫妻很可能在相当长的时期内都无法得知,只能靠独自悬想揣摩。这种风俗的形成显然是源于商人迫于形势而对婚姻所采取的现实、将就的方法。就商贾之家而言,父母的这般举措固然是保证了儿子在外经商时可以无后顾之忧,可是对那位名义上已经嫁人、却又长年未见丈夫一面的妻子来说,这又意味着什么呢?

　　商贾娶妻已是不易,而一旦成家立室,也并不意味着万事大吉,因为那职业的特点,决定了他们一般不能像其他人那样过上正常的家庭生活,于是从娶妻开始,一出出的家庭悲剧就往往已是在酝酿之中了。山西商人沈洪常年经商,"出外日多,在家日少",时间一长,其妻皮氏

---

① 凌濛初,《二刻拍案惊奇》卷之十"赵五虎合计挑家衅,莫大郎立地散神奸"。

② 长白浩歌子,《萤窗异草》初编卷三"李念三"。

便与邻居监生赵昂勾搭成奸,甚至两人计议已定:"暗地谋杀了沈洪,做个长久夫妻。"一切都布置妥当了,于是那沈洪返家才一天,就被皮氏用砒霜毒死。① 当然,像谋害亲夫这类走极端的事件尚不多见,但是外出经商的丈夫被戴上绿帽子的故事却是明代小说中十分常见的题材:蒋兴哥在广东忙着贩卖珍珠、玳瑁之类,其妻王三巧儿却在家中迷上了徽商陈大郎,两人"你贪我爱,如胶似漆,胜如夫妻一般"②;任珪一向是"早出晚归",整天地在生药铺里应付各种买卖,妻子梁圣金却不甘寂寞,后来干脆乘丈夫不在家之便,找来旧情人"叙旧日海誓山盟,云情雨意"③;丁氏与奸夫江仁偷情"倍觉情浓",算是寻得了打发无聊乏味光阴的刺激剂,她全不念在外辛苦经营的丈夫木知日④;而"出外多年做生意"的石仰塘的遭遇也与此相类,他刚回家不久,辛辛苦苦赚来的二百两银子竟全被妻子的情夫偷走了⑤。商人的妻子不贞,这几乎已经成了很普遍的问题,而且一直到明末,它仍然是常见的社会现象。明代有不少刑事大案都与这一问题有关,其中沈德符所记载的案例的结局尤为动人心魄:

> 　　近癸巳年,吴之阊门宋姓者,以市川贵器为业,俗所谓沙板是也。其家累世积锱铢素封。有子五人,延一余姚塾师课之。其妻年四十余矣,荡而悍,与塾师淫通,遂谋杀其夫,诸子颇有与闻者。一日,以暴卒讣亲友,然其谋众皆稔知,遂闻于官,验视信然。乃论塾师大辟,妇寸磔,五子俱坐弑逆,然二少子实不知也。狱上于朝,非时伏诛。行刑之日,二子号呼称冤,监刑以定案难改,第悯

①　冯梦龙,《警世通言》第二十四卷"玉堂春落难逢夫"。
②　冯梦龙,《古今小说》第一卷"蒋兴哥重会珍珠衫"。
③　冯梦龙,《古今小说》第三十八卷"任孝子烈性为神"。
④　西湖渔隐主人,《欢喜冤家》第十九回"木知日真托妻寄子"。
⑤　周清源,《西湖二集》第三十三卷"周城隍辨冤断案"。

默而已,佯若不闻,宋氏一门俱灭。①

这桩轰动苏州的大案发生于万历年间,但其实自明初以来,商贾家庭之裂变一直是屡见不鲜的事,只不过其结局未必似宋氏一家如此惨烈而已。在阅读上述作品或记载时,还时常可以感受到作者们明显的倾向性,即当描述商贾与其他什么人的关系时,遭嘲讽、鄙视的往往是商贾,而一旦论及商贾家庭的裂变时,他们又不约而同地将商贾的妻子列为口诛笔伐的对象,这实在是很不公正的。那些作者自以为是理直气壮地维护封建纲常与道德风化,他们丝毫也不愿意设身处地地想一想那些身为商贾之妻的妇女的苦痛,因此在古代的作品中极难找得到为她们申辩的故事,唯有冯梦龙的一则记载略含怜悯之意,但其通篇仍然是以嘲笑戏谑为主:

> 鄞县民出贾,妻与其姒同处。夫久不归,见夫兄,私心慕之,成疾贴危。家人知所以,且怜之,计无所出,强伯氏从帷外以手扪其腹,遂有感成孕。及产,惟一掌焉。②

外出经商的丈夫久久不归,妻子长期独守空房,结果感情别移,这便将那家人推至十分尴尬的境地。他们既要恪守封建礼教的男女大防,同时又想救那媳妇的性命,在两难之中,最后只好采取了招来世人嘲讽的权宜之计。所谓产下一掌云云自是不可信的荒诞之说,可是如果撇开作品的妖异色彩以及作者的嘲讽意味,读者还是不难感受得到那倍受感情煎熬的商贾之妻的痛苦。

尽管是遭到了封建的社会舆论的嘲讽与谴责,但是鄞县的那家人

---

① 沈德符,《万历野获编》卷十八"冤亲"。
② 冯梦龙,《古今谭概》妖异部第三十四"产掌"。

家无论如何也应该算是较为通情达理的,如果遇上了狠戾的公婆,那么商贾之妻的日子就将更难挨了。凌濛初叙述的潘甲与姚滴珠的故事即是如此。这对少年夫妻婚后"却也过得恩爱",然而他们成亲才仅仅两个月,那公婆就"发作"了:"如此你贪我爱,夫妻相对,白白过世不成,如何不想去做生意?"于是潘甲被逼着告别妻子,外出经商,姚滴珠新婚不久就与丈夫分离,她自然是"越越凄惶,有情无绪",而公婆却还要"动不动出口骂詈",在这种情况下,一场家庭悲剧便不可避免地发生了。① 在苏州一带还曾经流传过一则所谓"婆奸媳"的故事,它同样也是因公、婆、媳三者关系难以处好而酿成的家庭悲剧:

> 闾门外有子商于外者,妇事舅姑极柔婉。妪遂疑翁与妇通,乃夜取翁衣帽自饰,潜入妇寝所,试抱持之。妇不得脱,怒甚,以手指毁其面,妪负痛始去,明旦托病不起。妇潜归父母家诉之。父往察翁面无损,归让其女不实。女恚,竟自经。父讼于官,翁亦无以自明。邻里称妪面有伤痕,执妪鞫之,事乃白。时吴中喧传为"婆奸媳"。②

看来,生怕儿媳不贞,商贾家的长辈着意防范在当时确是寻常之事,但是那位婆婆的猜度与试探也实在是太出格了。除了丈夫久别不归之外,恪守妇道的商贾之妻还要无端地遭受侮辱与欺凌,这是一种怎样的辛酸生活啊。然而,这样一场家庭悲剧却被世人当作一桩笑话在轰传,其结果又必然是更加剧了社会舆论对商贾之家的鄙视。

妻子在家里忍受着种种痛苦,那些在外经商,失去正常的家庭生活的丈夫们的情形又是如何呢? 这些人身边常有几个钱,又往往耐不

---

① 凌濛初,《拍案惊奇》卷之二"姚滴珠避羞惹羞,郑月娥将错就错"。
② 冯梦龙,《古今谭概》谬误部第五"婆奸媳"。

住形影相吊的寂寞,于是便要寻求各种刺激,以填补其精神上的空虚,而其中最常见的形式恐怕就是嫖妓了。自唐传奇以来,商贾与妓女的故事就已是小说创作中时常可见的题材,而在明代的作品中尤多,这表明商贾嫖妓在当时是一种相当普遍的社会现象,以致那些作家写到这类故事时总是信手拈来,毫不费力。商贾嫖妓的目的各不相同,大略而论之,有的是难熬长夜独眠的寂寞,纯粹是对感官刺激的一种追求;有的则是兼含以一掷千金以显示气派的动机;甚至还有人将妓院当作笼络各方面关系、探听行情及其动向的场所。在这些商贾中,有的是偶尔为之或并无固定的对象,他们通常是宿夜付钱,即将此完全等同于银货两讫的买卖。也有些商贾真的迷恋上了某个妓女,而这类情形正是某些古代小说家特别感兴趣的素材,今天我们在作品中读到的大多是这一类故事。那些作家对商贾嫖妓多半持批判态度,写这类故事的目的也常是劝善惩恶,宣扬因果报应思想,因此在作品中,迷恋妓女的商贾们一般都没有好下场。这一类故事之多举不胜举,此处且以做贩丝买卖的乔俊的遭遇为例。此人迷上了妓女沈瑞莲,花费了无数的钱财,可是最后却迎来了这样的结局:

　　　　住了两年,财本使得一空,被虔婆常常发语道:“我女儿恋住了你,又不能接客,怎的是了?你有钱钞,将些出来使用;无钱,你自离了我家,等我女儿接别个客人。终不成饿死了我一家罢!”乔俊是个有钱过的人,今日无了钱,被虔婆赶了数次,眼中泪下。寻思要回乡,又无盘缠。①

乔俊后来被赶出了妓院,挣扎着回到家乡,可是又受到了其他刺激,最终走上了投湖自尽的道路。这则小说故事是取材于现实生活,作者描

----

　　① 冯梦龙,《警世通言》第三十三卷“乔彦杰一妾破家”。

写它的目的是想指点迷津,唤醒世人的警觉。然而,他们的苦心劝诫似并未见效,在实际生活中,重蹈乔俊覆辙的商贾仍然不知有几何。

不过,在当时偶尔也会出现若干例外的故事,即某些妓女立意学做唐人传奇中的李娃,她们的援手相助终于使沦落的商贾绝处逢生。如陆粲就曾经写过这样一则故事:"洞庭叶某,商于大梁,眷一妓冯蝶翠者,罄其货,迨冻馁为磨佣。"叶某连家乡都回不了,处境比乔俊更惨,可是就在这时,他开始交上了否极泰来的好运:妓女冯蝶翠资助了他几十两银子,"叶遂将金去,买布入陕换褐,利倍;又贩药至扬州,数倍。贸易三载,货盈数千"。重成富翁的叶某并没有忘记冯蝶翠救助他的恩德,作为报答,"乃以其千取冯归老焉"①。那冯蝶翠为什么会破财救助叶某? 是真诚地爱他还是仅为怜悯同情,抑或天良发现,欲为自己积些阴德? 这些在故事中都没有交代,对此也无须深究,我们感兴趣的倒是那所谓"大团圆"后的情形。一些商贾替妓女赎身并将她们带回了家乡,在这以后,商贾的家庭生活又会发生怎样的变化呢?

商贾的妻子成年累月地在家独守空房,当总算等到丈夫归家时,却发现他竟带回了一个从良的娼妓,妻子长期郁积的悲苦,此时便理所当然地要转化为满腔的愤怒。就拿前面曾经提及的沈洪来说吧,这位贩马商人带着买来的玉堂春回家时,其妻皮氏就当场发作了:

> 皮氏大怒,说:"为妻的整年月在家守活孤孀,你却花柳快活,又带这泼淫妇回来,全无夫妻之情。你若要留这淫妇时,你自在西厅住下,不许来缠我。我也没福受这淫妇的拜,不要他来。"昂然说罢,啼哭起来,拍台拍凳,口里"千亡八,万淫妇"骂不绝声。

---

① 陆粲,《说听》卷上。

当然,皮氏的情形较为特殊,因为她已经与监生赵昂勾搭成奸,准备谋害亲夫,但是她眼见丈夫带娼妓进门时的忌愤与发作,却仍然应该视为较正常的反应。在其他的作品里,我们也可以读到类似情景的描写,如那位因迷恋沈瑞莲而破产的乔俊,先前也曾经买过一个小妾带回家,他的结发妻子高氏见此情景当然是顿时"焦躁起来",只不过她并没有哭闹,而是为着日后生计而与丈夫约法三章:

> 当下高氏说与丈夫:"你今已娶来家,我说也自枉然了。只是要你与他别住,不许放在家里。……自从今日为始,我再不与你做一处。家中钱本什物、首饰衣服,我自与女儿两个受用,不许你来讨。一应官司门户等事,你自教贱婢支持,莫再来缠我,你依得么?"乔俊沉吟了半晌,心里道:"欲待不依,又难过日子。罢罢!"乃言:"都依你。"

从此以后,高氏与乔俊虽然还维持着夫妻的名分,但事实上两人却已分居,乔俊自知理亏,才不得已接受了妻子的条件。其实,高氏这样做还算是比较顾及夫妻情分的,而凌濛初笔下那位富商王八郎的妻子可就厉害得多了,她一得到丈夫为某妓女赎身的消息,就立即为日后的生计做准备,"把家中细软尽情藏过,粗犷家伙什物,多将来卖掉",等到王八郎携从良的娼妓归家,看到的景象已是"椅桌多不完全,箸长碗短,全不似人家模样"。王八郎见家中一片狼藉,不由得怒从心起,可是他还来不及尽情发作,妻子已是"奋然攘臂",将他拖到知县衙门闹离婚去了。① 既然在不同作家的作品中会出现相类的情节,那么这确为当时的现实的社会问题应该是毋庸置疑的。某些商贾将嫖妓娶妾作为失去正常的家庭生活的补偿,但其结果反而常是连原有的家庭

---

① 凌濛初,《二刻拍案惊奇》卷之六"李将军错认舅,刘氏女诡从夫"。

也被自己亲手毁灭了。

　　为了填补精神上的空虚和追求感官上的刺激,有的商贾在嫖妓之外,还常以勾引别的商人的妻子为乐。那些商贾之妻长年独守空房,而勾引者则正以"可怜大娘青春独宿"之类的理由来为自己的无耻辩解。如前面曾提及的蒋兴哥去广东做生意数年不归,其妻王三巧儿在家难耐寂寞,于是徽州米商陈大郎便乘虚而入,花了"千金之费"将她勾引到手。这位徽商后来在归乡途中还向别的商人炫耀自己的艳遇,却不知那听者恰好正是王三巧儿的丈夫。又如章必英对于美貌的李月仙久怀不轨之心,后来就有意和她的丈夫王文甫合伙做生意,并乘他外出经营之际实现了自己的邪恶目的。① 与嫖妓相比,这些人的行径更暴露了商贾无耻堕落的一面。

　　当描写到商贾嫖妓或勾引别的商人的妻子的丑态时,古代的小说家们往往都是抑制不住心头的气愤,对此作尽情的暴露与鞭挞,在故事的结尾处也总是给他们安排了不光彩的下场。同时,这些作家对长年在外经营的商人失去正常的家庭生活又多少怀有一点同情,也许正是因为这个缘故,他们对于商人们在特定条件下形成的"两头大"的生活方式就常取较宽容的态度,描述时一般也不含批判的意味,即使不表赞赏,那至少也是无褒贬地作客观性的叙述,而通过这些叙述,我们则可了解到当时商人在失去正常的家庭生活后所寻得的另一种补偿方式。所谓"两头大",是指在原籍已有家室的商人由于较固定地在某地发售货物,后来便在那儿又组织了一个家庭,他那两个家庭的主妇在名分上是平等的,并无正妾与副室的差别。关于"两头大"的家庭形式及其出现的原因,冯梦龙曾经在一篇小说中作出较为详细的介绍:西安府的杨复往迹于陕西、福建两省做买卖,他原本在家乡已经娶妻生子,但是漳州的檊氏看中他"本钱丰厚,且是志诚老实",便"意

---

　　① 　西湖渔隐主人,《欢喜冤家》第三回"李月仙割爱救亲夫"。

欲将寡女招赘，以靠终身"：

> 檗妈妈再三劝道："杨官人，你千乡万里，出外为客，若没有
> 切己的亲戚，那个知疼着热？如今我女儿年纪又小，正好相配官
> 人，做个'两头大'。你归家处有娘子在家，到漳州来时，有我女
> 儿。两边来往，都不寂寞，做生意也是方便顺溜的。……就是你
> 家中娘子知道时，料也不嗔怪。多少做客的，娼楼妓馆，使钱撒
> 漫。这还是本分之事，官人须从长计较，休得推阻。"八老见他说
> 得近理，只得允了，择日成亲，入赘于檗家。①

对终年奔波在外的商贾来说，在发售货物处再组织一个家庭是颇具诱
惑力的考虑，这不仅使他们长期过不上正常的家庭生活的缺陷得到了
弥补，同时又能使他们在当地"做生意也是方便顺溜的"。对商贾原
先的妻子来说，她们对丈夫在外另有家室未必乐意，但两地的家庭毕
竟相隔遥远，并无来往，且无名分之争，而且不管怎样，这总比丈夫
"娼楼妓馆，使钱撒漫"要强得多，在外的生活与经营又能得到照应，
于是她们一般也将此视为"本分之事"而接受或默认。至于社会舆
论，对此更是毫无微词，须知在封建社会里，三妻四妾都是司空见惯的
寻常事，区区"两头大"又算得了什么呢？在各方面都感到可以接受
或容忍的情况下，这种特殊的婚姻风俗便在商贾阶层中产生，并逐渐
传开，因此我们在明代小说中也就时常可以读到关于这一类"两头
大"家庭形式的描述。如徽州某盐商已有妻子"自在徽州家里"，他由
于生意上的原因需长期滞留在扬州，于是就请媒婆去江溶家说亲，讲
明江家的女儿嫁给自己后"住在扬州当中，是两头大的，好不受用"②；

---

① 冯梦龙，《古今小说》第十八卷"杨八老越国奇逢"。
② 凌濛初，《二刻拍案惊奇》卷十五"韩侍郎婢作夫人，顾提控掾居
郎署"。

又如浙江安吉州的李月仙因丈夫吃了冤枉官司急需钱用,她打算卖去丫鬟红香换些银两,这时便有媒婆来说,当地开当铺的汪朝奉虽然在徽州已有家室,但是又"浼我寻一女子,娶为两头大"①。某些商贾在两地各组织一个家庭时,有时也会有正妻与偏房的讲究,然而其实质却仍然与"两头大"相似,如襄阳的薛婆就认为自己的女儿"嫁与徽州朱八朝奉做偏房"是找到了一个好归宿,因为"虽则偏房,他大娘子只在家里,小女自在店中,呼奴使婢,一般受用。老身每遍去时,他当个尊者看待,更不怠慢。如今养了个儿子,愈加好了"②。如果将这样的家庭形式也都归入"两头大"一类,那么在明代的商贾之间,这种特殊的婚姻风俗就显得更为普及了。

综合以上所述,我们可以得出这样的结论:自明初以来,商贾不仅在经营方面不断地遇到许多挫折与欺凌,同时无法过上正常的家庭生活的不幸也时时伴随着他们,而这两者的结合,更加重了他们经营时的艰辛。从小说中的描写来看,商贾妻子的不贞在当时是常见的一种社会现象,对此商贾中的某些人也有过"只为我贪着蝇头微利,撇他少年守寡,弄出这场丑来"③的反省,但是更多的人即使如此,也仍然将追逐利润视为第一要务,同时又把"娼楼妓馆,使钱撒漫"当作对自己精神生活空虚的一种补偿,而这又往往加剧了他们家庭生活中的矛盾,甚至还导致原有家庭的解体或发生更大的不幸。至于"两头大"的家庭形式,则是在一部分商贾既不愿放弃对利润的追逐,同时又向往较稳定的家庭生活的情况下出现的特殊婚俗,我们虽不详其究竟昉于何时,但是通过各小说中的情节,却可以感觉到它相当普遍的存在。与另一些商贾混迹于娼楼妓馆相比,这种婚俗较为符合封建道德与礼仪的规范,然而对于前者,我们却不应该简单地看作某些个人的道德

---

①　西湖渔隐主人,《欢喜冤家》第三回"李月仙割爱救亲夫"。
②③　冯梦龙,《古今小说》第一卷"蒋兴哥重会珍珠衫"。

败坏与伤风败俗,它的出现其实又有着较深层的经济方面的原因。而且,就像正在发展中的工商业力量虽然尚还微弱,但是毕竟也开始在构成对封建的经济基础的冲击一样,那些商贾的浪荡,又何尝不可看作在以无耻的方式表现对封建伦理制度与道德观念的反叛。从历史发展的眼光来看,在后来商贾势力急剧膨胀的明代中后叶,整个社会风气的堕落败坏以及封建伦理纲常的难以维持,都与此有着相当大的关系,而我们之所以要比较全面地考察商贾的家庭生活,这也是其中的重要原因之一。

【思考】

1. 明朝社会,商贾为什么会有婚姻"老大难"问题?作者是从哪几个方面阐释这个问题的?

2. 什么是"两头大"的家庭形式?在道德评判的意义上,"两头大"显然是不合伦理的;在成因解释上,作者又要从社会、经济、生活等方面为它寻找理由。作者是如何处理这个矛盾的?

红楼漫话(四则)①

詹　丹

【阅读提示】

文本解读能力是学术能力的重要体现。

尊重文本是文本解读的第一原则,一切联想、推理和断言,都必须以文本为基础。在《赵姨娘的过去和文学描写的空缺》中,作者特地阐述了"人物的生命仅仅存在于文本之中"的道理,关于"空缺"的想象也应该以文本的事实与逻辑为边界。与其在"没有依据的前提下"靠猜测去填补空缺,还不如去追问"空缺"本身的意义。

学术文章需要洞察力,而洞察力离不开理性与开放的思辨。在人物形象上,是浑圆人物好,还是扁形人物好?"新人"出场,有时纷至沓来,有时则门庭冷落,这里藏着什么玄机?刘姥姥一介村妇,她到底是恬不知耻还是忍耻而为?面对林黛玉的"伤不起",宝玉的"不敢说"与宝钗的"不肯说",微妙的差别何在?真正的思考,必须克服思维的惰性,更要克服思维的惯性,这样才能做到在具体的文本与语境中理解,在具体的人物与环境中推断,这样的思辨才能独出机

---

① 分别选自《光明网》2019 年 9 月 2 日,《解放日报》2019 年 6 月 30 日,《光明网》2019 年 9 月 24 日,《文汇报》2019 年 4 月 28 日。

杼,洞幽烛微。

有个性的文本解读,是我们追求的境界,但个性必须建立在共通的人性、公共的知识与逻辑的基础上,也就是说,要经得起论证。詹丹的学术文,常有"意料之外"的发现,但细心琢磨,又都在"情理之中"。阅读的时候,请注意文章的论证艺术。

红楼人物的整体布局及出场特点

《红楼梦》不但塑造了几十位形象鲜明、富有个性的重要人物,涉及的次要人物及"群众角色"也相当繁多。上海市红楼梦学会编写的《红楼梦鉴赏辞典》中,就收录了约600个人物词条。

从小说内部与外部的关系看,一部具有独创性的新小说《红楼梦》的诞生,必然意味着是给文学的人物画廊增添了一批新人形象。而从小说内部人物关系看,一部长篇小说中的人物出场总有先后之分。相对于前面每一回上场的人物来说,后来者的第一次登场都是新人的一次亮相。如果稍具形象感的话,就可能具有或多或少的新特点,并发挥出此前人物不曾有过的作用。就《红楼梦》来说,如何在小说故事的舞台上合理地、分批次地推出新人物,以一种从容不迫的方式带动情节向纵深处发展,是曹雪芹整体构思中的内容之一。

通过梳理新人上场的节奏可以发现,约600人的总数,前八十回共有约530人出场,还有约70人,是在后四十回才出场的。如果以中国章回小说每十回作为一个故事单元的话,在前八十回中,除开前二十回人物的上场相对比较密集,为故事的展开奠定了基本格局(例如,前十回借助冷子兴演说荣国府、林黛玉进贾府等,直接或者间接地把近150人介绍到小说里来;第十一回至第二十回,通过元妃省亲、办可卿丧事等大型活动,又新引入了约120人),其余各十回,新出场的人物基本是在 30 至 60 人左右的幅度摆动。而后四十回,每十回平均有近 20 个新人出场。

在这一人物上场的整体布局中,有几个特点值得我们注意。

其一,后四十回相比前八十回,新人的出场不但在人数上有较大的减少,显示出总体的收敛态势,更重要的是,新人的性别比例,被大大打破了。统计显示,前八十回的 530 人中,男性约为 270 人,女性约为 260 人,基本处在 1 比 1 的状况。但是,在后四十回,新增的近 70 人中,有近 60 位是男性,只有 10 位是女性。男性与女性的比例,约为 6 比 1。这一情况的变化,耐人寻味。

《红楼梦》前八十回与后四十回续作的变化,从风格上说,是把一种富有诗意的文本改变成了散文,且在艺术创造力方面大大削弱了。然而,对《红楼梦》来说,后四十回的散文化,从文本的深度来说固然是不够的,但续作者在广度上有所拓展,这也是无可否认的事实。续作者不但有意要把当时的占卜、琴艺、酒令等各种文化习俗更为详尽地引用进来,而且,前八十回进入核心内容后的空间格局,即基本局限于大观园那样一种女性世界的格局也被打破。以前很少提及的贾政在外为官的情形,以及马道婆事发、薛蟠再次犯案等,都在贾府以外的广阔天地得到了展现。就《红楼梦》来说,走向广阔天地,在很大程度上就是走向一个男性化的人物世界。这样,在后四十回中,新登场的人物形象主要集中于男性。或者说,能被人记住姓名的一些人物,诸如包勇、何三、夏三、李十儿、赵堂官、王尔调、潘三保等,基本都是男性也就不奇怪了。

其二,前八十回和后四十回,新人上场节奏,都有一个与其他各十回不相称的最小值。在前八十回中,是第三十一回至四十回,只新增了 13 人;在后四十回中,是最后十回,只新增了 8 人。

小说最后十回很少添加新人是可以理解的,因为已接近收场,没有必要加太多的人物来增加头绪。那么,为什么第三十一回到四十回,新添加的人物也很少呢? 这是因为,在这十回中的前部分,发生了宝玉挨打这样聚焦式的冲突事件。宝玉挨打虽然动静闹得很大,但前因后果都是围绕着宝玉而展开。虽然占去三回多的篇幅,但线索铺陈得并不很开,主要是把冲突的内容往幽深处发展了,使得对涉及的相关人物数,有一个总量的控制,不便添加太多新人来转移焦点。而在这十回下半部分的第三十七回,由探春发起成立了诗社,并马上开展了海棠社、菊花社等一系列活动。因为诗社参与人数少,是高雅的小众活动,所以虽然办得也热闹,但并无必要也很难马上引入新人来拓展叙事的格局。

总之,宝玉挨打的聚焦和大观园诗社的兴办,使得这十回的新人加入成了一个低谷。这当然是作者整体叙述策略而导致的一种结果。

其三,如前所述,前八十回一共上场了约 530 人,其中男性约 270人,女性约 260 人,男女性别在基本平衡的前提下,男性还要略多于女性。这一统计结果,与认为《红楼梦》是以写女性为主的阅读感受截然不同。我们阅读的第一印象,总认为《红楼梦》主要是写女性的,其中的人物也应该是女性占大多数,但实际的统计结果为什么不是这样?

一方面,除开贾宝玉等少数几位较具感人的力量外,《红楼梦》中关于男性人物的塑造,总体上都不如女性人物塑造得更生动、更多姿多彩。另一方面,这同样涉及与塑造形象相关联的整体化构思问题。可以说,作者几乎是把主要女性的出场,都当作重要事件来渲染的。林黛玉进贾府,与王熙凤的互为亮相自不必说,许多后来者的各自上场,也都获得了让人瞩目的机会。从而,使得新来的女性,构建了一个富有节奏感的连绵不断的强化印象。这些后来“新女性”的陆续上场,对已有的人物不断进行着烘托、分层和个性的细化,使得女性人物塑造,呈现出一种犹如原子裂变的新生状态。第四十回后的薛宝琴、邢岫烟等,第五十回后的芳官、藕官等,第六十回后的尤二姐、尤三姐等,以富有节奏感的方式持续登场,不断刷新着读者对红楼女性的认识视野。同时,也反衬着那个庞大的男性群体,是多么暗淡无光。从而,让塑造得那么出色的贾宝玉,似乎成了一颗在男人夜空中没有氛围的孤独的星。

宝钗生日和黛玉的伤不起

生日宴会看演出,是《红楼梦》中贾府常有的娱乐活动。

宁国府给贾敬祝寿,虽然贾敬在道观不肯回家过,但府里照样请了戏班子来招待客人。薛宝钗、王熙凤、老祖宗等的生日,都有戏曲表演。宝玉生日虽没有安排大型演出活动,但群芳开夜宴时,宝钗抽得牡丹签,艳冠群芳,可以随意点人唱歌,芳官遂被宝钗点中,在宴席上细细唱一曲《赏花时》,也算是对演出活动作了变化处理,这是《红楼梦》摇曳生姿的笔法。第八十五回补写了前八十回没有写过的给林黛玉过生日,由戏班子演绎嫦娥天上人间的故事《蕊珠记》,而这一天,作为绛珠仙草投胎到人间的黛玉,打扮得貌美如嫦娥,戏里戏外,前世今生,形成了呼应关系。

不过,因演出娱乐的同时又节外生枝,惹得一些人生气,在写薛宝钗生日活动中出现了台下戏,值得我们细细品味。

第二十二回写荣国府为薛宝钗过十五岁生日,老祖宗格外起劲,特意出钱吩咐王熙凤置办演出。戏曲开演前,又特意让宝钗先点戏。宝钗推让不开,知道老年人喜欢热闹,就点了一出《鲁智深醉闹五台山》(又称《山门》)。宝玉向来不喜欢热闹戏,第十九回写过春节,宁国府请戏班子来演戏,宝玉也受邀听戏,就无法忍受他们所点的热闹戏。这次见宝钗点"醉闹"的戏,自然不敢苟同。但大概也是考虑到老祖宗的兴趣,所以他便带点无奈的口吻说:"只好点这样的戏。"自己既觉得有点扫兴,话里似还有安慰薛宝钗的意思——在宝玉看来,请戏班子毕竟是为宝钗过生日,老祖宗叫她点戏,也是把她的趣味放在第一位,但宝钗想着先如何迎合老祖宗口味,虽然是敬老,但多少有点委曲求全。

薛宝钗却不承认这一点,这究竟是她为人不坦诚,或者确实是被宝玉误解了,还真不好判断。总之,她反驳了宝玉,说宝玉不懂这戏的排场、辞藻等诸多好处,还念了一首曲词《寄生草》,让宝玉赞赏的同时,又夸赞她无书不知。结果,在场的林黛玉听不下去了,嘲笑宝玉道:戏还没唱《山门》,你倒《妆疯》了。

林黛玉挪用戏名嘲笑宝玉,似乎是随机之举,但也让人觉得她有一股暗暗跟宝钗较劲的意思。之前,宝玉来邀黛玉看戏,说要为她点戏时,黛玉就抱怨说这天她不过是借光看戏,谈不上为她而点戏。逢宝玉夸奖宝钗,黛玉借戏名嘲笑宝玉的吵闹,则似乎一方面暗示了自己对戏曲也熟悉,宝钗的“炫”词没啥稀奇,另一方面,也让嫌戏吵的宝玉和他自己在台下的不安静构成了反讽。但这仅仅是台下戏的序曲,大幕是在后面拉开的。

戏散场,老祖宗特别喜欢一个演小旦的和演小丑的,让人唤来这两人,给零食和赏钱。于是就有了如下一场戏:

> 凤姐笑道:“这个孩子扮上活像一个人,你们再看不出来。”宝钗心里也明白,便只笑不肯说。宝玉也猜着了,亦不敢说。史湘云接着笑道:“倒像林妹妹的模样儿。”宝玉听了,忙把湘云瞅了一眼,使个眼色。众人却都听了这话,留神细看,都笑了起来,说固然不错。一时散了。

王熙凤虽然看出林黛玉和旦角长得像,但她不愿意说出来,怕黛玉对她心生怨气,而她实在又太愿意让大家知道这一点,一起来看笑话。按文艺心理学的规律,看笑话得有回应,必须有众人的附和和分享才能出效果。单独一人偷着乐,是难以获得好笑的愉悦感的。问题是,林黛玉像旦角,怎么就成了可以让众人围观的笑话?那是因为在当时社会中,演戏者的地位,是连三等丫鬟也不如的。贵族小姐与旦角之间在地位差距甚远的前提下,突然被发现了两者相貌的紧密联系,这种差距与联系的突兀感,才让人有忍俊不禁的感觉。而王熙凤那设置悬念般的"你们再看不出来",其实也给大家看出结果带来了张力,有意让大家在台下又看了一场小戏。

此处,宝钗的"不肯说"和宝玉的"不敢说",用词是极为精准的。

宝钗不肯说,在于她通达人情世故,不愿意主动得罪黛玉,免得惹事上身;而宝玉不敢说,则主要是为黛玉的心情着想,怕她被人嘲笑而受伤害。在这样的背景下,史湘云不善于瞻前顾后、脱口而出的性格,也就呼之欲出了。可惜宝玉考虑不周,反应迟缓,等到湘云已经说出来后再使眼色阻止,除了让湘云和黛玉都生气,已经没有积极的意义了。

史湘云因此生气还好理解,因为知道宝玉使眼色阻止自己,首先是怕黛玉受伤害,其次才顾及她得罪黛玉后也会自讨没趣;另外,使眼色是一种阻止,让湘云言行的自由受到了妨碍,变成了必须看别人眼色来行事。

林黛玉又何以对初衷良善的宝玉生气呢?一方面是她听到了宝玉和史湘云的对话,暗示自己是个多心人——多心人反而希望被认为胸襟开阔,宝玉向湘云使眼色,就已经告白了黛玉的惹不起。但更重要的,还是黛玉认为宝玉也参与到了这场看笑话的游戏中,尽管这让宝玉深感委屈。宝黛有一段对话非常有意思:

宝玉道:"我并没有比你,我并没笑,为什么恼我呢?"黛玉道:"你还要比?你还要笑?你不比不笑,比人比了笑了的还厉害呢!"

黛玉的反驳看似逻辑不通,似乎让宝玉左右为难,无路可走,但自有其深刻的地方。因为当宝玉为自己的"没有比""没有笑"申辩时,已经预设了一个可能"比"、可能"笑"的前提。之所以说他的"没有比""没有笑"已经比别人的"比了笑了"更厉害,是因为黛玉心中早把宝玉视为唯一的知音与依靠,对他并不设防。所以,当她已经被置于围观的中心时,宝玉没有出面大声制止(当时才十二三岁的贾宝玉也不可能出头),混在围观者中,可能是更令黛玉受伤害的,这意味着她被悬在空中示众,又找不到任何人作依靠,在这样的瞬间,黛玉觉得被排斥在大家之外,有强烈的孤独感,生出怨气也就不足为怪了。

因为被比作一个旦角而让黛玉伤不起,这固然是黛玉爱使小性子的心理问题(而这爱使小性子与她孤苦伶仃进贾府的身世有关),但把这种伤不起向宝玉全部倾吐,让宝玉一并承受,还是说明了她和宝玉最贴心。更重要的,与旦角长相相似,居然能让一个贵族小姐蒙羞,甚至引发众人围观,这说明当时社会,等级制观念是多么普遍,多么"深入人心"。

台湾学者欧丽娟曾经说,曹雪芹明明没有反封建等级制度,何以好多红学家会得出这样的结论?是的,从主观愿望上,确实看不出曹雪芹有这样的思想自觉,但在小说的生动描写中,这种制度笼罩下的不合理、非人性的一面,又被他充分暴露出来,从而在客观上达成了反思、反讽的效果。这一通过创作方法实现的超越,在一个伟大的作家这里,未必不能通过深刻的体验与符合人物性格命运的笔触而达致,而在当代,这种现象则不难通过马克思主义文艺学来解读,读《红楼梦》应具有不拘于一时的宽阔视野,也是当代学人之必须。

赵姨娘的过去和文学描写的空缺

多年前,有学者在论及《红楼梦》里人见人厌的赵姨娘时,曾大胆提出一个论断,认为赵姨娘未必就一直这么坏的,她开始是小心翼翼做姨娘,不似现在如此嚣张,只是"随着亲生子女的长大,她日益坐稳了如夫人的位置,嫡庶间的矛盾和仇恨才逐渐凸显出来"。这样说,似乎是力图从动态的而不是静态的视角来分析人物形象,力图从人见人厌的赵姨娘身上,发现她刚开始当姨娘的闪光点,以显示一种人的性格多元化的特点。最近,又有人从《红楼梦》中人物性格是随着环境变化而变化的这一创作原则出发,来同样说明赵姨娘的过去应该是比较和善的。甚至更进一步,慧心独具地举出贾宝玉的一段话,认为"女孩是珍珠,嫁了汉子就变成死鱼眼睛了(越发注重利益,尤其是有了可以凭借的资本之后)",来作为赵姨娘当初善良的"最好的侧面证据之一"。(笔者按:《红楼梦》原文中,贾宝玉的论断分三阶段,即女孩是宝珠,嫁了男人成死珠,老了才成鱼眼睛。)

这真是不说还算好,越说越糊涂了。

按照贾宝玉的逻辑,开始当姨娘的人,已经嫁了汉子,与宝珠样的女孩子早没了关系。他在另一处还特意强调,女人一嫁男人就染上了男人气味,比男人还混账。为什么赵姨娘开始当姨娘时,反倒可以例外,反倒可以让人觉得善良?论者以贾宝玉的话作论证,岂不是逻辑混乱吗?贾宝玉论女性的一般原则,怎么可以用来佐证曹雪芹创作人物的原则?把小说人物等同于作者,这岂不是缺乏文学常识吗?凡此低级错误,无须辩驳。倒是这里涉及的理解文学的两大误区,具有一定普遍性,不能不提出来加以辨析。

首先,强调人物性格的多元性、复杂性,强调人物性格随着环境而改变,是建立在马克思的经典观点,即人是社会关系的总和基础上的,是有相当合理性的。但马克思提出这一观点,有一个基本前提,强调这是就人的现实性而言的。马克思认为,对人的本质加以认识,要把视野从抽象转向具体,转向社会现实,转向人的社会关系。这一转向是有革命意义的。但强调人的本质的现实性,并不意味着就必然要否认人的本质的理想性。马克思主义者一直是把人的自由、人的解放,作为人的理想化的本质加以追求和奋斗的。也就是说,人既有受现实羁绊、受环境必然性制约的一面,也有着能动的、向着理想的自由王国飞升的一面。既然这种理想追求本身也是一个无可回避的心理事实,那必然会在颇具创作能动性的作家笔下得到展现。更何况,即使就人的现实性而言,其性格受环境制约、因环境变化而变化,也是各人有各人的具体情况的。

就实际情况来说,文学作品中的优秀人物形象,未必全都是性格复杂、能够体现出错综社会关系的。所以,英国小说家福斯特在《小说的几个方面》一书中,把人物分为扁形人物与浑圆人物两大类型,认为扁形人物是围绕着单一的观念或素质塑造的,而如果这种观念或素质是一种以上的或者发展变化的,就是浑圆人物了。他的分类和说明,接近于我们通常所说的性格单一和复杂这两类人物。福斯特提出,塑造扁形人物本身,也许并不像浑圆人物那样是很大的成功,但对表现某些特定内容和风格,比如表现喜剧色彩浓郁、讽刺性强的人物时,扁形人物要比浑圆人物更合适。关于扁形人物,福斯特曾以英国最伟大的小说家狄更斯创造的人物形象作为成功的例子,说明我们对文学人物性格的理解,不能只偏向浑圆一种类型。而赵姨娘这一人物性格,就属于颇具讽刺色彩的一类,是适合用单一性格的方式来呈现的。此外,同一部作品在刻画人物群体时,把浑圆人物与扁形人物结合起来描写,艺术效果就更好。即便脂砚斋提出《红楼梦》塑造人物是打破了"美则无一不美""恶则无一不恶"的模式,但这一模式的打破,并不是无差别地适用于小说中的每一个人物。有些论者非要把赵姨娘这一人物性格往多元上拉,既是对单一性格人物的理解存有偏见,也是对人物多元性格的理解陷入了新的教条。

其次,文学常识告诉我们,人物的生命仅仅存在于文本之中(伊格尔顿语)。文学作品毕竟不能与生活等量齐观,所以出自生活中常情常理的推测,比如环境差异对人造成的性格改变,其结论未必就符合作品实际。一个简单的事实是，小说的人物只在作品中生活，不多也不少。当作者没有写到他们的其他方面，甚至连起码的暗示都没有时，我们有什么理由说一个人的性格必然就改变了，而没有可能是作者有意不让她发生变化？如果真发生变化，又凭什么一定是从过去的好变成了现在的坏，而不是从过去的很坏变成现在的更坏或者并不很坏呢？如果说赵姨娘坐稳了如夫人的地位，才凸显了嫡庶的矛盾，那么，当她还没有子女时，那种心理的焦虑，不是也很有可能让她脾气暴躁、醋意大发吗？就像《金瓶梅》中的潘金莲那样，对李瓶儿的儿子充满了仇恨。这不是也很有可能吗？但，这一切的一切，其实都是没有根据的猜测。作为阅读的自娱自乐当然悉听尊便，但作为一种严肃的学术讨论，应该有相当的客观性和开放性。毕竟，对于赵姨娘的过去，作者的描写是空缺的，或者说她的过去，已沉没在小说历史的黑暗中。

　　面对这样的历史黑暗或者说描写空缺，不论是作者的有意安排，还是无意忽略，评论者都无须以自己的生活经验或者社会实际来加以填补，无须用我们的智慧之光，来照亮这一片历史的黑暗。如同我们不会把她性格中已经清晰呈现出来的内容，放到黑暗中来故弄玄虚。黑格尔在批评谢林的绝对哲学时，曾用了一个比喻，说"黑暗中的一切牛都是黑色的"。是的，我们借用这个比喻也可以反过来说，把黑暗中的牛放到光亮中来也并非明智之举。因为像《红楼梦》这样伟大的作品，它不单单是在简单地呈现牛，更有牛所处黑暗的那种特殊状况。所以，如果我们确实需要推进分析，就不适合在几乎没有依据的前提下来推断出赵姨娘过去一段光鲜的历史，而是应该追问，这一人物过去的历史空缺究竟意味着什么？这种空缺与其他人历史的空缺或者不空缺形成了怎样的一种复杂关系，又显示出怎样的整体上的描写意义？诸如此类的追问，才会减少分析的机械之病。

　　总之，既写出人物性格的多样化，也写出人物性格的单一性；既清晰呈现人物的动态发展，也让有些人物的历史呈现出一种黑暗不清的状态或者理解上的空缺,以此来展示社会人生的丰富和理解这种丰富的复杂,这是《红楼梦》吸引我们的原因之一。

"母蝗虫"为何出现在回目里

近日读到一位学者论刘姥姥进大观园,认为林黛玉之所以刻薄地给她起"母蝗虫"绰号,是因为黛玉向来孤高自许,看不起没有人格尊严的人。刘姥姥进大观园,为了讨生活,一路装疯卖傻任人戏弄,已经失去了做人尊严,所以让黛玉深感不屑,给她起这样的绰号,可谓实至名归,而且作者特意在回目中醒目提示,也因此见出了小说对刘姥姥的针砭和对黛玉人格取向的肯定。

这样的分析虽合乎逻辑,但质之生活,又总觉得是不知人生之艰、稼穑之苦的贵族式思维的风凉话。关键是,就小说本身看,刘姥姥更不是一个不知做人尊严、没有耻辱心的下流之人。

她第一次去贾府打秋风,是为了家人过冬,到得凤姐那里,欲言又止,吞吞吐吐,最后才忍耻说出了家人的生活困难。对此,甲戌本眉批说:"老妪有忍耻之心,故后有招大姐之事。"因为根据曹雪芹原来的构思,贾府败落后,凤姐女儿大姐流落在烟花巷,是刘姥姥把她搭救出来,让板儿娶了她,体现了一个底层人不顾舆论非议、知恩图报的美德,而她的"忍耻"之心,成了前后贯通的心理动力。

她第二次去荣府,固然有"雀儿拣着旺枝飞"的意思,但主要目的不是告艰,而是给贾府呈上乡下的野味,以报答之前受到的救济。只是因为投了贾母的缘,被带入大观园。在这过程中,因为鸳鸯和凤姐想给大家特别是贾母取乐,事先叮嘱了刘姥姥,让她配合演一出喜剧,临走时又得到王夫人等给出的一笔不小钱财,才容易让人倒果为因地觉得,刘姥姥一心贪图金钱,丧失了做人的尊严,没有了羞耻之心。

先退一步说,即便刘姥姥二进荣国府确实仍有讨生活的动机,但是否就说明她没有羞耻之心呢? 也未必。在这里,说忍耻之心也许更贴切。小说有一处描写,微妙揭示了这一点。其中交代凤姐为了戏弄她,把野花插满她的头,而当着众人面,刘姥姥也逗乐说自己要当个老风流。只是后来独自一人误打误撞进到怡红院,在从没见过的大穿衣镜前,把镜里的自己当亲家时,就指责她说:"你好没见世面,见这园里的花好,你就没死没活戴了一头。"从而让我们发现了其内心深处忍下的知耻一面。

更为难能可贵的是,刘姥姥在讨生活的同时,还以她特有方式,向王熙凤等人讨回了她的尊严。

当小说写刘姥姥在凤姐鸳鸯安排下,念出一段自嘲的"老刘老刘食量大如牛"的话,让在场的众人都笑翻了。接下来却写了耐人寻味的一幕:

> 贾母等都往探春卧室中去闲话,这里收拾残桌,又放了一桌。刘姥姥看着李纨与凤姐儿对坐着吃饭,叹道:"别的罢了,我只爱你们家这行事!怪道说,'礼出大家'。"凤姐儿忙笑道:"你可别多心,才刚不过大家取乐儿。"一言未了,鸳鸯也进来笑道:"姥姥别恼,我给你老人家赔个不是儿罢。"刘姥姥忙笑道:"姑娘说那里的话?咱们哄着老太太开个心儿,有什么恼的!你先嘱咐我,我就明白了,不过大家取笑儿。我要恼,也就不说了。"鸳鸯便骂人:"为什么不倒茶给姥姥吃!"刘姥姥忙道:"才刚那个嫂子倒了茶来,我吃过了。姑娘也该用饭了。"

按照大家族的礼仪,媳妇们是不跟贾母以及公子小姐还有客人一起进餐的,而鸳鸯等丫鬟吃饭更要靠后。这样井然有序的礼仪,让刘姥姥感叹"礼出大家"。这当然可以理解为她因所见这一幕的即兴发挥。但我们应该想到的是,此前众人放肆笑闹的一幕,恰恰是大家在对礼仪的极大破坏中享受乐趣的,而刘姥姥既没有享受到这种乐趣,还成了这种礼仪破坏的牺牲品,"无理取闹"中的丑角。所以,由她来感叹"礼出大家",就有了反讽式的弦外之音。王熙凤和鸳鸯敏捷而又过度的反应,暗示了她们多少有些在意刘姥姥是不是话中有话。尽管她立马声明自己不会计较,但这种需要声明的不计较,恰恰隐含了其对自己尊严的争取以及超越了荣辱判断之上的一种风度。

那么,小说为何要把"母蝗虫"这样带有挖苦性的绰号用在回目中呢? 这就涉及一个更为复杂的问题。

刘姥姥二进荣国府主要集中在《红楼梦》的第三十九、四十、四十一这三回,而"母蝗虫"的绰号,是第四十二回林黛玉给她起的,所谓"他是那一门子的姥姥,直叫他是个'母蝗虫'就是了"。写刘姥姥大吃大喝,让众人笑翻的内容,以第四十回居多,但回目并没提"母蝗虫",是在第四十一回才写了"栊翠庵茶品梅花雪　怡红院劫遇母蝗虫"。为什么?

其实在这一回中,不论是栊翠庵还是怡红院,刘姥姥的进入,都可视为一种劫难。因为刘姥姥在栊翠庵既不懂品茗的雅趣,而在怡红院里,又醉倒在宝玉卧榻上,弄得酒气臭气熏天,让唯一见到这一幕的袭人吃惊不小。

虽然刘姥姥到大观园,因其言行的野趣以及有时故意装疯卖傻,形成对循规蹈矩的冲击,让贵族们获得了极大乐趣,并可以继续逗乐调侃其为"母蝗虫",但是,当这一"母蝗虫"展现出难堪的另一面时,他们还能笑得起来吗? 他们会不会很严肃地认为真遭遇了一场劫难呢?

刘姥姥在栊翠庵用了妙玉的茶盅,尽管这是珍贵的官窑出品,妙玉居然嫌脏丢弃了。而后来,当贾宝玉跟着黛玉宝钗进妙玉的耳房私下喝茶,假意感叹自己所用茶具欠佳,没有享受到和黛玉宝钗的同等待遇,说了一句"世法平等"时,他自己是否也能真正做到"世法平等"呢? 他固然可以劝说妙玉把丢弃的茶具赠送给刘姥姥,但如果他知道了刘姥姥醉睡在他卧榻的时候,他能够坦然接受这一事实吗? 他还会劝妙玉大度吗?

其实,与其说"母蝗虫"的绰号是暗示了林黛玉对做人尊严的看重,不如说在第四十一回的回目中,在栊翠庵和怡红院两个空间里,因为同遇"母蝗虫"产生的互文足义的"劫难",让读者重新审视了刘姥姥进大观园给人带来的乐趣,从而把上层贵族和底层人物构成冲突的全面性和复杂性,揭示了出来。

【思考】

1.《红楼人物的整体布局及出场特点》是对《红楼梦》的宏观研究,必须具备总体眼光与强大的梳理整合能力。可否借鉴作者的研究思路与方法,对《西游记》《水浒传》《三国演义》做类似的一个小研究?

2.《宝钗生日和黛玉的伤不起》《赵姨娘的过去和文学描写的空缺》《"母蝗虫"为何出现在回目里》是对小说人物或细节的聚焦,但这种聚焦必须建立在对全书的理解与人物的整体把握的基础上。试选取《红楼梦》中其他人物做一次尝试性的研究。

林语堂《苏东坡传》的偏见与硬伤①

陈歆耕

【阅读提示】

传记文学必须兼顾学术性与文学性两方面。缺乏学术性的传记，在事实上站不住，在逻辑上说不通，一味张扬自己的是非褒贬，传记就失去了根本的价值；而仅仅满足于罗列史实，考辨真假，缺乏必要的血肉与细节，传记的可读性与传播性就会很差。优秀的传记在追求严谨的学术性的基础上，必会寻找表达的突破口，或在严谨的推断中赋予合理的想象，或在理性的分析中渗透代入式的情感。

林语堂的《苏东坡传》是一本阅读量很大的传记。如果出现了史料上的错误，或者阐释上的偏差，造成的误解与带来的偏见就会更多。有鉴于此，本文作者披览历史，纠错勘误，力求还原史实，尤其是关于王安石的事实，以此校正原著带来的影响。这样的学术对话与商榷是值得肯定的。

我们无法回到实录意义上的历史，但我们可以构建合乎事实与逻辑的真实。这大概就是历史研究的真谛吧。

理论商榷与艺术批评是学术交流的重要手段。读此类批评文章，要注意多元倾听，互相参照，切不可先入为主，偏

---

① 选自《文学自由谈》2019 年第 3 期。

听偏信。这篇商榷文章是否合理，也有待于进一步论证。建议将此文与《苏东坡传》比照着读，还建议读读其他版本的苏氏传记。

一

近期因涉猎一些史料，忽生重读林语堂《苏东坡传》的想法。这一读，居然读出不少"刺"。有"刺"在喉，索性一吐了之。

20世纪80年代，在四川大学中文系读书时，老师讲中国通史，赞誉王安石是"中国11世纪伟大的政治改革家"。由是便对王安石激发出浓厚的好奇心，很想以他为中心人物，写一部历史小说。

课余搜罗王安石的史料，最主要的是读了北大宋史专家邓广铭先生的《北宋政治改革家王安石》，以及涉及宋代生活习俗的书籍，摘录了数百张卡片。由于多种因素，小说未写，但对王安石变法有了初步的了解。

再后来读到了林语堂版《苏东坡传》。该著简体字版在中国大陆刚面世时，是一部风靡一时的畅销书。书中有大量文字涉及王安石变法及王安石的人格形象，基本皆为负面评述，指责变法存在的问题，暴露王安石人格中堪称极其"丑陋"的一面，使王安石的形象在愚夫心中产生了严重扭曲，起码我不再认为王安石是一位多么伟大的变革家和治世能臣，写小说的激情也荡然寂灭。

林语堂的《苏东坡传》是他的代表作品之一，历来也被文学界推崇为人物传记写作的典范性作品，激情澎湃，文字优雅，对传主的刻画精致入微，具有强烈的艺术感染力。林语堂是何等人物？在中国现代文学史上，虽无法与鲁迅等量齐观，但也是排在前十位的大师级文学家。他学贯中西，面对东方说西方，面对西方说东方，尤为世人所称道。但这次重读他的《苏东坡传》，却屡屡如梁启超读《宋史》般"未尝不废书而悯也"。该著最大的问题,在误征某些不实史料,在苏东坡与王安石之间褒贬失当。东坡是天才级的大文豪,这固然是文学史家之共识,但不等于东坡先生是一块无瑕之白璧,更不是一尊神。完全不必要为了把东坡描述成"完人",不惜过度贬抑另一位在某些方面可能比东坡更伟大的历史先贤。

二

　　详论王安石变法成败得失非本文主旨,且已有大量著作和学术文章做过研究分析。先来看看林版《苏东坡传》在贬抑王安石时的几处"硬伤"。

　　林语堂先生为了证明王安石变法存在的问题,列出"变法派"(当权派)与"反对派"两大阵容的名单("变法派"12 人,"反对派"26 人),以此说明,拥护、推行变法者除王安石和支持变法的神宗皇帝外,皆是一批"野心大,精力足,阴险而诡诈的小人";而"反对派"阵容中,则有司马光、欧阳修、苏东坡、范仲淹等一批巨公重臣、君子、伟人。① 且不论以拥护和反对人数的多寡来说明变法的合理或谬误是否允当(名单只是列出朝廷官员,并无更有说服力的民意数据或社会调查作支撑),也不论简单地将"变法派"官员一概斥为"小人",将"反对派"皆视作"君子",以此来论证王安石的孤立无援,是否具有说服力,仅就"反对派"阵营中的伟人、重臣、文学家范仲淹来看,林语堂先生显然犯了一个常识性的错误。

　　愚夫查阅多种范仲淹的传记,确知范仲淹的生卒年月皆为宋太宗端拱二年(989)至皇佑四年(1052),享年 64 岁。而王安石正式推行变法在熙宁二年(1068),此时范仲淹辞世已经 16 年。即使往前推,39 岁的王安石上呈的那道阐述变革图强理念的万言书《上仁宗皇帝书》

---

① 　林语堂,《苏东坡传》,湖南人民出版社 2013 年版,第 94—95 页。

时(1059 年),范仲淹也已辞世 7 年。① 无论如何推算,范仲淹早已是作古之人,怎么可能从墓地里复活,成为熙宁变法的"反对派"？愚夫怀疑这是否简体字版翻译出版有误,便又找来香港天地图书出版公司的繁体版对照,发现范仲淹的大名也赫然列在"反对派"阵营。②

愚夫百思不得其解:博古通今、学贯中西的林语堂先生,怎会犯如此低级的常识性错误？难道是在英译汉的过程中,翻译者犯下的技术性差错？那么,两家出版社那么多编审人员怎么会没有看出来？

另外,从政治理念上考量,范仲淹是庆历新政的领军人物。尽管庆历新政如同中医的那根针,尚未扎入穴位就夭折了,但他针对宋王朝各种弊政提出的变革举措,为后来王安石的熙宁变法精神所一脉相承;或者换一种表述,也可以说王安石变法是庆历新政的延续和深化。就算范仲淹能活到王安石变法时,他也不可能成为变法的"反对派"吧？

此其一。

三

林语堂在《苏东坡传》中评价王安石是个"怪人":"徒有基督救世之心,而无圆通机智处人治世之术。"然后笔锋一转,批评王安石是一个"不实际的理想主义者":"倘若我们说理想主义者指的是不注意自己饮食和仪表的人,王安石正好就是这等人。"愚夫感到奇怪的是,林语堂是用什么样的逻辑,将理想主义与不注意饮食和仪表勾连起来的？林语堂继续描述:"王安石的衣裳肮脏,须发纷乱,仪表邋遢,他是以此等恶习为众所周知的。苏洵在《辨奸论》那篇文章里刻画王安

---

① 刘成国,《王安石年谱长编》第 2 册,中华书局 2018 年版,第 472 页。
② 林语堂,《苏东坡传》,香港天地图书出版公司 2009 年版,第 107 页。

石说'衣臣虏之衣,食犬彘之食'。又说他'囚首丧面而谈诗书'。"①且不论林语堂通过不讲卫生等生活琐事,来丑化王安石形象,进而否定他的变法理念,是否具备基本的内在逻辑,愚夫想进而指出的是,林语堂先生多处引用苏洵文章《辨奸论》,来丑诋王安石的人格形象,是《苏东坡传》的又一"硬伤"。

现留存于世的苏洵文章《辨奸论》,文中虽未指名道姓骂王安石,但其中文字,读过之人皆认为影射的是王安石,文中还说:"今有人,口诵孔老之书,身履夷齐之行,收招好名之士、不得志之人,相与造作语言,私立名字,以为颜渊、孟轲复出,而阴贼险狠,与人异趣。""凡事不近人情者,鲜不为大奸慝……"苏洵为苏轼、苏辙之父,唐宋古文八大家之一。此文将王安石的名字与历史上臭名昭著的奸臣同列,用语刻毒,流传甚广,影响甚巨。从文章本身看,并无坚实的事实依据作支撑,仅从衣冠不整之类生活细节上升到"大奸慝""阴贼险狠"的人格高度来攻讦,并不令人信服。但因相传为苏洵文章,几乎成为千古名篇。这一盆污水泼了近千年。在今人收集的苏洵文集中,仍能读到此文。②

对苏洵文章的真伪问题,清代学者李绂、蔡上翔就已提出强有力的质疑,主要论点为:《辨奸论》始见于南宋绍兴初年守旧派活跃人物邵雍之子邵伯温所撰《闻见录》,书中诋毁王安石文字甚多,显然是借苏洵之名夹带"私货"。马端临《文献通考》载苏洵《嘉祐集》为十五卷,明嘉靖张镗刻本亦为十五卷,其中并无《辨奸论》。而《辨奸论》实见于《老苏文集》二十卷,应为后人补入。欧阳修为苏洵写的墓志、曾巩写的哀辞,以及二人全集中,均未议及《辨奸论》。最重要的是该文所诋毁王安石的骂语,与实际情形不符:欧阳修于宋仁宗嘉祐元年

① 林语堂,《苏东坡传》,湖南人民出版社2013年版,第72页。
② 苏洵,《苏洵集》,中州古籍出版社2010年版,第129页。

（1056）荐王安石于朝，王安石也同时得到曾巩、文彦博等众多老臣激赏，所谓"囚首丧面"状让人莫名其妙。王安石自庆历二年（1042）中进士，至嘉祐年间结交皆贤士，何来文中所谓"好名之士，不得志之人"？苏洵卒于英宗治平三年（1066），而王安石推行新法于熙宁二年（1070），其时苏洵已离世 4 年。生前他只在餐桌上见过王安石一面，连语言交流都没有，凭什么就作出如此多的恶毒攻讦？从文本分析，该文"支离不成文理""乱杂无章"，根本不似出自大文豪苏洵之手。①

梁启超在《王安石传》中，则用犀利言辞批评邵氏《闻见录》："邵氏之流，以诬荆公（王安石）并诬陷明允（苏洵），其鬼蜮之丑态，吾实无以测之，独恨后之编史者，悉奉此等谰言以为实录，而沈沈冤狱，遂千古而莫伸也，吾亦安能已于言哉？"②尽管史学界围绕苏洵《辨奸论》的真伪问题，争论了数十年，南北两位重量级的学者章培恒与邓广铭为此打过笔仗，但有一点显而易见：甭管《辨奸论》是邵氏伪作，还是邵氏收录他人伪作，甚或确证为苏洵之作，文章本身都是脱离基本历史事实，不足采信的。愚夫在考研争议各方观点时发现，有些学人在所谓"版本学"中考证来考证去，在"草蛇灰线"中索引来索引去，却偏偏在"常识"中迷失。苏洵不是神仙，不可能在熙宁变法四年前就预测变法存在"问题"；即使他再多活 4 年以上，这样一位大文豪如此丧失理智地辱骂王安石为"大奸慝""阴贼险狠"，也是不可想象的。

但林语堂先生却不厌其烦地对《辨奸论》加以征引，用以诋毁王安石的人格形象，实在是有失一位大师级作家和学者的水准。好端端的一部《苏东坡传》，因掺入了大量类似《宋史》《邵氏闻见录》这类秽史史料，散发出一股令人不适的气味。每读至此，愚夫总忍不住又一

---

①　蔡上翔，《王荆公年谱》，上海人民出版社 1973 年版，第 151—153 页。王昊，《近五十年来〈辨奸论〉真伪问题述评》，《社会科学战线》2002 年第 1 期。

②　梁启超，《王安石传》，商务印书馆 2018 年版，第 93 页。

次"废书而恸也"。

四

王安石在神宗皇帝支持下推行变法,激起的滔天巨浪可谓前朝未有。变法与反变法之争议,双方都表现出真理在握、气势如虹的状态,都高举忧国忧民的旗号。对争论的详情,有多种论著可以阅览,不必在此赘言。

在《苏东坡传》中,林语堂显然站在"反对派"一边,对新法加以冷嘲热讽。尤为林语堂所不能容忍的,是"变法派"对御史台谏官的贬黜(林语堂谓之"清除异己");先后被外放、降职的官员达到 14 人,有的是意见不被采纳主动请辞;其中,"11 名是御史台的人"。

司马光是"反对派"的旗帜性人物,苏东坡是司马光的同道,是反变法最为激进的人物之一。他的《上神宗皇帝万言书》,最为林语堂所赞赏,评之曰:"其个人气质与风格,其机智学问与大无畏的精神,都显而易见。愤怒的争论与冷静清晰的推理,交互出现。有时悲伤讥刺,苛酷批评,坦白直率,逾乎寻常;有时论辩是非,引证经史,以畅其义。为文工巧而真诚,言出足以动人,深情隐忧,因事而现。"东坡文章豪情万丈,瑰丽飞扬,那是没说的;但苏东坡与司马光反变法的核心理念显然是错的,其源头来自《论语》中的"君子喻于义,小人喻于利"。正如司马光在《与王介甫书》中所说:"使彼诚君子耶,则固不能言利;彼诚小人耶,则固民是尽","盖善恶者,君子、小人之分,其实义、利而已"。对于司马光的指责,王安石四两拨千斤,轻轻就将其挡回去了:"为天下理财,不为征利。""反对派"完全混淆了君子之"利"与小人之"利"的区别。无论国家还是个人,都离不开"利",否则,国家如何富国强兵,百姓如何丰衣足食? 关键在如何对待"利"。"小人"为一己私利不择手段,而君子爱财,取之有道——特别是为解决宋王朝冗兵、冗官、财竭的困境而为"天下理财"。这正体现了范仲淹、王安石忧患天下的中国传统士大夫的最高人格境界。

　　其实,史家简单地将东坡归之于"反对派",并不尽之合理。东坡先生一生都是一个独立不羁、敢于直言、满肚子"不合时宜"的人。在熙宁变法时,他反对变法,放言无忌;在司马光上台尽废新法的元祐更化时期,他照样反对司马光不顾实际意气用事。对司马光尽废免役法,他讥刺说:"相公此论,故为鳖厮踢(鳖相互踢)。"司马光不解何意:"鳖安能厮踢?"东坡说:"是之谓鳖厮踢。"司马光明白是讽谑自己,阻止东坡再议。东坡曰:"岂今日作相,不许轼尽言耶?"司马光不悦,仍坚持彻底废除免役法。东坡回到学士院,连骂司马光:"司马牛、司马牛。"①

　　苏东坡的伟大,不仅在于其独立敢言的人格魅力,才华横溢的诗文成就,还在于他始终有着一种反思和自省的精神。林语堂先生大概还忽略了苏东坡在熙宁变法之后,对推行新法的态度变化。他在给同样曾反对新法的友人滕达道的一封信中说:"某欲面见一言者,盖为吾侪新法之初,辄守偏见,至有异同之论,虽此心耿耿,归于忧国,而所言差谬,少有中理者。今圣德日新,众化大成,回视向之所执,益觉疏矣。"②对"新法之初,辄守偏见""所言差谬,少有中理者",已有自省。林语堂先生试图将东坡描画成所言皆真理的"完人",恐怕反倒是拉低了东坡的人格境界吧?

　　苏东坡与王安石同为中国士人中罕有的君子、圣人,虽曾因政见不同而有过冲突,但相互包容,成为历史佳话。宋神宗元丰二年(1079),苏东坡因写讥切时弊的诗文,遭人构陷,被逮捕入狱,处于随时可能被送上断头台的危险境地,史称"乌台诗案"。有不少官员上疏营救。已退隐金陵的老宰相王安石发话:"安有圣世而杀才士乎?"王安石虽已退隐,但在神宗心中仍有极大分量。此案"以公(王安

_____

① 江永红,《司马光传》,作家出版社2015年版,第381页。
② 苏轼,《苏轼文集》卷51《与滕达道书》,中华书局1990年点校本。

石)一言而决",东坡免予一死,被贬为黄州团练副史。(见《诗谳》,转引自曾枣庄《论乌台诗案》)

元丰七年(1084),王安石退居金陵,时年64岁,老病缠身。东坡"自黄(州)往北",特地拜访王安石,"日与公游,尽论古昔文字"。王安石叹息谓人曰:"不知更几百年,方有如此人物。"两位伟人名贤,"相逢胜地,歌咏篇章,文采风流,照耀千古,则江山亦为之壮色"。苏东坡甚至欲在金陵买田造屋,与王安石为邻,"老于钟山之下"。①对这两位名震朝野的巨公名贤的相逢,正史野史均有大量记载,既显示出他们超越庸常之辈的才情,也向世人呈现出博大的胸襟。

林语堂先生何以为了凸显苏东坡的"完美",总要时时扭曲王安石的人格形象,把二人描述成耿耿于往事恩怨的"敌人"?在征引史料时,林语堂先生对真伪不加甄别,凡诋毁王安石的记载,不惜笔墨采录并加以发挥,使得这部传记在史实与史识方面,皆充满谬误与偏见。也可见,林语堂先生的人格思想境界,与他笔下的传主相比,不知要相差多少个量级!

五

林版《苏东坡传》对"变法派"(包含支持变法的神宗皇帝)排斥、贬逐持异议的御史台谏官和重臣,是持批判态度的。初读此传,愚夫也十分认同。但在旁涉其他相关史料和学人的研究著作——如罗家祥《朋党之争与北宋政治》②、虞云国《宋代台谏制度研究》③等后,觉得林语堂的观点仍失之偏颇。

林语堂先生认为,宋代御史台的监督作用,"与现代的新闻舆论

---

① 刘成国,《王安石年谱长编》第6册,中华书局2018年版,第2149—2153页。
② 罗家祥,《朋党之争与北宋政治》,华中师范大学出版社2002年版。
③ 虞云国,《宋代台谏制度研究》,上海人民出版社2014年版。

大致相似"。其实问题并不如此简单。御史台本质上仍是皇权、人治的工具。对御史台官员的任用，对其谏议是采纳还是拒绝，全在皇上的耳朵是张开的还是闭着的，全在皇上喜欢谁或厌烦谁，对皇权并不起任何制衡作用。皇上要用谁，即使你弹劾该人的奏章击中要害，也可以充耳不闻；皇上不想用谁，即使你的弹劾奏章"风闻言事"、无中生有，也照样借"刀"将某官员搞掉。宋王朝皇帝蓄意采用"异论相搅"的策略，使政见相左乃至怀有敌意的大臣共处一朝，相互牵制，以此消除重臣权力对专制君主集权的潜在威胁。① 而宋代御史台官员的病态人格，也使御史台成为政治体制中的一个"怪胎"：官员"必以诋讦而去以为贤，习以成风"，为达此目的，常常用语刻毒而无事生非，甚或编造谎言进行人身攻击，将对方置于死地。欧阳修、王安石、苏东坡都曾受到过类似的攻讦。宋神宗、王安石主政时，因为每有新政出台即朝议汹汹，但又不见有人提出消除弊政的具体措施，只得调整、贬逐御史台官员，使得新政得以贯彻，在当时情势下并无不妥。

对御史台官员的更换、调整、贬黜，成为北宋朋党之争的一个普遍手段，既非从王安石任相开始，也未因王安石的离去而终止。在司马光任相尽废新法、实行"元祐更化"时，同样也是任用一批拥护废除新法的官员，使得"更化"畅通无阻。

在梁启超眼中，王安石的道德文章、执政能力都是超凡的："其德量汪然若千顷之陂，其气节岳然如万仞之壁，其学术集九流之粹，其文章起八代之衰，其所设施之事功，适应于时代之要求而救其弊"，"若乃于三代之下求完人，惟公庶足以当之矣"。② 王安石是不是梁启超所说的那样的"完人"，且容再议。但梁启超著《王安石传》，并未如林语堂那样，用同为伟人的苏东坡来做"垫脚石"，无疑要比林版《苏东

① 罗家祥，《朋党之争与北宋政治》，华中师范大学出版社2002年版，第7页。
② 梁启超，《王安石传》，商务印书馆2018年版，第5页。

坡传》高明多了。

　　王安石辞世后,苏东坡在为皇上起草的《赠王安石太傅敕》中,高度赞扬王安石:"朕式观古初,灼见天命。将有非常之大事,必生希世之异人。使其名高一时,学贯千载:智足以达其道,辩足以行其言;瑰玮之文,足以藻饰万物;卓绝之行,足以风动四方。用能于期岁之间,靡然变天下之俗。具官王安石,少学孔孟,晚师瞿聃。网罗六艺之遗文,断以己意;糠粃百家之陈迹,作新斯人。属熙宁之有为,冠群贤而首用……"①林语堂先生不会认为,东坡笔下皆违心之语吧?

　　"在朝不蓄势,在野不蓄财",这是流行于民间的对王安石的赞誉,可谓点睛之语,精彩至极。

　　林版《苏东坡传》可以不看了。期待新的史学、文学大家,重写一部高品质的苏东坡传。

【思考】

　　1. 肯定苏轼是否一定要以贬低王安石为前提? 这样的思维方式,隐含了怎样的错误? 仔细阅读本文,参考林语堂《苏东坡传》,看看本文作者的批评是否合乎事实,是否合乎逻辑。

　　2. 文章谈到了《辨奸论》的作者归属与内容真伪问题。请参考《辨奸论》原文,思考一下,作者讨论这些问题的目的何在。

　　3. 如果你不同意本文作者的观点,你会怎样与他商榷? 不妨试一试。

---

① 苏轼,《苏东坡文集》,北京燕山出版社2009年版,第2217页。

四大名著的文化价值取向及其逻辑关联①

宁稼雨

【阅读提示】

　　此文以宏观的历史视野,审视四大名著的文化价值取向,并尝试梳理它们的内在关联。当然,这个关联是作者基于自身的文化价值理念所做的逻辑建构,而未必是客观的历史传承。但是,在自身的文化理念与客观的文学存在之间,建立其合乎事实与逻辑的关联,也并非易事。四大名著的研究有各种角度与路径,而此文则印证了"一切历史都是思想史"的断言。

　　或许我们并不一定赞同作者关于四大名著的某些断言与分析,但在宏观的文化坐标中,这种分析与论证也颇有启发意义。

　　四大名著各以其独有的思想与艺术魅力饮誉于世,这是人所共知的事实。但是,从中国文化史的角度看,这四部经典巨著的文化价值取向是什么? 它们之间是否有其内在关联? 它对中国文化、中国文学的走向和发展具有什么形象展示的意义? 却是人们疏于思考的问题,这也是本文意欲探讨的问题。

----

　　① 　选自《明清小说研究》2005 年第 2 期。

如果把四大名著的文化价值取向联系起来加以审视,似乎可以发现一个惊人的轨迹:他们从下层市民所关心的社会政治问题入手,进而转入对人生价值的思考。其中既显示出通俗文化的由俗到雅的走向,也证明了中国文化自我调解机制的效率。

一、《三国演义》:谁是合法而又合理的君王

这简直是一个十分怪诞的悖论:一方面,几千年中国文化的深层社会结构主要支柱就是封建宗法观念和专制制度①。按照这个结构的意图和效能目的,它所训导出来的百姓应该是循规蹈矩,逆来顺受。然而令人不解的是,在《三国演义》中,却表现出市民阶层对于专制制度执行者的身份认同问题的异乎寻常的关注。

在《三国演义》的作者和传承者看来,作为理想的君王要具备两个条件:一要合法,即要具备皇族的血统;二要合理,即要能够上从天意,下合民心。前者实际上就是封建宗法观念的影子,后者则是专制制度的外在脸谱。很显然,他们认为刘备集团既合理,又合法。毫无疑问,《三国演义》的主要落笔处为曹魏与蜀汉的矛盾斗争,而作者对二者的褒贬又是泾渭分明的。作者把刘备蜀汉集团的兴衰,作为作品的主要线索,把刘备、关羽、张飞、诸葛亮作为小说的中心和正面人物。作者把刘备的宽厚仁爱、诸葛亮的智慧绝伦和鞠躬尽瘁、关羽的忠义、张飞的勇武等都描绘得尽善尽美,并以此寄托自己的理想政治和理想人格;而作为蜀汉一方对立面的曹操,作者则突出他政治上的阴险狠毒和道德上的出尔反尔,以树立其乱臣贼子的形象。这样,在爱憎分明的对比中,作者的拥刘反曹倾向也就十分明显了。

《三国演义》拥刘反曹思想倾向的形成原因比较复杂,其中既有

---

① 冯天瑜,《中国文化史断想·汉族文化类型论略》,华中理工大学出版社 1989 年版。

历史原因,也有现实原因;既有素材来源的原因,也有作者主观的原因;既有罗贯中的原因,也有毛氏父子的原因。

在有关三国历史的史书中,对曹刘二家的褒贬态度不尽相同。西晋陈寿的《三国志》和北宋时司马光的《资治通鉴》尊魏为正统,有拥曹贬刘的倾向。东晋习凿齿的《汉晋春秋》和南宋朱熹《通鉴纲目》则尊蜀汉为正统。尊魏还是尊刘与史学家所处的历史环境有关。章学诚《文史通义·文德》说:"陈氏生于西晋,司马氏生于北宋,苟黜曹魏之禅位,将置君父于何地? 而习与朱子,则固南渡之人也,惟恐中原之争正统也。诸贤易地而皆然。"习凿齿和朱熹的尊刘是为偏安王朝争正统、图恢复服务的。

如果说史书中对曹刘二家的褒贬尚有分歧的话,那么在民间传说和讲唱文学中的看法则是完全一致的。从唐宋时期的传说故事,到金元时期的有关戏曲,其拥刘反曹的倾向非常鲜明一致。这与南北朝以来受到国家分裂和异族入侵的汉人希望天下统一、"人心思汉"的心理有关。与此相关的是,在宋元以来人们对刘备和诸葛亮的肯定中,还融入了一定的民族情绪。如金朝王庭筠《涿州重修汉昭烈帝庙记》、宋代任渊《重修先主庙记》、元代程雪楼《南阳书院碑》及许多平话和杂剧等都是如此。人们把蜀汉作为"汉家"政权的象征,把曹操比作北方异族的统治,从而确立了"邦命中兴汉,天心讨大贼"的思想。

毛宗岗在修订《三国演义》时又加重了作品的这一思想倾向。在《读三国志法》中,他开宗明义地指出:"读《三国志》者,当知有正统、闰运、僭国之别。正统者何? 蜀汉是也;僭国者何? 吴魏是也;闰运者何? 晋是也。"他还介绍自己修订《三国演义》的目的,是为了纠正陈寿、司马光的"谬误",依照朱熹的正闰观念"而特于演义中附正之"。所以,经他修订后的《三国演义》,其拥刘反曹的正统观念就更加浓重而显豁。毛氏父子如此强烈的正统思想应当与他们的修订年代背景有关。他们修订《三国演义》的时间大约是在顺治或康熙初年,伪托金圣叹序的写作时间是"顺治岁次甲申嘉平朔日",这正是1644年——崇祯自缢和明亡清立的一年。其以拥刘反曹的思想来表达其"还我大汉"的故国之思和民族情绪,应当是显而易见的。

在明确了《三国演义》拥刘反曹的思想倾向后,人们不免要产生这样的疑问:既然作者对刘备集团如此厚爱,那么为什么要把他们的结局安排得如此惨烈? 如果说历史的原貌就是如此的话,那么为什么作者偏偏要选取这样一个失败者作为自己的表现和讴歌对象?

这正是《三国演义》这部古典小说巨著的美学魅力所在。

首先应当肯定的是,小说中强烈的拥刘反曹倾向和最后三分归晋的结局,表明小说是一部悲剧作品。与中国其他古代悲剧作品不同的是,《三国演义》不是以正面主人公的大团圆结局而告终,而是以其失败和毁灭而结束。这在中国古代悲剧作品中是比较罕见的。

从作品的表现内容可以看到,在合理合法的君王观念和拥刘反曹的基本思想倾向的作用下,作者毫不吝惜地将一切可能的正面美好因素全部赋予了刘备集团一方。作为集团首领的刘备,是仁义的化身,是儒家仁爱思想的缩影。"刘玄德携民过江"一节集中体现了他的仁爱品德,因此他得到了广大民众的极度热爱。猎户刘安为了热情招待流落中的刘备,竟然瞒着刘备,杀了妻子做成菜肴。可以说刘备是小说中"仁绝"的人物。其他人物也莫不如此,诸葛亮的智慧(智绝)、关羽的忠义(义绝)、张飞的勇武(勇绝)等,都是无与伦比的。在曹魏和东吴的阵营中,虽然不乏勇将谋士,但在刘备集团的杰出人才面前,都不免相形见绌。这一点,在作者对于诸葛亮和周瑜这一对人中之龙的对比性的精彩描写中已经挥洒得淋漓尽致。周瑜可以料事如神地指挥消灭曹操八十万大军的赤壁之战,但他的一切计谋都在诸葛亮的意料之中。最终只能在"既生瑜,何生亮"的慨叹声中告别人世。

然而,就是这样一批人间道德、智慧、品质和勇武都无与伦比的武装集团却遭到了失败的结局。作者对此没有回避,而是写得十分真切。他以细腻的笔触一笔一笔地写出刘备集团是如何走向了衰败和灭亡。这个残酷的现实给人以强烈的震撼力,在深深的惋惜当中,不由得思索其失败的原因。显然作者对此虽然也在深入思考,但最终没有找到合理的答案,于是他只好将其归结为天命,并通过一些细节表现出来。如华容道关羽释放曹操后,作者通过诸葛亮之口解释道:"亮夜观乾象,见操贼未合身亡。留此人情,教云长作了,亦是美事。"这样的解释虽然无力,但是看过《三国演义》,同情刘备集团的广大读者唯一能够勉强接受的理由。

　　然而从作品的描述来看,刘备集团的失败并非没有其自身的原因。其中最为突出的一点,就是在政治和道德的化身——"义"的天平上,刘备集团总是把"义"放在首位,而把政治放在第二位。这对于一个以政治追求为最终目标的武装集团来说,是一个致命的弱点。华容道义释曹操已经清楚地说明了关羽处理这个问题显然是把江湖义气放在首位,而将政治利益置于次要位置。刘备在听说关羽和张飞都相继身亡时,不顾众人的劝阻而亲自率领大军征讨东吴,再一次将集团的政治利益成为其兄弟义气的牺牲品。在历史发展的长河中,往往推动历史前进的一方要以道德情感为代价,去换取政治上的成功;而刘备集团却是相反,经常用道德价值去压制和克服政治利益,这是作品中导致刘备集团悲剧结局的直接原因。

　　从悲剧美学的角度看,美好事物的毁灭,是产生悲剧美的重要原因。所以有人将悲剧定义为"美的事物的毁灭"。而《三国演义》的作者既赋予刘备集团以最美好的性质,同时又将其置于失败的境地。这样,读者就会从深深的惋惜当中,受到强烈的悲剧美的冲刷,品尝到悲剧美感的韵味所在。它既给人们带来陶醉,也给人们留下回味的空间。

　　《三国演义》的"拥刘反曹"倾向所体现的正统观念和三分归晋的

结局,表现出古代市民阶层对于社会政治权力问题的异乎寻常的关心,以及他们心目中的理想政治图景的破灭。从而潜在地提出一个社会文化问题:下层市民的政治理想往往要归于破灭,那么这种理想与现实的矛盾是否有解决的途径和办法?

二、《水浒传》:用自己的拳头过问社会政治问题

《水浒传》在一定程度上回答了《三国演义》提出的社会问题。梁山好汉被逼上梁山的全部理由,都是由于高俅之类的奸臣无道所致。高俅的无道和曹魏及司马氏政权在本质上别无二致,都是市民阶层理想政治的对立物。所不同的是,《水浒传》提出了市民阶层自己对于社会政治不公正问题的解决办法,那就是用非正常、非政府的绿林造反的"替天行道"的方式来解决问题,从而表现出市民阶层过问社会政治问题的主体意识。但《水浒传》也给造反后的绿林豪杰的归宿留下了很大的悬念。

对于《水浒传》的主旨应当如何理解?从明代开始就一直众说纷纭。从各种说法所涉及的各种现象来看,他们都有其相当的正确性。但是我们认为从《水浒传》的文化精神在整个中国文化史的历史价值上来认识它的题旨,或许能够抓住问题的肯綮所在。而《水浒传》的内容所反映的,正是中国历史上反复出现的,其思想观念也在广大民众心中根深蒂固的绿林豪杰事业和绿林文化精神。

闻一多先生曾引用英国学者韦尔斯《人类的命运》中的话说:"在大部分中国人的灵魂里,斗争着一个儒家、一个道家、一个土匪。"[1]儒家告诉人们如何去积极地面对生活,服从社会秩序。而当这种秩序一旦解体,或者社会上出现不公正的现象时,道家告诉人们要超脱和回

①《关于儒、道、匪》,载《闻一多全集》第三卷,生活·读书·新知三联书店1982年版。

避,而墨家则主张用强力讨回公道。道家的回避态度尽管不够积极,但可以与儒家思想相互补充,成为古代士人的常规心态。而墨家的主张和做法对社会的危害作用较大,所以在先秦时期曾经红极一时的墨家,在秦汉以后就被取消了在社会上流传的权力。然而它的思想和意识却仍然在民间蔓延滋长,并经常以极端的方式表现出来,这就是历代社会上绿林土匪及其意识产生的渊源①。

《水浒传》所表现的,正是这样一种绿林豪杰事业和绿林文化精神。

尽管宋代出现了繁荣的城市经济和都市社会,以及相应的文化建设等,但高度集中的城市经济,必然会导致人们在权力、金钱、利益,以及与之相关的精神和物质生活等方面需求的无限增大和残酷争夺,从而引起很多社会问题。其结果必然是弱肉强食、遍地不公。其中的弱者被逼造反,也是在所难免的了。这也是《水浒传》中梁山好汉揭竿而起的原因所在。

小说中梁山好汉几乎每一个人都有一段被逼上山的经历。宋江是被黄文炳所逼,柴进为高廉所逼,解珍、解宝为毛太公所逼,武松又是为西门庆所逼。其中最有代表性的是林冲被逼上山。从妻子被高衙内调戏,到自己被诱入白虎堂,刺配充军,再到草料场险些被陆虞候烧死,林冲步步被逼,毫无退身之地。如果不造反,只能是死路一条。林冲的经历,形象地说明了这一点。作者有意将这段故事放在全书的开端,除了突出"逼"字以外,还具有更广泛的象征意义。后人以"逼上梁山"作为说明被逼无奈而被迫采取极端手段的成语,足见它所包含的绿林文化精神的底蕴。

梁山聚义厅前有一面杏黄大旗悬在空中,上书"替天行道"四个大字。那么,"替天行道"这一口号中的"天"和"道"指的是什么呢?

---

① 除了闻一多先生的文章外,还可参见冯友兰《原儒墨》和《原儒墨补》两篇文章(载《三松堂学术文集》),以及宁稼雨《〈水浒传〉与中国绿林文化——兼谈墨家思想对绿林文化的影响》(载《文学遗产》1995年第2期)。

或者说这一思想观念的来源是哪一家呢？这个问题也众说纷纭，或说儒家，或说法家，还有墨家、杨朱、老子等说法。我们认为这一口号代表的是墨家天罚的思想。

国家是协调和均衡社会各阶层利益的必要产物。对于这一点，以墨子为首的小生产者阶层并不否认。但墨子对代表国家权力的天子并不表示盲从。他认为评价天子好坏的标准，是看他是否顺应天意——小生产者自身的意志。顺应者便可受到奖赏，忤逆者便会受到惩罚。墨子虽然未明确提出用人力去教训天子，但他的思想已经隐含这样的意思。与儒家"畏天命"的说法相反，墨子提出"非命"的主张，认为贫富、贵贱、寿夭等都非命所决定，可以人力改变。这就是古代墨侠集团扶弱除暴之举的动因所在。

表面看来，墨子把希望寄托在能代表自己阶层利益的上帝和鬼神身上，带有一定的虚幻性，而他尊崇天意和鬼神的思想与其"非命"的观念也是自相矛盾的；但如果能找到这些虚幻和矛盾背后的联结点，就不难认识它的价值所在。这个联结点就是为民众利益张目的精神。儒家和墨子都讲天命，但儒家的天命具有恐吓百姓的作用，而墨子的天命则是民众利益的化身。所以尽管它是虚幻的，却能给广大民众以极大的精神力量，在民众中具有广泛而深入的影响。因此，它不仅与民众以力抗天命的思想并不矛盾，而且有异曲同工之妙。这就是后代绿林事业以天命自任，关心社会政治的思想渊源所在。

《水浒传》中梁山"替天行道"的大旗，无疑是受到这些流落到民间的墨侠思想影响的产物。如果大宋皇帝在梁山好汉中进行民意测验的话，那显然得到的多半是不信任的反对票。在梁山好汉看来，"朝廷不明，纵容奸臣当道，谄佞专权，布满滥官污吏，陷害天下百姓"（第六十四回）。书中所有好汉被逼上山的过程，都是身受其害的过程。这些足以使大宋皇帝具备墨子所说的反天意的为暴天子的条件，因此理所当然地应受到惩罚。他们聚义梁山，就是顺应天意，以力抗天命的表现。有意思的是,梁山好汉除了以自身的力量抗争天命外,还如同读过《墨子》一样懂得借助上天和神明的力量。书中几次写到梁山好汉祈祷神灵佑护,还几次写到呼风唤雨的战法,特别是宋江在还道村接受九天玄女赐书并面授机宜一节,形象地写出宋江起义与天神佑护之间的依存关系,很有一点象征的意味。梁山好汉理直气壮地提出"兀自要和大宋皇帝做个对头""杀去东京,夺了鸟位"等口号,因为他们感到有天意、神明和抗争精神在给自己撑腰,所以能气壮如牛。

在明白了"替天行道"中的"天"指的是什么后,再来看看"道"的含义。这个"道",就是墨子所提倡的"兼爱""尚同"等乌托邦理想。在这个乌托邦中,"天下之人皆相爱,强不执弱,众不劫寡,富不侮贫,贵不傲贱,诈不欺愚"(《墨子·兼爱》)。读过《水浒传》的人,立刻会发现梁山"八方共域,异姓一家"的社会理想,与墨子的乌托邦设计竟有惊人的相似之处。

然而,凡是看过《水浒传》的人都难免有这样的遗憾:梁山好汉排座次以后的内容实在有些惨不忍睹。这也许是金圣叹的七十回本《水浒》之所以广泛流行的主要原因,但这仍然无法回避一个重要的政治文化问题:绿林豪杰在"出手"之后,被屠杀镇压和甘心去充当官府的爪牙,到底怎样才是他们理想的归宿? 这也就是该书所留下的社会政治文化的悬念所在。

三、《西游记》:造反者个体价值与社会价值的统一

《西游记》则巧妙而出色地回答了《水浒传》留下的悬念。《西游记》前半部分孙悟空大闹天宫的故事,与梁山好汉起义造反的故事颇为相似。后半部分孙悟空随唐僧西天取经的故事也有些造反者接受招安的意味。但比起梁山好汉接受招安后的悲惨结局,孙悟空西天取经的行为则具有造福人类和探索真理的积极意义。从而把人的社会价值和个人价值统一在取经时期的猴行者身上。

　　从外观上看,《西游记》与神话相比可说是同中有异。它的神话题材,它的各种神祇形象及其生存的幻怪世界,无疑都带有浓重的神话色彩,具有浓重的脱胎于神话的痕迹。但无论是与中国古代神话,还是外国神话相比,它都显示出人类成年时期的成熟。因为它是自觉的,而不是朦胧的;是系统的,而不是零散的;是文学的,而不是神话的。这同中之异,正是我们挖掘这部小说的文化价值及其根源的韵味所在。简而言之,《西游记》前后两个部分,正好构成具有人类普遍精神的两大母题:桀骜不驯的个性自由精神和以造福人类为目的的不畏艰险的追求探索精神。

　　向往和追求个性的自由应当是人类共有的天性。所以在古代中国和外国的早期神话中,出现了像普罗米修斯和鲧这样命运极为相似的能量巨大却遭受个性屈辱和压抑的神祇。正是这个原因,所以在哈奴曼和无支祁身上能够同时找到孙悟空的血脉渊源也就毫不奇怪了。因为《西游记》前半部分(取经故事开始之前)孙悟空的形象正是一个神通广大而又遭受镇压的不幸角色。从这个意义上看,孙悟空这一形象的塑造,应当被视为普罗米修斯和鲧这种神祇从神话向文学"移位"的产物。而在这个"移位"的过程中,有关这一母题的各种传说通过各种途径和方式(绝不仅仅是唯一的文本传播方式)流入孙悟空的形象当中来,就是自然而然的了。如果我们用这个视角来审视《西游记》,那么就不难看出孙悟空的形象正是这样一个在世界各地的历史过程中反复出现的形象,最后在吴承恩手里,这种创造性幻想得到了自由表现。反过来说,我们正是通过孙悟空这个充满原始意象的原型,看出了它背后隐含的集中了人类向往自由和个性精神的集体无意识。

　　随着孙悟空头上金箍的出现,他的自由意志受到极大的限制,小说的第一母题也就暂时退到从属的地位。那么《西游记》后半部分的原型精神是什么,前后两部分原型精神的关系应当如何理解,自然也就成了人们继续关注的问题。

　　首先，《西游记》的后半部分对孙悟空仍然持肯定和褒扬的态度。只不过在后半部分所肯定的，已经不是孙悟空的桀骜不驯的自由个性（以下简称原型一），而是以造福人类为目的的不畏艰险的探索追求精神（以下简称原型二）。这一点，仍然是整个人类共有的原型精神。它在人类的潜意识及其外在表现上都占有突出的位置。从中国的夸父逐日，到西方的浮士德精神，都是这种精神的体现。与前一种原型所不同的是，这里的探索追求精神具有造福于人类的目的，所以是容易为社会各方面所接受的。如果说原型一体现的是对人的个性价值的尊重和体认的话，那么原型二则体现了对人的个性价值与社会价值统一的认识，或者说是提出了个性价值如何在社会价值中得到实现的问题。这一点在小说第八回交代取经缘起的时候有过清楚的说明。如来让玄奘去西天取经的原因，就是因为"那南赡部洲者，贪淫乐祸，多杀多争，正所谓口舌凶场，是非恶海"，所以要传三藏真经"劝人为善"。这里的所谓"真经"便是佛教大乘经典。菩萨对唐僧说："你只会谈小乘佛法，可会谈大乘么？"我们知道，小乘是佛教早期派别，只追求个人自我的解脱；大乘则是后起而占统治地位的佛教派别，它宣扬"大慈大悲"，以"普济众生"为宗旨。所以，所谓取经就是取大乘经典，以"普济众生"为目的。因而取经也就成了追求真理、锲而不舍精神的象征，成了为人类冒险和牺牲的正义和壮丽的事业。孙悟空大闹天宫失败，在菩萨的劝说下，放弃了称霸花果山的雄心；猪八戒放弃了他在高老庄的安乐窝，沙僧摆脱了个人的苦难，一句话，他们超越了对个人自由价值的执着，而把"普济众生"作为更高的人生追求。他们在虔诚的唐僧的带领下，以"普救众生"为目标，为此而排除万难，在追求真理的宏伟事业中，求得个人人生价值的实现①。这也正是夸父

　　──────────

　　①　因此有人将《西游记》的主题概括为"追求真理说"。参见钟婴《西游记新话》，辽宁教育出版社1992年版。

和浮士德的神话精神。

相比之下,《西游记》对原型二的描写更为充分和细腻。取经故事共八十八回,是全书的主体。这号称八十一难的形形色色的取经磨难不仅描绘了花样翻新,令人目不暇接的精彩故事,其本身还具有象征的意味,它启示人们去思索人生追求过程中可能遇到的各种艰难险阻。这些艰难险阻大致包括三个方面:第一来自自然方面,包括险恶的自然环境和自然灾害幻化的妖魔。前者如火焰山和通天河,后者如黄风怪和大蟒蛇等。它们显然是古代精卫填海、女娲补天一类神话故事的"移位";第二来自社会方面,包括各种以妖魔面目出现的邪恶势力。如白骨精、牛魔王之流。它们又是黄帝战蚩尤一类正义战胜邪恶神话的"移位";第三则是来自取经者自身,主要指取经者如何战胜自己面对外界各种诱惑所可能产生的动摇,坚定"普济众生"的意志。如"四圣试禅心"一节描写菩萨幻化为寡妇和三个漂亮女儿,生活在条件优裕的环境中,结果使猪八戒凡心大动,竟然想自己留下来当家长,享受荣华富贵,不想被几条绳索捆住,疼痛难忍,出尽了洋相。这正是"心生种种魔生,心灭种种魔灭"。取经人不仅要战胜来自自然和社会方面的阻碍,而且要战胜来自自己内心的私欲,才能以清净无欲之心去完成"普济众生"的使命。这三种象征的意味尽管在作品中以令人眼花缭乱的形态出现,但人们一般还是不难从中找出它与不畏艰险的探索追求精神的对应关系。令人费解的倒是作者为什么要把个性自由和为造福人类而献身这两个几乎是矛盾悖论的人类原型精神统一到一部作品、统一到一个人物(孙悟空)身上? 它的深层意蕴何在?

诚然,孙悟空身上那种桀骜不驯的个性自由精神的确是明代中后期社会新思潮的集中体现。但这种新思潮从它产生那天起,就无法回避一个严峻而现实的问题,这就是这种新的社会思潮的最终归宿是什么? 一个封建社会对这样的思潮是否能够容忍,容忍到什么程度? 如果无法容忍的话,它将对新思潮采用什么办法?《西游记》中两大原型的并立,正是试图从正面回答这些重大的社会问题。

当人们把自己的价值判断和情感倾向倒向孙悟空一边时,实际上就已经陷入了个人与社会这一对难解难分的矛盾之中。孙悟空的桀骜不驯的个性自由精神固然是美好和正当的,可如果全社会的人都像孙悟空那样无限发展自己的个性,到处"大闹天宫",那样不仅会把一个社会搞成无政府主义的混乱局面,而且会对他人的个性自由构成伤害。这就说明人的个性自由要受到社会的一定限制。可另一方面,社会在对个人拥有了限制权力之后,又容易把对这种权力的使用推向极端,从而使人感到没有个性的生存空间。过去人们完全以非此即彼的对立观点来观察和处理二者的矛盾。中国历史上的隐逸文化之所以能够延续不衰,从某种意义上来说,也正是这种个人与社会之间对立认识的产物。

然而《西游记》却从一个新的视角对于这种矛盾提出了新的看法。首先引起我们注意的,是加在孙悟空头上的紧箍咒。从个人与社会矛盾的角度看,这个紧箍咒的确有双重的属性:从个性方面看,紧箍咒是压制个性自由的社会强权意志的象征,因此应当否定;从社会方面看,紧箍咒又是限制个性无限膨胀,保证他人个性与生存自由的有效措施,因此应当肯定。不过在《西游记》中,紧箍咒却起到了化解个性自由与社会意志之间矛盾,促进个性自由与社会利益协调融通的积极作用。在作者看来,取经故事并不意味着对个性价值的取缔,而是在充分肯定个性价值基础上对个性的升华——由对个人自我解放的渴望而上升到对全人类利益和价值的追求。从大闹天宫的故事中已经分明可以看到作者对个性自由的蹈扬和礼赞,但一个人如果把个性自由作为生命价值的全部,那就不仅有些狭隘和局促,而且会造成对他人个性自由的阻碍。所以便需要用紧箍咒对其进行限制。但从《西游记》中我们可以看得十分清楚,观音对孙悟空使用紧箍咒,目的绝不是将其置于死地,而是在对其限制的前提下,充分利用孙悟空的一技之长来造福于人类和社会。这就是作者将这两个原型合而为一的用意所在。即如果将个人的个性解放扩大为全人类的解放,那才是最彻底的解放。《西游记》结尾写到当唐僧师徒功德圆满——他们完成了造福人类,追求探索的光荣使命时,被封为"斗战胜佛"的孙悟空这才想起自己个人的解放问题,他对唐僧说:"师父,此时我已成佛,与你一般,莫成还戴金箍儿,你还念什么《紧箍咒儿》掯勒我? 趁早儿念个《松箍儿咒》,脱下来,打得粉碎,切莫叫那甚么菩萨再去捉弄他人。"不想唐僧回答他道:"当时只为你难管,故以此法制之。今已成佛,自然去矣,岂有还在你头上之理! 你试摸摸看。"孙悟空"举手去摸一摸,果然无之"。从大乘佛教所讲的"自未度,先度他",以达到上求菩萨、下化众生的理想境界,到马克思主义关于"无产阶级只有解放全人类,才能最后解放自己"的宏伟目标,都可以在这个风趣幽默的故事中得到淋漓尽致的说明。这样,《西游记》中前后两部分所蕴含的向往个性自由和为人类幸福而进行的探索追求精神这两大原型,就不仅不是矛盾和生硬的拼凑,而是具有深刻内在含义的有机神话精神体系。

　　这两大原型的内在意蕴还具有十分强烈的现实指导意义。它在相当程度上对长期以来困扰在人们头脑中关于个人自由与社会意志这一对难以解决的人生难题作了相当深刻和明晰的解答。对个性而言,它既肯定了个性自由的尊严和价值,又指出了个性自由得以升华的价值和途径;对社会而言,它既指出了社会限制和规范过分的个性自由的必要性,又提出了对这些过分的个性自由应当如何因势利导,使其变不利因素为有利因素,达到世界大同和人人解脱的高远境界。

　　当然,这个解答是虚幻和过于理想化的,因而它带有折中调和的均衡色彩。但正因为如此,它才像一面镜子,照出人们一旦打破这种均衡就必然产生的不利后果。如果说宋代的理学统治将社会意志无限夸大,因而取消了个性的生存空间,所以造成了对个性自由的严重桎梏的话,那么明代后期的纵欲思潮则又将个性自由引向了极端,使社会不得不对其加以限制。清代初期的政治高压统治和文化专制政策,以及整个清代的朴学尚实之风,都是社会为了限制明代后期的过分的个性自由而加在人们(特别是有关文人)头上的紧箍咒。从这个意义上说,清代社会的这种令人伤痛的巨变,实际上已经在一百年前《西游记》这部小说的两大原型精神的内在意蕴中得到了深刻英明而又令人震惊的预见①。

四、《红楼梦》:永恒的人生悲剧

从关注社会政治到关注个人,显示了中国市民文化内在走向的逐渐雅化,而标志这一雅化过程极致的作品却非《红楼梦》莫属。如果说孙悟空的形象已经将人的社会价值和个人价值融为一体的话,那么《红楼梦》则又将这种市民阶层刚刚树立的价值坐标彻底地粉碎了。它通过四大家族的衰亡和贾宝玉的出家反映出封建社会从外在的社会政治悲剧(贾府的腐化堕落)、内在的历史文化悲剧(主人公深受传统封建道德文化侵蚀而造成的厄运)和永恒的人生悲剧(贾宝玉的参透人生而出家)三个层面,从而揭示出人生无所不在的悲剧。这样,中国市民文化的关注焦点也就从外在的社会政治逐渐进入人的生命本质,完成了市民文化向高雅文化的过渡和转移。

社会的悲剧是从横向的方面去解剖社会的弊端,道德文化悲剧是从纵向角度去反思民族的历史文化优劣,而人生悲剧则是从哲学上去思考生命的本质。作为清代长篇小说感伤之作的杰出代表,《红楼梦》在悲剧领域所取得的成就已经达到中国悲剧作品的顶峰。

受儒家乐天思想的影响,中国悲剧的悲中有喜的传统尽管可以给

① 宁稼雨,《〈西游记〉主人公形象的原型精神》,《南开学报》1999年第4期。

人以乐观的鼓舞,却缺少一种震撼人心的力量和对人生的激励作用。而《红楼梦》对中国传统悲剧意识的最大突破,就在于它彻底抛弃了那种自欺欺人,始终幻想喜从天降的浅薄悲剧意识,而是将人生无所不在的悲剧现象上升到哲学高度来认识其永恒的不幸。第一回中疯道人对甄士隐唱的《好了歌》和甄士隐回唱的《好了歌注》可谓全书点题之笔。歌中指出人们对功名、金钱、妻妾、儿孙等诸多方面的痴心与追求必将以落空而告终,从而点出"世上万般,'好'便是'了','了'便是'好';若不'了',便不'好';若要'好',须是'了'"的主题思想。从全书的安排来看,无论是社会悲剧,还是道德文化悲剧,无不可以作为人生悲剧的注脚和例证。

王国维曾借用叔本华的悲剧理论,认为悲剧有三种,第一种是由坏人作恶造成,第二种是由偶然的意外所造成。这两种悲剧尽管不幸,但毕竟不是人人无法躲避。最可怕的就是人人无法躲避的人生悲剧,"第三种之悲剧,由于剧中之人物之位置及关系而不得不然者,非必有蛇蝎之性质与意外之变故也"。因此王国维认为《红楼梦》便正是第三种悲剧。他还就宝玉、黛玉的爱情悲剧举例说:"贾母爱宝钗之婉嫕,而惩黛玉之孤僻,又信金玉之邪说,而思厌宝玉之病;王夫人固亲于薛氏;凤姐以持家之故,忌黛玉之才而虞其不便于己也;袭人惩尤二姐、香菱之事,闻黛玉'不是东风压倒西风,就是西风压倒东风'之语,惧祸之及,而自同于凤姐,亦自然之势也。宝玉之于黛玉,信誓旦旦,而不能言之于最爱之祖母,则普通之道德使然;况黛玉一女子哉! 由此种种原因,而金玉以之合,木石以之离,又岂有蛇蝎之人物,非常之变故,行于其间哉? 不过通常之道德,通常之人情,通常之境遇为之而已。由此观之,《红楼梦》者,可谓悲剧中之悲剧也。"①

---

① 《红楼梦评论》第三章,《中国近代文论选》,人民文学出版社 1981 年版。

曹雪芹不仅昭示了人生无所不在的悲剧,而且还以贾宝玉出家的方式提出了解决人生悲剧的方法。值得注意的是,贾宝玉的出家并不完全是由于个人命运的灾难,而是对包括自身在内的整个人类的悲剧充分感悟后所作出的解脱的选择。王国维认为人的解脱有二种,一种是因为个人被环境迫害,或其生活欲望不能满足,感到痛苦,所谓看破红尘而出世。这种解脱是宗教的,超自然的因而是平和的。惜春、紫娟就属于这种解脱。远远高出这种解脱的是贾宝玉的解脱。贾宝玉不是因为自己的痛苦,而是看到全人类的痛苦,从而得到解脱之道的。这是因为他有高超的智力,能够洞察到生活的本质。贾宝玉的解脱是自然的、人类的,也是悲感的、壮美的、文学的。

从《三国演义》中对国家社会政治问题的急切关注,到《红楼梦》中对人生悲剧的绝望冰冷,这个走向似乎显得有些灰色。但其中也似乎显示出中国市民文学自身的文化演进轨迹的逻辑方向。如果说青年人的血气方刚和激昂热情到了暮年也往往为冷静深沉所取代的话,那么从四大名著的文化价值取向及其内在关联的演进过程中,我们似乎可以得到发人深省的社会和人生哲理。

【思考】

1. 你赞同作者关于四大名著的文化价值定位吗？比较一下,你最赞同作者对哪本书的解释？

2. 查找资料,研究一下"四大名著"这个说法的形成过程。这个说法的形成或许有很多偶然性,但其中有没有必然性？

第二部分

历史与社会

如何研究中国历史人物①

钱　穆

【阅读提示】

　　《中国历史研究法》是钱穆先生根据1961年在香港八次讲演稿修改汇集而成,是其史学理论和治史方法的重要著作之一。本文为第六讲"如何研究中国历史人物"。钱穆先生将中国的历史人物分为三类:其一,治世盛世人物和衰世乱世人物,指出"在中国历史上,显然是生在乱世衰世的,更多胜过生在治平盛世的";其二,得志成功的人物与不得志失败的人物,指出失败英雄"被其所努力之事业抛弃在外,因而其全心全人格反而感觉特别突出";其三,有表现的人物和无表现的人物,并指出中国历史上"极多无所表现的人物……亦备受后世人之称道与钦敬","其无表现之背后,则卓然有一人在,此却是一大表现"。

　　本文鲜明地体现了钱穆先生的史学观和方法论,他认为"研究历史,所最应注意者,乃为在此历史背后所蕴藏而完成之文化"。文章对三种类型的历史人物的论述,始终贯串着"中国的史心"与"中国文化传统精神",观点鲜明、阐述细

---

　　①　选自《中国历史研究法》(生活·读书·新知三联书店2013年版),钱穆著。

致,列举大量历史事实佐证,有时更是一路沿着历史的脉络娓娓道来。"语语有本源来处,亦语语有归宿去处",体现了一位史学泰斗的严谨态度和恢宏气度。

建议读本文前先读先生自序,理解先生研究历史"先决定一研究历史之意义,然后再从此一意义来讲研究方法"之主张,明白先生反复提及的"中国的史心",这正是中国历史之伟大处,亦中国文化之伟大处。

一

今天讲"如何研究中国历史人物"。

历史是人事的记录,必是先有了人才有历史的。但不一定有人必会有历史,定要在人中有少数人能来创造历史。又且创造了历史,也不一定能继续绵延的,定要不断有人来维持这历史,使它承续不绝。因此历史虽说是属于人,但重要的只在比较少数人身上。历史是关于全人群的,但在此人群中,能参加创造历史与持续历史者,则总属少数。似乎中国人最懂得此道理,因此中国历史记载最主要的在人物。向来被认为正史的二十四史的体例,特别重要的是列传。可见中国人一向以人物为历史中心。故要研究历史,首先要懂得人,尤其需要懂得少数的历史人物。如其不懂得人,不懂得历史人物,亦即无法研究历史。固然也有人脱离了人和人物中心而来研究历史的,但其研究所得,将总不会接触到历史之主要中心,这是决然可知的。

我们研究历史的主要目的,或主要功能,是在希望人能成为一历史人物。一历史人物,比一专门史学家更重要。人群所需要者,乃是在此人群中,能不断有历史人物出现,才能持续旧传统,开创新历史。这比不断有史学家出现更重要。我此讲如何研究历史人物,也可说主要用意即在此。

二

但空说历史人物，势难从头列数，这究将何从说起呢？我此下将试把中国历史人物分作几类来加以述说：

第一类：先说关于治世盛世的人物与衰世乱世的人物。

有人幸而生于治平盛世，但亦有人不幸而生于衰乱之世。若说历史以人为主，要人物来创造来持续，则似乎在治平盛世所出人物必较多，又较胜。在衰乱之世所出人物必会较少，又较劣。唯其所出人物多又胜，因此才成其为治平隆盛之世。唯其所出人物少又劣，所以才成其为衰乱世。我想普通一般想法应如此，但根据中国历史看，却并不然。

中国历史人物，似乎衰乱世更多过了治盛世，又且强过了治盛世。我此所谓历史人物，乃指其能对此下历史发生作用和影响言。而此等人物，在中国历史上，显然是生在乱世衰世的，更多胜过生在治平盛世的。此有历史事实为证，不容否认。譬如孔子，是中国历史上第一大人物。但他生于春秋末期的衰乱世，霸业已尽，时代将变。可说此一时代，已濒临旧历史传统崩溃消失的末路，势已不可收拾，谁也挽回不过此一颓运来。孔子以后，如孟、荀、庄、老诸子生于战国，论其时代，更不如孔子。那时天下大乱，残局日破日坏，更是无可收拾了。然论开创此后历史新局面，能在中国此后历史上具有无比的大作用大影响的人物，我们总不免要数说到先秦。试问先秦人物，岂不全是些衰乱世的人物吗？

继此再说到两汉。两汉之治盛，胜过先秦。但论人物，其在历史上作用之大，影响之深，则决不能比先秦。又就一般言，东汉之治盛，不如西汉。但论人物表现，却可说东汉还在西汉之上。此即说，东汉人对此下历史之作用与影响，似乎更胜过西汉。因此后代人对东汉人物，也似乎较对西汉人物更重视、更敬仰。即就经学言，两汉经学首推郑玄。但郑氏已生在东汉末期。他身经党锢，下接黄巾董卓之乱，而死在献帝建安五年。他的一生，开始在东汉末的最衰世，而淹没在三国初标准的大乱世。但在中国学术史上，他是何等有作用有影响的一位大儒呀！

说到唐代，自然可说是治盛世。但唐代人物，开元以前转似不如天宝以后。宋代虽非乱世，亦可称衰世。但宋代人物，却超过了唐代。尤其在南宋末年，国家将亡，出一朱子。论其在学术史上之地位，尤应越出在郑玄之上。就其在宋以后中国历史上之作用与影响言，殆可上埒孔子。孔子与朱子，是中国史上前后两位最伟大的人物，却均出在衰乱世。

我们再讲到元代，可说是中国历史上之黑暗时代。任何衰乱世，均不能与此时期相比。元人统治中国，前后不到八十年，但在此时期中，仍出了不少人物。如元初有王应麟、胡三省与马端临三大史学家，他们的著作，直到今日，在中国学术史上仍有其不朽的地位。此三人对于此下历史上之作用与影响，可谓迄今依然。下到明初，一辈开国人物如刘基、宋濂等，也都在元代黑暗时期中养成。

明代之盛，堪与唐比。但明代人物更不如唐。王阳明出世时的明代，已是衰象呈露，大乱将起。下迄明亡，大儒辈出，比宋末元初更像样。如顾亭林、黄梨洲、王船山。近人称为明末三大儒，亦都堪称中国历史上的伟大人物。

综上所陈，可见在中国历史上，凡逢盛世治世，如汉、如唐、如明、如清，所出人物反而比较少，他们对此下历史之作用与影响也往往比较小。至于衰世乱世，如战国、如汉末、如三国、如宋、如明末，所出人物反而比较多，其对中国历史此下之作用与影响也比较大。我们若从二十四史中，把各时代人物作一全面的统计，便可知我前面述说之不虚。

诸位当知，此处实为中国历史文化传统中一项伟大精义所在。诸位如欲了解此中精义,可自试读《论》《孟》《庄》《老》诸书。凡此诸书中所陈述,何一非人生最高理想,何一非人类历史之伟大展望。但在他们书中,却不见他们时代的衰乱实况来。诸位如欲认识他们的时代,当另读《左传》《战国策》等史籍。诸位把此两方面会合看,便知他们之伟大处。他们虽生存在此时代之中,而他们的精神意气,则无不超越乎此时代之外之上,而又能心不忘此时代。他们都是我所谓能主持一时代,而又能开创一时代之大人物。历史只是人事记载,衰乱世自然多记载了些衰乱事。这些大人物,反而很少得记载上他们当时的历史,然而他们却转成为此下最伟大的历史人物。这道理也很明白,一人物生于治世盛世,他在当时某一事功上有所表现,他所表现的即成为历史了。但在事业上表现出其为一人物,而人物本身,则决非事业可尽。因此,只凭事业来烘托来照映出一人物,此人物之真之全之深处,则决不能表现出。人生在衰乱世,更无事业表现,此人乃能超越乎事业之外,好像那时的历史轮不到他身上,但他正能在事业之外表现出他自己。他所表现者,只是赤裸裸地表现了一人。那种赤裸裸的只是一个人的表现,则是更完全、更伟大、更可贵,更能在历史上引起大作用与大影响。

　　此项理论,实应为历史哲学上一大问题。我们固可说,所谓历史人物,则必须该在历史上表现出其事业来,才见其人历史性之伟大。人若不在历史上有表现,何从见其在历史上之地位与价值。如此说来,衰世乱世人物,自然比不上治世和盛世。普通就一般历史言,似乎人物总该多出在治世盛世,一到衰世乱世,就再没有人物或没有更伟大的人物出现。但在中国历史上则不然。唯有中国,却能在衰乱世生出更多人物,生出更多更具伟大意义与价值的人物,由他们来持续上面传统,来开创下面新历史。他们的历史性价值,虽不表现在其当身,而表现在其身后。此即中国历史文化传统精神真价值所在,亦即是中国历史上一项最有意义的特殊性。

三

第二类:关于得志成功的人物与不得志失败的人物。

所谓得志,指其在当时活动上或说在当时历史舞台上有所表现。不得志者,则当其身跑不上历史舞台,或跑上了而其事业终归于失败。诚然,历史乃是成功者的舞台,失败者只能在历史中作陪衬。但就中国以往历史看,则有时失败不得志的,反而会比得志而成功的更伟大。此处所谓伟大,即指其对此下历史将会发生大作用与大影响言,而得志与成功的,在其身后反而会比较差。

且看中国古代历史上两大圣人周公与孔子。周公得志在上,奠定了周代八百余年的天下。孔子不得志,他尝说:"甚矣! 吾衰也! 久矣,吾不复梦见周公。"孔子自叹其不能如周公,而道终不行。但孔子对此后历史上的作用与影响,反而比周公大。唐以前的中国人多推尊周公、孔子,唐以后便多转而推崇孔子、孟子,更少提到周公。故从历史眼光来说,周公反而不能与孔子比,这亦因周公在当时是得志而成功的人物。周公的全心与全人格,反而给他的得志与成功全代表去了,也可说全掩盖住了。孔子则是一位不得志而失败的人物,因此孔子的全心与人格,反而更彰显地照耀在后世。

中国人又多爱崇拜历史上失败的英雄。对于在历史上成大功立大业的英雄,如汉代的卫青、霍去病,唐代之李靖、李勣等诸名将,反而比较不重视。如岳飞、文天祥、袁崇焕、史可法等,虽然他们在事业上失败了,反而更受后人敬仰崇拜。此又是中国人的传统史心与中国文化的传统精神所在。他们在当时虽失败了,但对后来历史言,却是成功的,而且是大成功。历史上每一时代的人物,必有成功与失败之分。但人能在失败时代中有其成功,这才始是大成功。在失败时代中有其成功,故能引起将来历史上之更成功。这一番道理,又是中国文化精义所在。

从另一方面说,卫青、霍去病、李靖、李勣诸人之成功,只表现在事业上,事业表现即代表了其人。我们可以说,卫、霍、二李,其人与其事业,价值若相等。但岳飞、史可法诸人,因为他们的事业失败了,故其事业不能代表其人,最多只代表了其人之一部分,而此等人物之整体性,则远超乎其事业之外。我们看卫、霍、二李,只见他们击匈奴、败突厥,觉得他们的事到此而止了。因而其人物之本身价值,反不见有什么突出性。但我们看那些失败英雄时,此等人物乃被其所努力之事业抛弃在外,因而其全心全人格反而感觉特别突出。宋儒陆象山曾说:"人不可依草附木。"一有依附,其人格价值便会不出色。纵使依附于事业,也一样如此。失败英雄,因无事业可依附,而更见出色。

当知历史只是人事记载,人事则此起彼落,随表现,随消失。只有人,始是历史之主,始可穿过事态之流变,而有其不朽之存在。历史不断在变,故一切历史事态必然一去而不复。后一事不能即是前一事,但此一人物则永远是此一人物。只有人物模样,人物典型,可以永存不朽。事业到底由人物而演出。历史虽是人事之记载,但并非人事之堆积。事之背后有人,把事业来装点人,反把人之伟大真性减色了。正由此人在事业上不圆满,倒反把他那个真人显出来。

这并不是说,在历史上凡属成功的人物,皆是无价值。乃是说,遭遇失败的人物,在其深厚的历史上,反而更显得突出。此因人物之伟大,并不能专以其事业作代表。但此也须人物自心能识得此理,又须有史学家能为此阐发。因此我说这是中国的史心,亦正是中国历史文化传统之真精神所在。

四

第三类:要讲到有表现的人物与无表现的人物。

刚才说到,中国历史上有许多失败人物为当时及后世史家所推尊颂扬,他虽然失败,但总是有所表现了。此下所讲,则从一个人之有无表现来说。我们通常听人说，某人无所表现，似乎其人无所表现即不值提。但在中国历史上，正有许多伟大人物，其伟大处，则正因其能无所表现而见。此话似乎很难懂，但在中国历史上，此种例，多不胜举，亦可说此正是中国历史之伟大处，也即是中国文化之伟大处。

例如吴太伯，又如伯夷、叔齐，在历史上皆可谓无所表现，而为孔子所称道。孔子曰："太伯其至德矣乎！三以天下让，民无得而称焉。"又曰："不降其志，不辱其身，伯夷叔齐乎！"似乎孔子乃在其无表现中赞扬其已有所表现。而且是表现得极可赞扬。我们也可说，此乃是在人群社会中，在历史上，一种不沾染不介入的表现，一种逃避脱离的表现。

孟子也常称颂伯夷，他说："伯夷，目不视恶色，耳不听恶声。非其君不事，非其民不使。当纣之时，居北海之滨，以待天下之清也。故闻伯夷之风者，顽夫廉，懦夫有立志。"他的称颂伯夷，大意亦与孔子相同。孟子又将伯夷、伊尹、柳下惠并称为三圣人。他说："伊尹圣之任，伯夷圣之清，柳下惠圣之和。"尧、舜、禹、汤、文、武、周公，是在政治上得志成功的人。伊尹为汤相，亦是政治上一得志成功人物。但伯夷、柳下惠，则并无表现，并无成功，孟子却将他二人与尧、舜、禹、汤、伊尹相提并论，同称为圣人。

后来太史公作《史记》，此为中国正史之创始，为二十四史之第一部，其体例之最重要者，厥在其以人物为中心，而特创列传一体。但太史公又将《吴太伯世家》列为三十世家之首，将《伯夷列传》列为七十列传之首。他在《伯夷列传》中，屡屡提到因于伯夷之无所表现而无可称道，甚至其人若犹在或有或无可信可疑间，只因孔子称颂了他。太史公又用颜渊作陪衬，他说："七十子之徒，仲尼独荐颜渊为好学，然回也屡空，糟糠不厌，而卒早夭……"其实颜渊也就无所表现，故太史公引来推崇伯夷无表现之伟大，而褒然列之于列传之首。

在孔子七十二弟子中，颜渊似乎是最无表现的。孔子说："吾与回言终日，不违如愚。退而省其私，亦足以发。回也不愚。"又曰："贤哉！回也。一箪食，一瓢饮，在陋巷，人不堪其忧，回也不改其乐，贤哉！回也。"颜渊死，孔子哭之恸。并说："非夫人之为恸而谁为？"然颜渊在孔门到底是无表现，不能与子路、子贡、冉有、宰我诸人相比。故太史公亦云："伯夷、叔齐虽贤，颜渊虽笃学，得孔子而名益彰。"可见孔子最能看重人物之无表现之一面。孔子目此为德行，吴太伯民无得而称，孔子却称为至德。德行在孔门四科中高踞第一。太史公作《史记》可谓深得孔子之意。

以下中国历史上遂搜罗了极多无所表现的人物，而此等人物，亦备受后世人之称道与钦敬，此又是中国历史一特点。故我说此乃中国之史心，亦即中国文化传统精义所在。诸位只有精读中国史，深研中国历史人物，始能对此有了悟。

让我姑举数例以作说明。如春秋时代之介之推，战国时代之先生王斗，西汉初年之商山四皓，及鲁两生。循此以下，如东汉初年的严光，此人对历史亦一无表现，但后人永远觉得他是一个了不起的人物。汉光武即帝位，以前长安太学中同学，均已攀龙附凤，功成名遂。独严光隐身不见。光武思之，乃令以物色访之，久而后得。帝从容问光曰："朕何如昔时？"对曰："陛下差增于往。"因共偃卧，光以足加帝腹上。除谏议大夫，不屈。乃耕于富春山，后人名其钓处为严陵濑。这一番故事，虽若有表现，只可说是无表现，亦可谓是表现了其无表现，此等更说不上得志与成功。似乎他既不像有志，亦不求有功。又如宋初陈抟，居华山修道，恒百余日不起。又有林和靖，隐居西湖孤山，垂二十年，足不履城市，植梅畜鹤，时谓其梅妻鹤子。此等皆同为后世称道。我们今天如去富春江畔，或去西岳华山，或去杭州西湖，自然知道对这些人心焉向往。即使我们并不亲历其境，但也多知道他们的姓名，对于他们那种无所表现的人格，亦可谓乃只表现一无表现的人格，还像历历在目，这也真是怪事。

又如三国时代，英雄人物层出不穷，大家各显身手。可谓在此时代中人，必是各有表现者。然亦有无所表现，而被认为第一流人物的，如管宁即其一例。管宁在当时，实是一无表现。但论三国人物，管宁必屈首指。他少时曾与华歆同席共读，遇轩冕过门，歆废书往观，宁即与割席分坐。魏明帝时，华歆位至太尉，欲逊位让宁，宁终不就。看来歆虽佩服宁，宁终不重视歆。史书称其"虽出处殊涂，俯仰异体，至于兴治美俗，其揆一也"。此亦孟子所云禹、稷、颜回同道之意。其实管宁固可比颜回之不出，而华歆又岂得与禹、稷相提并论。要之，中国史家喜欢表彰无表现之人物，真是无微不至。论其事业，断断不够载入历史。但在其无表现之背后，则卓然有一人在，此却是一大表现。这意义值得吾们深细求解。

又如诸葛亮，好为梁父吟，每自比管仲、乐毅。他并不是不能有表现，却又不想表现。后来刘先主三顾草庐，始肯出许驰驱。他在《出师表》中说："苟全性命于乱世，不求闻达于诸侯。"今且问，此两语是否当时诸葛真意？我且举其友作证，一是徐庶，他知诸葛最深，应亦是一有作为人。初事刘备，曹操获其母，庶乃辞备归操。虽仕至御史中丞，然在历史上，终不见徐庶曾为曹操设一谋，划一策。其人便如此无表现而终了。又一人如庞德公，时荆州刺史刘表屡以礼延，不能屈，隐鹿门山，采药以终。诸葛孔明常拜于其床下，可见其人亦非不能有表现，只是宁为一无表现人。徐、庞如此，故知若非刘先主三顾草庐，诸葛定亦永无表现如徐、庞。

五

我们当知诸葛《出师表》两语中，全性命是大事。懂得要全性命，自然无意求闻达。中国历史上此种无表现的人物，真是各时代都有。他们的本领，亦只在全性命。正以全得性命，所以成得一人物，而且是至高卓至伟大的人物。我们若能汇集起写一书，即名"中国历史上之无表现人物"。此书亦可有大作用,大影响,至少在阐发史心,宣扬文化传统上,可有大贡献。

此种尊崇无表现人物之传统,又影响到小说。如唐人《虬髯客传》,即是故意要描写一个无表现之英雄。又如《水浒传》叙述梁山泊一百零八好汉,开始却有一位八十万禁军教头王进,此人如神龙见首不见尾,也是一无表现人物。《水浒传》作者,把此一人闲闲叙在前面,真使后面忠义堂上宋江以下一百零八位好汉,相形减色。此种笔法,可谓与太史公《史记》三十世家以吴太伯为首,七十列传以伯夷为首,有异曲同工之妙。可谓是能直探史心的一种大手笔,诸位莫轻忽过。

今天诸位也可说是各处在衰乱之世,不免有生不逢辰之感。然诸位一读历史,知道研究历史人物,便知我们尽可做一不得志和失败的人,或甚至做一无表现之人。这一时代是失败了,但处此时代之人,仍可各自有成,并可有大成。只要人能有成,下面时代便可挽转,不使常在失败中。若人都失败了,则一切完了,下面亦将无成功时代可期。孟子曾说:"禹、稷、颜回同道,易地则皆然。"禹、稷是有表现的人,颜回则是无表现的人,这只因时代不同。但不论有表现无表现,历史传统,文化精神,却同样主持在他们手里。孟子又说:"人必有所不为而后可以有为。"不为正是无表现。所以若时代不许可,我们尽可不强求表现。一旦时来运转,风云际会,到那时自有出来表现的人。"留得青山在,不怕没柴烧。"保留得有人,还怕历史中断吗?

昔范仲淹作《严子陵先生祠堂记》,末后两句为"先生之德,山高水长"。有一人说,"德"字不如改作"风"字,范公欣然从之。上面说过,孔子四科,德行为首,而颜回、闵子骞、仲弓、冉伯牛那些德行人物,却都是无表现的人物,故范仲淹以"德"字来称颂严光,并不错。但改为"风"字,则更含深意。德指其人之操守与人格,但此只属私人的。风则可以影响他人,扩而至于历史后代,并可发生莫大影响与作用。

孔子说："君子之德,风。小人之德,草。草上之风,必偃。"孟子亦云：
"圣人,百世之师也,伯夷、柳下惠是也。故闻伯夷之风者,顽夫廉,懦
夫有立志。闻柳下惠之风者,薄夫敦,鄙夫宽。"但孟子只言伯夷、柳
下惠之风,却不说伊尹之风,此何故？岂不因前两人无表现,而后一人
有表现？在事功上有了表现的人,反而对后世的风力少劲。因事功总
不免要掺杂进时代呀,地位呀,机缘呀,遭遇呀,种种条件,故而事功总
不免滞在实境中,反而无风,也不能成为风。唯有立德之人,只赤裸裸
是此人,更不待事业表现,反而其德可以风靡后世。在严子陵本人当
时,只是抱此德,但经历久远,此德却展衍成风。故说"先生之德,山
高水长"之德字不如改风字,更见深义。否则有德之人,岂不成为一
自了汉,与世无补,又何足贵？

　　在中国历史上,正为有此许多衰世乱世的人物,有此许多不得志
而失败的人物,有此许多无表现无作为的人物,才使中国历史文化绵
延不辍,直到于今,经历了四五千年的长时期,而依然存在。故我劝诸
位,处衰世乱世不足怕,就是不得志或失败了,亦不足怕。甚至于无所
表现无所作为,同样不足怕。主要的在如何成得一人物。有了人物,
下面自然会不断有历史。但如何才算得一人物呢？此正是我这一讲
演所要提出,请诸位去细心研究的。

六

　　上面所说,似乎像指中国古人所谓立德立功与立言的三不朽而
言。德指的人格方面,功指的事业方面,言指的思想与学术方面。
现在再就中国的文学方面略有陈述,文学不必全是立言。中国历史
上最受后代崇拜的三大文学家,屈原、陶渊明与杜甫,此三人,皆为
众熟知。屈原可说是一位在政治上不得志而失败的人物,陶渊明则
是一位不愿有所表现的人物,杜甫则是意欲求有表现而终无机会让
他表现的人物。他们均以自己一份赤忱的热情,透过文学,而表达

出他们各自的心志来。上面说过,人在治世盛世,功成志得,有所表现,别人反而对他为人不易有更深的觉察。唯在衰乱之世,不得志,失败了,或是无表现,这样的人,反易使人深切看出他的内心意志来,如上三人均是。

不但文学如此,艺术亦然。如宋末郑所南画兰,即是最好之一例。又如元末高士倪云林,明末八大山人与石涛等,此等诗人画家在历史上可谓一无表现,但历史却在他们的艺术与他们的诗文上表现出来了。他们无事功可表现,所表现的则是他们之心志。由他们之心志,可以想见他们之时代,故说历史在他们之诗文艺术上表现了。故中国人之文学,非纯粹之文学。中国人之艺术,亦非纯粹之艺术。重要者,乃在其内心意志一面。一人在事业上无表现,旁见侧出在文学艺术作品中来表现,这亦是中国文化传统真精神之一脉。他其人可以不上历史,但历史却在他身上。他可以无表现,但无表现之表现,却成为大表现。中国有许多历史人物皆当由此处去看。

我在此将特地提出一"志"字。中国人常言"志士仁人",人若无志,便亦不仁。但其所志,亦正贵在此一仁字上。孔子说:"吾十有五而志于学。"又说:"匹夫不可夺志。"诸位如须研究历史人物,却须先具一"彼人也,我亦人也,有为者亦若是"之志。若没有了此志,则古人自是古人,历史自是历史,和我渺不相涉,总研究不出一所以然来。

昔顾亭林尝云:"易姓改号,谓之亡国。仁义充塞而至于率兽食人,人将相食,谓之亡天下。"又说:"知保天下然后知保国,保国者,其君其臣,肉食者谋之。保天下者,匹夫之贱与有责焉。"亭林所谓保国与亡国,是指一国之政治言。所谓保天下与亡天下,则指民族文化之绝续言。我上面所说那些历史人物,则多是有志保天下的人。他们在历史上,有许多亦仅只是一匹夫。但文化绝续、时运兴衰之大责任,他们却把己身来担起。

我们今天所处的时代,或许比历史上任何时代更衰更乱。可是我们的处境，比起古人来，实未见困难更甚。如我们能设身处地，平心去研究我们历史上许多处衰世乱世的人物，许多不得志失败的人物，甚至许多无表现无作为的人物，便知今天的天下兴亡，我们也实在责有难逃。若我们脱离现实，只驰心空想汉、唐盛世，只驰心空想一旦得意来做一个历史上成功的人物，则深恐河清难俟，我们也只有嗟叹终老，但也好因此把我们的责任交卸净尽了。

《易经》上亦说"天地闭、贤人隐"，隐了自然没有所表现。中国文化之伟大，正在天地闭时，贤人懂得隐。正在天地闭时，隐处仍还有贤人。因此，天地不会常闭，贤人不会常隐。这些人乃在隐处旋乾转坤，天地给他们转变了，但别人还是看不见，只当是他无所表现。诸位想，这是何等伟大的表现呀！诸位若有志，不妨来搜罗隐逸，写一部中国贤人传，把中国历史上那些无表现的人物，自许由、务光、吴太伯、伯夷、叔齐起，从头叙述。我想只在正史上，又何止有千百人。他们之无所表现，正是我们日常人生中之最高表现。诸位若再搜罗到各地地方志，及笔记小说之类，更可找出很多这类的人物。这是天地元气所钟，文化命脉所寄。今天我们只看重得志成功和有表现的人，却忽略了那些不得志失败和无表现的人。因此也遂觉到自己并无责任可言。诸位当知，中国历史所以能经历如许大灾难大衰乱，而仍然绵延不断，隐隐中主宰此历史维持此命脉者，正在此等不得志不成功和无表现的人物身上。

但在今天，我们心目中已无此等人物的地位存在。纵使尚有隐了的贤人，我们也将觌面不相识，此实是中国文化的极大不幸极大危机。我们当求再认识此等人物之可贵。人或问，我一匹夫，怎能负起天下兴亡之大责？其实匹夫也好，匹妇也好，只要他能像像样样地做一人，便是此责已尽。

从人物来讲历史，近人或许已认为是落伍了。至于研究历史而注意到这些无表现的人物，近人将更认为此与历史无关。此话亦不错，此等人本可以不载入历史。但历史的大命脉正在此等人身上。中国历史之伟大,正在其由大批若和历史不相干之人来负荷此历史。诸位今天,也莫要认为自己和历史不相干,诸位亦正该负荷起此历史之重任。

或有人问:你是讲历史的,将来中国前途如何,你该有一看法。其实我亦哪能烛见未来。我只见向来历史是如此,在此乱世,我亦只能说:"苟全性命,不求闻达。"诸位或许又会问,现在时代变了,人人得有一分自由,该有一番表现,为何却要置身事外做一无表现的人?此则又须回复到我上次所讲修身、齐家、治国、平天下的话题。当知各人的成败,全视其"志""业"。但业是外在的,在我之身外,我们自难有把握要业必成。志则是内在的,只在我心,用我自己的心力便可掌握住。故对每一人,且莫问其事业,当先看其意志。

中国古人又说"诗言志",中国人有时把此志只在文学中诗中来表现。若我们把西方人观点来看中国人,有时觉得像是不积极,无力量,无奋斗精神。我亦常说中国史像是一首诗。但诗中有志,看似柔软无力,却已表现出无限力量。诗可以风,我们不得已而思其次,不治史,姑且学诗。中国诗里的理想境界,则必是具有风力的。风来了,万物滋生。诸位若能从诗中披拂到一些古人之风,诸位又若能把此风吹向他处,吹向将来。诸位当知风是无物能阻的。风大了,自能所向披靡。且待我们大家来吹嘘成风吧!

【思考】

1. 要理解钱穆先生的三类历史人物,先要理解其中的核心概念。根据文章的意思,尝试给下列词语作内涵界定:

衰乱世:＿＿＿＿＿＿＿＿＿＿＿＿＿＿＿＿＿＿＿＿

不得志:_____

无表现:_____

2. 作者所推崇的三类人物有没有共性？钱穆如此推
崇这三类历史人物,是基于他怎样的历史观念？

甲申三百年祭①

郭沫若

【阅读提示】

　　1944 年是明朝灭亡的第 300 年,这一年重庆《新华日报》发表了一篇连载四日的长文,即《甲申三百年祭》。全文近 16000 字,介绍了崇祯朝的社会状况、崇祯与大臣们在明朝灭亡前夕的一些活动,重点在于李自成集团由壮大到失败的简要历程。

　　主要内容大致有二:一是剖析明末内部的腐败,二是揭示起义领袖李自成由胜利走向失败的原因。郭沫若认为,甲申之变既有客观原因——天灾频发,也有主观原因——崇祯皇帝沽名钓誉,朝中大臣腐败贪污,而此时的李自成却是极得民心的;而李部由胜至败的主要原因一是用人不明听信了一些小人的谗言,二是集团内一些得意忘形之辈行事不端。本文被认为是第一个以马克思列宁主义的科学态度对李自成领导的农民起义的原因、经验教训作了总结。

　　文中大量引用了《明史》《明季北略》《明亡述略》《甲申传信录》《芝龛记》等古籍资料,为本篇史论奠定了坚实的史料基础。由史得论,折射出作者严谨的治学态度、周密的思

---

① 选自《甲申三百年祭》(人民出版社 2004 年版),郭沫若著。

维方式及敏锐的洞察能力。此乃文章中最大闪光之处。

甲申轮到它的第五个周期，今年是明朝灭亡的第三百周年纪念了。

明朝的灭亡认真说并不好就规定在三百年前的甲申。甲申三月十九日崇祯死难之后，还有南京的弘光，福州的隆武，肇庆的永历，直至前清康熙元年（1662）永历帝为清吏所杀，还经历了一十八年。台湾的抗清，三藩的反正，姑且不算在里面。但在一般史家的习惯上是把甲申年认为是明亡之年的，这倒也是无可无不可的事情。因为要限于明室来说吧，事实上它久已失掉民心，不等到甲申年，早就是仅存形式的了。要就中国来说吧，就在清朝统治的二百六十年间一直都没有亡，抗清的民族解放斗争一直都是没有停止过的。

然而甲申年总不失为一个值得纪念的历史年。规模宏大而经历长久的农民革命，在这一年使明朝最专制的王权统治崩溃了，而由于种种的错误却不幸换来了清朝的入主，人民的血泪更潜流了二百六十余年。这无论怎样说也是值得我们回味的事。

在历代改朝换姓的时候，亡国的君主每每是被人责骂的。崇祯帝可要算是一个例外，他很博得后人的同情。就是李自成《登极诏》里面也说："君非甚暗，孤立而炀蔽①恒多；臣尽行私，比党而公忠绝少。"不用说也就是"君非亡国之君，臣皆亡国之臣"的雅化了。其实崇祯这位皇帝倒是很有问题的。他仿佛是很想有为，然而他的办法始终是沿走着错误的路径。他在初即位的时候，曾经发挥了他的"当机独断"，除去了魏忠贤与客氏，是他最有光辉的时期。但一转眼间依赖宦官，对于军国大事的处理，枢要人物的升降，时常是朝四暮三，轻信

---

①　"炀蔽"是说人君受蒙蔽。譬之如灶，一人在灶前炀火遮蔽灶门，则余人不得炀，亦无由见火光。出处见《韩非子·难四》及《战国策·赵策》。——沫若注

妄断。十七年不能算是短促的岁月,但只看见他今天在削籍大臣,明天在大辟疆吏,弄得大家都手足无所措。对于老百姓呢? 虽然屡次在下《罪己诏》,申说爱民,但都是口惠而实不至。《明史》批评他"性多疑而任察,好刚而尚气。任察则苛刻寡恩,尚气则急剧失措"(《流贼传》)。这个论断确是一点也不苛刻的。

自然崇祯的运气也实在太坏,承万历、天启之后做了皇帝,内部已腐败不堪,东北的边患又已经养成,而在这上面更加以年年岁岁差不多遍地都是旱灾、蝗灾。二年四月二十六日,有马懋才《备陈大饥疏》,把当时陕西的灾情叙述得甚为详细,就是现在读起来,都觉得有点令人不寒而栗:

> 臣乡延安府,自去岁一年无雨,草木枯焦。八九月间,民争采山间蓬草而食。其粒类糠皮,其味苦而涩。食之,仅可延以不死。至十月以后而蓬尽矣,则剥树皮而食。诸树惟榆皮差善,杂他树皮以为食,亦可稍缓其死。迨年终而树皮又尽矣,则又掘其山中石块而食。石性冷而味腥,少食辄饱,不数日则腹胀下坠而死。
>
> 民有不甘于食石而死者,始相聚为盗,而一二稍有积贮之民遂为所劫,而抢掠无遗矣……
>
> 最可悯者,如安塞城西有冀城之处,每日必弃一二婴儿于其中。有号泣者,有呼其父母者,有食其粪土者。至次晨,所弃之子已无一生,而又有弃子者矣。
>
> 更可异者,童稚辈及独行者,一出城外便无踪迹。后见门外之人,炊人骨以为薪,煮人肉以为食,始知前之人皆为其所食。而食人之人,亦不免数日后面目赤肿,内发燥热而死矣。于是死者枕藉,臭气熏天,县城外掘数坑,每坑可容数百人,用以掩其遗骸。臣来之时已满三坑有余,而数里以外不及掩者,又不知其几许矣……有司束于功令之严,不得不严为催科。仅存之遗黎,止有

一逃耳。此处逃之于彼，彼处复逃之于此。转相逃则转相为盗，此盗之所以遍秦中也。

　　总秦地而言，庆阳、延安以北，饥荒至十分之极，而盗则稍次之；西安、汉中以下，盗贼至十分之极，而饥荒则稍次之。

——《明季北略》卷五

这的确是很有历史价值的文献，很扼要地说明了明末的所谓"流寇"的起源，同隶延安府籍的李自成和张献忠就是在这样的情形之下先后起来了的。

饥荒诚然是严重，但也并不是没有方法救济。饥荒之极，流而为盗，可知在一方面有不甘饿死、铤而走险的人，而在另一方面也有不能饿死、足有海盗的物资积蓄者。假使政治是休明的，那么挹彼注此，损有余以补不足，尽可以用人力来和天灾抗衡，然而却是"有司束于功令之严，不得不严为催科"。这一句话已经足够说明：无论是饥荒或盗贼，事实上都是政治所促成的。

这层在崇祯帝自己也很明白，十年闰四月大旱，久祈不雨时的《罪己诏》上又说得多么的痛切呀：

　　……张官设吏，原为治国安民。今出仕专为身谋，居官有同贸易。催钱粮先比火耗，完正额又欲羡余。甚至已经蠲免，亦悖旨私征；才议缮修，(辄)乘机自润。或召买不给价值，或驿路诡名轿抬。或差派则卖富殊贫，或理谳则以直为枉。阿堵违心，则敲朴任意。囊橐既富，则奸慝可容。抚按之荐劾失真，要津之毁誉倒置。又如勋戚不知厌足，纵贪横于京畿。乡宦灭弃防维，肆侵凌于闾里。纳无赖为爪牙，受奸民之投献。不肖官吏，畏势而曲承。积恶衔蠹，生端而勾引。嗟此小民，谁能安枕！

——《明季北略》卷十三

　　这虽不是崇祯帝自己的手笔，但总是经过他认可后的文章，而且只有在他的名义下才敢于有这样的文章。文章的确是很好的。但对于当时政治的腐败认识得既已如此明了，为什么不加以彻底的改革呢？要说是没有人想出办法来吧，其实就在这下《罪己诏》的前一年（崇祯九年），早就有一位武生提出了一项相当合理的办法，然而却遭了大学士们的反对，便寝而不行了。《明季北略》卷十二载有《钱士升论李琎搜括之议》，便是这件事情：

　　　　四月，武生李琎奏致治在足国，请搜括臣宰助饷。大学士钱士升拟下之法司，不听。士升上言："比者借端幸进，实繁有徒。而李琎者乃倡为缙绅豪右报名输官，欲行手实籍没之法①。此皆衰世乱政，而敢陈于圣人之前，小人无忌惮一至于此！且所恶于富者兼并小民耳，郡邑之有富家，亦贫民衣食之源也。以兵荒之故归罪富家而籍没之，此秦始皇所不行于巴清②，汉武帝所不行于卜式③者也。此议一倡，亡命无赖之徒，相率而与富家为难，大乱自此始矣。"已而温体仁以上欲通言路，竟改拟。上仍切责士升，以密勿大臣，即欲要誉，放之已足，毋庸汲汲……

　　这位李琎，在《明亡述略》作为李琏，言"李琏者，江南武生也，上书请令江南富家报名助饷"，大学士钱士升加以驳斥。这位武生其实倒是很有政治的头脑，可惜他所上的"书"全文不可见，照钱士

---

　　①　手实法，唐代曾施行，限人民于岁暮自陈其田产以定租额。宋神宗时吕惠卿亦行此法，甚为豪绅地主等所反对。——沫若注
　　②　巴寡妇清以丹穴致富，始皇曾为筑女怀清台。见《史记·货殖列传》。——沫若注
　　③　卜式以牧畜致富，汉武帝有事于匈奴，卜式输助军饷，武帝曾奖励之。事见《史记·平准书》。——沫若注

升的驳议看来,明显地他恨"富者兼并小民",而"以兵荒之故归罪富家"。这见解倒是十分正确的,但当时一般的士大夫都左袒钱士升。钱受"切责"反而博得同情,如御史詹尔选为他抗辩,认为"辅臣不过偶因一事代天下请命"。他所代的"天下"岂不只是富家的天下,所请的"命"岂不只是富者的命吗? 已经亡了国了,而撰述《明季北略》与《明亡述略》的人,依然也还是同情钱士升的。但也幸而有他们这一片同情,连带着使李武生的言论还能有这少许的保存,直到现在。

"搜括臣宰"的目的,在李武生的原书,或者不仅限于"助饷"吧。因为既言到兵与荒,则除足兵之外尚须救荒。灾民得救,兵食有着,"寇乱"决不会蔓延。结合明朝全力以对付外患,清朝入主的惨剧也决不会出现了。然而大学士驳斥,大皇帝搁置,小武生仅落得保全首领而已。看崇祯"切责士升",浅识者或许会以为他很有志于采纳李武生的进言,但其实做皇帝的也不过采取的另一种"要誉"方式,"放之已足"而已。

崇祯帝,公平地评判起来,实在是一位十分"汲汲"的"要誉"专家。他是最爱下《罪己诏》的,也时时爱闹减膳、撤乐的玩艺。但当李自成离开北京的时候,却发现皇库扃钥如故,其"旧有镇库金积年不用者三千七百万锭,锭皆五百(十?)两,镌有永乐字"(《明季北略》卷二十)。皇家究竟不愧是最大的富家,这样大的积余,如能为天下富家先,施发出来助赈、助饷,尽可以少下两次《罪己诏》,少减两次御膳,少撤两次天乐,也不至于闹出悲剧来了。然而毕竟是叫文臣做文章容易,而叫皇库出钱困难,不容情的天灾却又好像有意开玩笑的一样,执拗地和要誉者调皮。

所谓"流寇",是以旱灾为近因而发生的,在崇祯元二年间便已崛起了。到李自成和张献忠执牛耳的时代,已经有了十年的历史。"流寇"都是铤而走险的饥民,这些没有受过训练的乌合之众,在初,当然抵不过官兵,就在奸淫掳掠、焚烧残杀的一点上比起当时的官兵来更是大有愧色的。十六年,当李、张已经势成燎原的时候,崇祯帝不时召对群臣,马世奇的《廷对》最有意思:

> 今闯、献并负滔天之逆,而治献易,治闯难。盖献,人之所畏;闯,人之所附。非附闯也,苦兵也。一苦于杨嗣昌之兵,而人不得守其城垒。再苦于宋一鹤之兵,而人不得有其室家。三苦于左良玉之兵,而人之居者、行者,俱不得安保其身命矣。贼知人心之所苦,特借"剿兵安民"为辞。一时愚民被欺,望风投降。而贼又为散财赈贫,发粟赈饥,以结其志。遂至视贼如归,人忘忠义。其实贼何能破各州县,各州县自甘心从贼耳。故目前胜着,须从收拾人心始。收拾人心,须从督抚镇将约束部位,令兵不虐民,民不苦兵始。
>
> ——《北略》卷十九

这也实在是一篇极有价值的历史文献,《明史·马世奇传》竟把它的要点删削了。当时的朝廷是在用兵剿寇,而当时的民间却是在望寇"剿兵"。在这剿的比赛上,起初寇是剿不过兵的,然而有一点占了绝对的优势,便是寇比兵多,事实上也就是民比兵多。在十年的经过当中,杀了不少的寇,却增加了无数的寇。寇在比剿中也渐渐受到了训练,无论是在战略上或政略上。官家在征比搜括,寇家在散财发粟,战斗力也渐渐优劣易位了。到了十六年再来喊"收拾人心",其实已经迟了,而迟到了这时,却依然没有从事"收拾"。

李自成的为人,在本质上和张献忠不大相同,就是官书的《明史》都称赞他"不好酒色,脱粟粗粝,与其下共甘苦"。看他的很能收揽民心,礼贤下士,而又能敢作敢为的那一贯作风,和刘邦、朱元璋辈起于草泽的英雄们比较起来,很有过之而无不及的气概。自然,也是艰难玉成了他。他在初发难的十几年间,只是高迎祥部下的一支别动队而已。时胜时败,连企图自杀都有过好几次。特别在崇祯十一二年间是他最危厄的时候。直到十三年,在他才来了一个转机,从此一帆风顺,便使他陷北京,覆明室,几乎完成了他的大顺朝的统治。

这一个转机也是由于大灾荒所促成的。

自成在十一年大败于梓潼之后,仅偕十八骑溃围而出,潜伏于商洛山中。在这时张献忠已投降于熊文灿的麾下。待到第二年张献忠回复旧态,自成赶到谷城(湖北西北境)去投奔他,险些儿遭了张的暗算,弄得一个人骑着骡子逃脱了。接着自成又被官兵围困在巴西鱼腹诸山中,逼得几乎上吊。但他依然从重围中轻骑逃出,经过郧县、均县等地方,逃入了河南。这已经是十三年的事。在这时河南继十年、十一年、十二年的蝗旱之后,又来一次蝗旱,闹到"人相食,草木俱尽,土寇并起"(《烈皇小识》)。但你要说真的没有米谷吗?假使是那样,那就没有"土寇"了。"土寇"之所以并起,是因为没有金钱去掉换高贵的米谷,而又不甘心饿死,便只得用生命去掉换而已。——"斛谷万钱,饥民从自成者数万"(《明史·李自成传》),就这样李自成便又死灰复燃了。

这儿是李自成势力上的一个转机,而在作风上也来了一个划时期的改变。十三年后的李自成与十三年前的不甚相同,与其他"流寇"首领们也大有悬异。上引马世奇的《廷对》,是绝好的证明。势力的转变固由于多数饥民之参加,而作风的转变在各种史籍上是认为由于一位"杞县举人李信"的参加。这个人在《李自成传》和其他的文献差不多都是以同情的态度被叙述着的,想来不必一定是因为他是读书人吧。同样的读书人跟着自成的很不少,然而却没有受到同样的同情。我现在且把《李自成传》上所附见的李信入伙的事迹摘录在下边。

杞县举人李信者,逆案中尚书李精白子也。尝出粟赈饥民,民德之。曰:"李公子活我。"会绳伎红娘子反,掳信,强委身焉。信逃归。官以为贼,囚狱中。红娘子来救,饥民应之,共出信。

卢氏举人牛金星,磨勘被斥。私入自成军,为主谋。潜归,事泄,坐斩;已,得末减。

二人皆往投自成,自成大喜,改信名曰岩。金星又荐卜者宋献策,长三尺余。上谶记云"十八子主神器",自成大悦。

岩因说曰:"取天下以人心为本,请勿杀人,收天下心。"自成从之,屠戮为减。又散所掠财物赈饥民,民受饷者不辨岩、自成也。杂呼曰:"李公子活我。"岩复造谣词曰"迎闯王,不纳粮",使儿童歌以相煽。从自成者日众。

这节文字叙述在十三年与十四年之间,在《明史》的纂述者大约认为李、牛、宋之归自成是同在十三年。《明亡述略》的作者也同此见解,此书或许即为《明史》所本。

当是时(十三年)河南大旱,其饥民多从自成。举人李信、牛金星皆归焉。金星荐卜者宋献策陈图谶,言"十八子当主神器"。李信因说自成曰:"取天下以人心为本,请勿杀人,收天下心。"自成大悦,为更名曰岩,甚信任之。

然而牛、宋的归自成其实是在十四年四月,《烈皇小识》和《明季北略》,叙述得较为详细。《烈皇小识》是这样叙述着的:

十四年四月,自成屯卢氏。卢氏举人牛金星迎降。又荐卜者宋献策,献策长不满三尺。见自成,首陈留谶云:"十八孩儿兑上坐,当从陕西起兵以得天下。"①自成大喜,奉为军师。

《明季北略》叙述得更详细,卷十七《牛宋降自成》条下云:

> 辛巳(十四年)四月,河南卢氏县贡生牛金星,向有罪,当戍
> 边。李岩荐其有计略,金星遂归自成。自成以女妻之,授以右相。
> 或云:"金星天启丁卯举人,与岩同年,故荐之。"金星引故知刘宗
> 敏为将军,又荐术士宋献策。献策,河南永城人,善河洛数。初见
> 自成,袖出一数进曰:"十八孩儿当主神器。"自成大喜,拜军师。
> 献策面狭而长,身不满三尺,其形如鬼,右足跛,出入以杖自扶。
> 军中呼为宋孩儿。一云浙人,精于六壬奇门遁法,及图谶诸数学。
> 自成信之如神。余如拔贡顾君恩等亦归自成,贼之羽翼益众矣。

牛、宋归自成之年月与《烈皇小识》所述同,宋出牛荐,牛出李荐,
则李之入伙自当在宋之前。唯关于李岩入伙,《北略》叙在崇祯十年,
未免为时过早。

> 李岩开封府杞县人。天启七年丁卯孝廉,有文武才。弟年,
> 庠士。父某,进士。世称岩为"李公子"。家富而豪,好施尚义。
> 　时频年旱饥,邑令宋某催科不息,百姓苦之。岩进白,切宋暂
> 休征比,设法赈给。宋令曰:"杨阁部(按指兵部杨嗣昌)飞檄雨
> 下,若不征比,将何以应?至于赈济饥民,本县钱粮匮乏,止有分
> 派富户耳。"岩退,捐米二百余石。无赖子闻之,遂纠众数十人哗

---

①　"十八孩儿兑上坐,当从陕西起兵以得天下","十八孩儿"或"十八
子"切李字。"兑"在八卦方位图中是正西方的卦,其上为乾,乾是西北方的
卦。李自成崛起于陕西,陕西地处西北,当于乾位,故言"兑上坐"。又"乾为
君",故言"得天下"。——沫若注

于富室,引李公子为例。不从,辄焚掠。有力者白宋令出示禁戢。宋方不悦岩,即发牒传谕:"速速解散,各图生理,不许借名求赈,恃众要挟。如违,即系乱民,严拿究罪。"饥民击碎令牌,群集署前,大呼曰:"吾辈终须饿死,不如共掠。"

宋令急邀岩议。岩曰:"速谕暂免征催,并劝富室出米,减价官粜,则犹可及止也。"宋从之。众曰:"吾等姑去,如无米,当再至耳。"宋闻之而惧,谓若发粟市恩,以致众叛,倘异日复至,其奈之何? 遂申报按察司云:"举人李岩谋为不轨,私散家财,买众心以图大举。打差辱官,不容比较。恐滋蔓难图,祸生不测,乞申抚按,以戢奸宄,以靖地方。"按察司据县申文抚按,即批宋密拿李岩监禁,毋得轻纵。宋遂拘李岩下狱。

百姓共怒曰:"为我而累李公子,忍乎?"群赴县杀宋,劫岩出狱。重犯具释,仓库一空。岩谓众曰:"汝等救我,诚为厚意。然事甚大,罪在不赦。不如归李闯王,可以免祸而致富贵。"众从之。岩遣弟牟率家先行,随一炬而去。城中止余衙役数十人及居民二三百而已。

岩走自成,即劝假行仁义,禁兵淫杀,收人心以图大事。自成深然之。岩复荐同年牛金星,归者甚众,自成兵势益强。岩遣党伪为商贾,广布流言,称自成仁义之师,不杀不掠,又不纳粮。愚民信之,惟恐自成不至,望风思降矣。

予幼时闻贼信息,咸云"李公子乱",而不知有李自成。及自成入京,世犹疑即李公子,而不知李公子为李岩也。故详志之。

这是卷十三《李岩归自成》条下所述,凡第十三卷所述均崇祯十年事,在作者的计六奇自以李岩之归自成是在这一年了。但既言"频年旱饥",与十年情事不相合。宋令所称"杨阁部飞檄雨下"亦当在杨嗣昌于十二年十月"督师讨贼"以后。至其卷二十三《李岩作劝赈歌》

条下云:

> 李岩劝县令出谕停征;崇祯八年七月初四日事。又作《劝赈歌》,各家劝勉赈济,歌曰:"年来蝗旱苦频仍,嚼啮禾苗岁不登。米价升腾增数倍,黎民处处不聊生。草根木叶权充腹,儿女呱呱相向哭。釜甑尘飞炊烟绝,数日难求一餐粥。官府征粮纵虎差,豪家索债如狼豺。可怜残喘存呼吸,魂魄先归泉壤埋。骷髅遍地积如山,业重难过饥饿关。能不教人数行泪,泪洒还成点血斑?奉劝富家同赈济,太仓一粒恩无既。枯骨重教得再生,好生一念感天地。天地无私佑善人,善人德厚福长臻。助贫救乏功勋大,德厚流光裕子孙。"

看这开首一句"年来蝗旱苦频仍",便已经充分地表现了作品的年代。河南蝗旱始于十年,接着十一年、十二年、十三年均蝗旱并发。八年以前,河南并无蝗旱的记载。因此所谓"崇祯八年"断然是错误,据我揣想,大约是"庚辰年"的蠹蚀坏字,由抄者以意补成的吧。劝宋令劝赈既在庚辰年七月初四,入狱自在其后,被红娘子和饥民的劫救,更进而与自成合伙,自当得在十月左右了。同书卷十六《李自成败而复振》条下云:"庚辰(十三年)十二月自成攻永宁陷之。杀万安王朱铤(应为朱采铤),连破四十八寨,遂陷宜阳,众至数十万。李岩为之谋主。贼每剽掠所获,散济饥民,故所至威势益盛。"在十三年底,李岩在做自成的谋主,这倒是可能的事。

李岩无疑早就是同情于"流寇"的人,我们单从这《劝赈歌》里面便可以看出他的思想倾向。首先值得注意的是他说到"官府征粮纵虎差,豪家索债如狼豺",而却没有说到当时的"寇贼"怎样怎样。他这歌是拿去"各家劝勉"的。受了骂的那些官府豪家的虎豹豺狼,一定是忍受不了。宋令要申报他"图谋不轨",一定也是曾经把这歌拿去做了供状的。

红娘子的一段插话最为动人，但可惜除《明史》以外目前尚无考见。最近得见一种《剿闯小史》，是乾隆年间的抄本，不久将由说文社印行①。那是一种演义式的小说，共十卷，一开始便写《李公子民变聚众》，最后是写到《吴平西孤忠受封拜》为止的。作者对于李岩也颇表同情，所叙事迹和《明季北略》相近，有些地方据我看来还是《北略》抄袭了它。《小史》本系稗官小说，不一定全据事实，但如红娘子的故事是极好的小说材料，而《小史》中也没有提到。《明史》自必确有根据，可惜目前书少，无从查考出别的资料。

其次乾隆年间董恒岩所写的《芝龛记》，以秦良玉和沈云英为主人翁的院本，其中的第四十出《私奔》②也处理着李、牛奔自成的故事。这位作者却未免太忍心了，竟把李岩作为丑角，红娘子作为彩旦，李岩的"出粟赈饥"，被解释为"勉作散财之举，聊博好义之名"。正史所不敢加以诬蔑的事，由私家的曲笔，歪解得不成名器了。且作者所据也只是《李自成传》，把牛、李入伙写在一起。又写牛金星携女同逃，此女后为李自成妻，更是完全胡诌。牛金星归自成时，有他儿子生员牛诠同行，倒是事实，可见作者是连《甲申传信录》都没有参考过的。至《北略》所言自成以女妻金星，亦不可信。盖自成当时年仅三十四岁，应该比金星还要年轻，以女妻牛诠，倒有可能。

---

① 说文社于一九四四年出版此书，封面的书名为《李闯王》。按:《剿闯小史》其书，名称不一。据今见到的说文社一九四四年初版和一九四六年再版，封面为《李闯王》;张继《叙》却标名为《李闯贼史》;无竞氏《叙》又标名为《剿闯小史》;各卷标名也不一致，第一卷至第五卷为《剿闯小史》，第六卷至十卷为《馘闯小史》。

② 一九四四年初郭沫若曾手抄《芝龛记》中关于李岩、牛金星投奔李自成故事一出。手迹现存郭沫若纪念馆。据查郭沫若手迹该出的题名为《狐奔》，系《芝龛记》第四十八出。经核对乾隆十六年《芝龛记》院本，亦为第四十八出《狐奔》。

　　李岩本人虽然有"好施尚义"的性格,但他并不甘心造反,倒也是同样明了的事实。你看,红娘子那样爱他,"强委身焉"了,而他终竟脱逃了,不是他在初还不肯甘心放下他举人公子的身份的证据吗? 他在指斥官吏,责骂豪家,要求县令暂停征比,开仓赈饥,比起上述的江南武生李琎上书搜括助饷的主张要温和得多。崇祯御宇已经十三年了,天天都说在励精图治,而征比勒索仍然加在小民身上,竟有那样糊涂的县令,那样糊涂的巡按,袒庇豪家,把一位认真在"公忠体国"的好人和无数残喘仅存的饥民都逼成了"匪贼"。这还不够说明崇祯究竟是怎样励精图治的吗? 这不过是整个明末社会的一个局部的反映而已。明朝统治之当得颠覆,崇祯帝实在不能说毫无责任。

　　但李岩终竟被逼上了梁山。有了他的入伙,明末的农民革命运动才走上了正轨。这儿是有历史的必然性。因为既有大批饥饿农民参加了,作风自然不能不改变,但也有点所谓云龙风虎的作用在里面,是不能否认的。当时的"流寇"领袖并不只自成一人,李岩不投奔张献忠、罗汝才之流,而却归服自成,倒不一定如《剿闯小史》托辞于李岩所说的"今闯王强盛,现在本省邻府"的缘故。《北略》卷二十三叙有一段《李岩归自成》时的对话,虽然有点像旧戏中的科白,想亦不尽子虚。

　　　　岩初见自成,自成礼之。

　　　　岩曰:"久钦帐下宏猷,岩恨谒见之晚。"

　　　　自成曰:"草莽无知,自惭菲德,乃承不远千里而至,益增孤陋兢惕之衷。"

　　　　岩曰:"将军恩德在人,莫不欣然鼓舞。是以谨率众数千,愿效前驱。"

　　　　自成曰:"足下龙虎鸿韬,英雄伟略,必能与孤共图义举,创业开基者也。"

遂相得甚欢。

二李相见，写得大有英雄识英雄，惺惺惜惺惺之概。虽然在辞句间一定不免加了些粉饰，而两人都有知人之明，在岩要算是明珠并非暗投，在自成却真乃如鱼得水，倒也并非违背事实。在李岩入伙之后，接着便有牛金星、宋献策、刘宗敏、顾君恩等的参加，这几位都是闯王部下的要角。从此设官分治，守土不流，气象便迥然不同了。全部策划自不会都出于李岩，但，李岩总不失为一个触媒，一个引线，一个黄金台上的郭隗吧。《北略》卷二十三记《李岩劝自成假行仁义》，比《明史》及其他更为详细。

自成既定伪官，即令谷大成、祖有光等率众十万攻取河南。

李岩进曰："欲图大事，必先尊贤礼士，除暴恤民。今朝廷失政，然先世恩泽在民已久，近缘岁饥赋重，官贪吏猾，是以百姓如陷汤火，所在思乱。我等欲收民心，须托仁义。扬言大兵到处，开门纳降者秋毫无犯。在任好官，仍前任事。若酷虐人民者，即行斩首。一应钱粮，比原额只征一半，则百姓自乐归矣。"

自成悉从之。

岩密遣党作商贾，四出传言："闯王仁义之师，不杀不掠。"又编口号使小儿歌曰："吃他娘，穿他娘，开了大门迎闯王。闯王来时不纳粮。"

又云："朝求升，暮求合，近来贫汉难求活。早早开门拜闯王，管教大小都欢悦。"

时比年饥旱，官府复严刑厚敛。一闻童谣，咸望李公子至矣……其父精白尚书也，故人呼岩为"李公子"。

巡抚尚书李精白，其名见《明史·崔呈秀传》，乃崇祯初年所定逆案中"交结近侍，又次等论，徒三年，输赎为民者"一百二十九人中之一。他和客、魏"交结"的详细情形不明。明末门户之见甚深，而崇祯自己也就是自立门户的好手。除去客、魏和他们的心腹爪牙固然是应该的，但政治不从根本上去澄清，一定要罗致内外臣工数百人而尽纳诸"逆"中，而自己却仍然倚仗近侍，分明是不合道理的事。而李岩在《芝龛记》中即因父属"逆案"乃更蒙曲笔，这诛戮可谓罪及九族了。

李岩既与自成合伙，可注意的是，他虽然是举人，而所任的却是武职。他被任为"制将军"。史家说他"有文武才"，倒似乎确是事实。他究竟立过些什么军功，打过些什么得意的硬战，史籍上没有记载。但他对于宣传工作做得特别高妙，把军事与人民打成了一片，却是有笔共书的。自十三年以后至自成入北京，三四年间虽然也有过几次大战，如围开封、破潼关几役，但大抵都是"所至风靡"。可知李岩的收揽民意，瓦解官兵的宣传，千真万确地是收了很大的效果。

不过另外有一件事情也值得注意，便是李岩在牛金星加入了以后似乎已不被十分重视。牛本李岩所荐引，被拜为"天祐阁大学士"，官居丞相之职，金星所荐引的宋献策被倚为"开国大军师"，又所荐引的刘宗敏任一品的权将军，而李岩的制将军，只是二品（此品秩系据《北略》，《甲申传信录》则谓"二品为副权将军，三品为制将军，四品为果毅将军"云云）。看这待遇显然是有亲有疏的。

关于刘宗敏的来历有种种说法，据上引《北略》认为是牛金星的"故知"，他的加入是由牛金星的引荐，并以为山西人（见卷二十三《宋献策及众贼归自成》条下）。《甲申传信录》则谓"攻荆楚，得伪将刘宗敏"（见《疆场裹革李闯纠众》条下）。而《明史·李自成传》却以为："刘宗敏者蓝田锻工也"，其归附在牛、李之前。自成被围于巴西鱼腹山中时，二人曾共患难，竟至杀妻相从。但《明史》恐怕是错误了的。《北略》卷五《李自成起》条下引：

　　一云:自成多力善射,少与衙卒李固,铁冶刘敏政结好,暴于乡里。后随众作贼,其兵尝云:我王原是个打铁的。

　　以刘宗敏为锻工,恐怕就是由于有这位"铁冶刘敏政"而致误(假如《北略》不是讹字)。因为姓既相同,名同一字,是很容易引起误会的。

　　刘宗敏是自成部下的第一员骁将,位阶既崇,兵权最重,由入京以后事迹看来,自成对于他的依赖是不亚于牛金星的。文臣以牛金星为首,武臣以刘宗敏为首,他们可以说是自成的左右二膀。但终竟误了大事的,主要的也就是这两位巨头。

　　自成善骑射,既百发百中,他自己在十多年的实地经验中也获得了相当优秀的战术。《明史》称赞他"善攻",当然不会是阿谀了。他的军法也很严。例如:"军令不得藏白金,过城邑不得室处,妻子外不得携他妇人,寝兴悉用单布幕绵……军止,即出校骑射。日站队,夜四鼓蓐食以听令。"甚至"马腾入田苗者斩之"(《明史·李自成传》)。真可以说是极端的纪律之师。别的书上也说"军令有犯淫劫者立时枭磔,或割掌,或割势"(《甲申传信录》),严格的程度的确是很可观的。自成自己更很能够身体力行。他不好色,不饮酒,不贪财利,而且十分朴素。当他进北京的时候,是"毡笠缥衣,乘乌驳马"(《本传》);在京殿上朝见百官的时候,"戴尖顶白毡帽,蓝布上马衣,蹑鞴靴"(《北略》卷二十)。他亲自领兵去抵御吴三桂和满洲兵的时候,是"绒帽蓝布箭衣"(《甲申传信录》);而在他已经称帝,退出北京的时候,"仍穿箭衣,但多一黄盖"(《北略》)。这虽然仅是四十天以内的事,而是天翻地覆的四十天。客观上的变化尽管是怎样剧烈,而他的服装却丝毫也没有变化。史称他"与其下共甘苦",可见也并不是不实在的情形。最有趣的当他在崇祯九年还没有十分得势的时候,"西掠米脂,呼知县大绥曰:'此吾故乡也,勿虐我父老。'遗之金,令修文庙"

(《李自成传》)。十六年占领了西安,他自己还是"每三日亲赴教场校射"(同上)。这作风也实在非同小可。他之所以能够得到民心,得到不少的人才归附,可见也决不是偶然的了。

在这样的人物和作风之下,势力自然会日见增加,而实现到天下无敌的地步。在十四、十五两年间把河南、湖北几乎全部收入掌中之后,自成听从了顾君恩的划策,进窥关中,终于在十六年十月攻破潼关,使孙传庭阵亡了。转瞬之间,全陕披靡。十七年二月出兵山西,不到两个月便打到北京,没三天工夫便把北京城打下了。这军事,真如有摧枯拉朽的急风暴雨的力量。自然,假如从整个的运动历史来看,经历了十六七年才达到这最后的阶段,要说难也未尝不是难。但在达到这最后阶段的突变上,有类于河堤决裂,系由积年累月的浸渐而溃进,要说容易也实在显得太容易了。在过短的时期之内获得了过大的成功,这却使自成以下如牛金星、刘宗敏之流,似乎都沉沦进了过分的陶醉里去了。进了北京以后,自成便进了皇宫。丞相牛金星所忙的是筹备登极大典,招揽门生,开科选举。将军刘宗敏所忙的是拶夹降官,搜括赃款,严刑杀人。纷纷然,昏昏然,大家都像以为天下就已经太平了的一样。近在肘腋的关外大敌,他们似乎全不在意。山海关仅仅派了几千兵去镇守,而几十万的士兵却屯积在京城里面享乐。尽管平时的军令是怎样严,在大家都陶醉了的时候,竟弄得刘将军"杀人无虚日,大抵兵丁掠抢民财者也"(《甲申传信录》)了。而且把吴三桂的父亲吴襄绑了来,追求三桂的爱姬陈圆圆,"不得,拷掠酷甚"(《北略》卷二十《吴三桂请兵始末》);虽然得到了陈圆圆,而终于把吴三桂逼反了的,却也就是这位刘将军。这关系实在是并非浅鲜。

在过分的胜利陶醉当中,但也有一二位清醒的人,而李岩便是这其中的一个。《剿闯小史》是比较同情李岩的,对于李岩的动静时有叙述。"贼将二十余人皆领兵在京,横行惨虐。唯制将军李岩、弘将军李牟兄弟二人,不喜声色。部下兵马三千,俱屯扎城外,只带家丁三四十名跟随,并不在外生事。百姓受他贼害者,闻其公明,往赴禀,颇为申究。凡贼兵闻李将军名,便稍收敛。岩每出私行,即访问民间情弊,如遇冤屈必予安抚。每劝闯贼申禁将士,宽恤民力,以收人心。闯贼毫不介意。"

这所述的大概也是事实吧。最要紧的是他曾谏自成四事,《小史》叙述到,《北略》也有记载,内容大抵相同,兹录从《北略》。

> 制将军李岩上疏谏贼四事,其略曰:
>
> 一、扫清大内后,请主上退居公厂。俟工政府修葺洒扫,礼政府择日率百官迎请大内。决议登极大礼,选定吉期,先命礼政府定仪制,颁示群臣演礼。
>
> 一、文官追赃,除死难归降外,宜分三等。有贪污者发刑官严追,尽产入官。抗命不降者,刑官追赃既完,仍定其罪。其清廉者免刑,听其自输助饷。
>
> 一、各营兵马仍令退居城外守寨,听候调遣出征。今主上方登大宝,愿以尧舜之仁自爱其身,即以尧舜之德爱及天下。京师百姓熙熙皞皞,方成帝王之治。一切军兵不宜借住民房,恐失民望。
>
> 一、吴镇(原作"各镇",据《小史》改,下同)兴兵复仇,边报甚急。国不可一日无君,今择吉已定,官民仰望登极,若大旱之望云霓。主上不必兴师,但遣官招抚吴镇,许以侯封吴镇父子,仍以大国封明太子,令其奉祀宗庙,俾世世朝贡与国同休,则一统之基可成,而干戈之乱可息矣。
>
> 自成见疏,不甚喜,既批疏后"知道了",并不行。

后两项似乎特别重要:一是严肃军纪的问题,一是用政略解决吴三桂的问题。他上书的旨趣似乎是针对着刘宗敏的态度而说。刘非刑官,而他的追赃也有些不分青红皂白,虽然为整顿军纪——"杀人无虚日",而军纪已失掉了平常的秩序。特别是他绑吴襄而追求陈圆圆,拷掠酷甚的章法,实在是太不通政略了。后来失败的大漏洞也就发生在这儿,足见李岩的见识究竟是有些过人的地方的。

《剿闯小史》还载有李岩入京后的几段逸事,具体地表现他和牛、刘辈的作风确实是有些不同。第一件是他保护懿安太后的事:

> 张太后,河南人。闻先帝已崩,将自缢,贼众已入。伪将军李岩亦河南人,入宫见之,知是太后,戒众不得侵犯。随差贼兵同老宫人以肩舆送归其母家。至是,又缢死。

这张太后据《明史·后传》,是河南祥符县人,她是天启帝的皇后,崇祯帝的皇嫂,所谓懿安后或懿安皇后的便是。她具有"严正"的性格,与魏忠贤和客氏对立,崇祯得承大统也是出于她的力量。此外贺宿有《懿安后事略》,又纪昀有《明懿安皇后外传》。目前手中无书,无从引证。

第二件是派兵护卫刘理顺的事:

> 中允刘理顺,贼差令箭传觅,闭门不应,具酒题诗。妻妾阖门殉节。少顷,贼兵持令箭至,数十人踵其门。曰:"此吾河南杞县绅也,居乡极善,里人无不沐其德者。奉李公子将令正来护卫,以报厚德。不料早已全家尽节矣。"乃下马罗拜,痛哭而去。

《北略》有《刘理顺传》载其生平事迹甚详,晚年中状元(崇祯七年),死时年六十三岁。亦载李岩派兵护卫事,《明史·刘理顺传》(《列传》一五四)则仅言"群盗多中州人,入唁曰:'此吾乡杞县刘状元也,居乡厚德,何遽死!'罗拜号泣而去"。李岩护卫的一节却被抹杀了。这正是所谓"史笔",假使让"盗"或"贼"附骥尾而名益显的时候,岂不糟糕!

第三是一件打抱不平的事:

> 河南有恩生官周某,与同乡范孝廉儿女姻家。孝廉以癸未下第,在京候选,日久资斧罄然。值贼兵攻城,米珠薪桂,孝廉郁郁成疾。及城陷驾崩,闻姻家周某以宝物贿王旗鼓求选伪职,孝廉遂愤闷而死。其子以穷不能殡殓,泣告于岳翁周某。某呵叱之,且悔其亲事。贼将制将军李岩缉知,缚周某于营房,拷打三日而死。

这样的事是不会上正史的,然毫无疑问决不会是虚构。看来李岩也是在"拷打"人,但他所"拷打"的是为富不仁的人,而且不是以敛钱为目的。

他和军师宋献策的见解比较要接近些。《小史》有一段宋、李两人品评明政和佛教的话极有意思,足以考见他们两人的思想。同样的话亦为《北略》所收录,但文字多夺佚,不及《小史》完整。今从《小史》摘录:

> 伪军师宋矮子同制将军李岩私步长安门外,见先帝枢前有二僧人在旁诵经,我明旧臣选伪职者皆锦衣跨马,呵道经过。
>
> 岩谓宋曰:"何以纱帽反不如和尚?"
>
> 宋曰:"彼等纱帽原是陋品,非和尚之品能超于若辈也。"
>
> 岩曰:"明朝选士,由乡试而会试,由会试而廷试,然后观政候选,可谓严格之至矣。何以国家有事,报效之人不能多见也?"
>
> 宋曰:"明朝国政,误在重制科,循资格。是以国破君亡,鲜见忠义。满朝公卿谁不享朝廷高爵厚禄? 一旦君父有难,皆各思

自保。其新进者盖曰:'我功名实非容易,二十年灯窗辛苦,才博得一纱帽上头。一事未成,焉有即死之理?'此制科之不得人也。而旧任老臣又曰:'我官居极品,亦非容易。二十年仕途小心,方得到这地位,大臣非止一人,我即独死无益。'此资格之不得人也。二者皆谓功名是自家挣来的,所以全无感戴朝廷之意,无怪其弃旧事新,而漫不相关也。可见如此用人,原不显朝廷待士之恩,乃欲责其报效,不亦愚哉!其间更有权势之家,循情而进者,养成骄慢,一味贪痴,不知孝弟,焉能忠烈?又有富豪之族,从夤缘而进者,既费白镪,思权子母,未习文章,焉知忠义?此迹来取士之大弊也。当事者若能矫其弊而反其政,则朝无幸位,而野无遗贤矣。"

岩曰:"适见僧人敬礼旧主,足见其良心不泯,然则释教亦所当崇欤?"

宋曰:"释氏本夷狄之裔,异端之教,邪说诬民,充塞仁义。不惟愚夫俗子惑于其术,乃至学士大夫亦皆尊其教而趋习之。偶有愤激,则甘披剃而避是非;忽值患难,则入空门而忘君父。丛林宝刹之区,悉为藏奸纳叛之薮。君不得而臣,父不得而子。以布衣而抗王侯,以异端而淆政教。惰慢之风,莫此为甚!若说诵经有益,则兵临城下之时,何不诵经退敌?若云礼忏有功,则君死社稷之日,何不礼忏延年?此释教之荒谬无稽,而徒费百姓之脂膏以奉之也。故当人其人而火其书,驱天下之游惰以惜天下之财费,则国用自足而野无游民矣。"

岩大以为是,遂与宋成莫逆之交。

当牛金星和宋企郊辈正在大考举人的时候,而宋献策、李岩两人却在反对制科。这些议论是不是稗官小说的作者所假托的,不得而知,但即使作为假托,而作者托之于献策与李岩,至少在两人的行事和主张上应该多少有些根据。宋献策这位策士虽然被正派的史家把他充分漫画化了,说他像猴子,又说他像鬼。——"宋献策面如猿猴","宋献策面狭而长,身不满三尺,其形如鬼。右足跛,出入以杖自扶,军中呼为宋孩儿",俱见《北略》。通天文,解图谶,写得颇有点神出鬼没,但其实这人是很有点道理的。《甲申传信录》载有下列事项:

> 甲申四月初一日,伪军师宋献策奏……天象惨烈,日色无光,亟应停刑。

接着在初九日又载:

> 是时闯就宗敏署议事,见伪署中三院,每夹百余人,有哀号者,有不能哀号者,惨不可状。因问宗敏,凡追银若干?宗敏以数对。闯曰:天象示警,宋军师言当省刑狱。此辈夹久,宜酌量放之。敏诺。次日诸将系者不论输银多寡,尽释之。

据这事看来,宋献策明明是看不惯牛金星、刘宗敏诸人的行动,故而一方面私作讥评,一方面又借天象示警,以为进言的方便。他作为阴阳家的姿态出现,怕也只是一种烟幕吧。

李自成本不是刚愎自用的人,他对于明室的待遇也非常宽大。在未入北京前,诸王归顺者多受封。在入北京后,帝与后也得到礼殡,太子和永、定二王也并未遭杀戮。当他入宫时,看见长公主被崇祯砍得半死,闷倒在地,还曾叹息说道:"上太忍,令扶还本宫调理。"(《甲申传信录》)他很能纳人善言,而且平常所采取的还是民主式的合议制。《北略》卷二十载:"内官降贼者自宫中出,皆云,李贼虽为首,然总有二十余人,俱抗衡不相下,凡事皆众共谋之。"这确是很重要的一项史料。据此我们可以知道,后来李自成的失败,自成自己实在不能负专责,而牛金星和刘宗敏倒要负差不多全部的责任。

像吴三桂那样标准的机会主义者,在初对于自成本有归顺之心,只是尚在踌躇观望而已。这差不多是为一般的史家所公认的事。假使李岩的谏言被采纳,先给其父子以高爵厚禄,而不是刘宗敏式的敲索绑票,三桂谅不至于"为红颜"而"冲冠一怒"。即使对于吴三桂要不客气,像刘宗敏那样的一等大将应该亲领人马去镇守山海关,以防三桂的叛变和清朝的侵袭,而把追赃的事让给刑官去干也尽可以胜任了。然而事实却恰得其反。防山海关的只有几千人,庞大的人马都在京城里享乐。起初派去和吴三桂接触的是降将唐通,更不免有点类似儿戏。就这样在京城里忙了足足一个月,到吴三桂已经降清,并诱引清兵入关之后,四月十九日才由自成亲自出征,仓惶而去,仓惶而败,仓惶而返。而在这期间留守京都的丞相牛金星是怎样的生活呢?"大轿门棍,洒金扇上贴内阁字,玉带蓝袍圆领,往来拜客,遍请同乡"(《甲申传信录》),太平宰相的风度俨然矣。

自成以四月十九日亲征,二十六日败归,二十九日离开北京,首途向西安进发。后面却被吴三桂紧紧的追着,一败于定州,再败于真定,损兵折将,连自成自己也带了箭伤。在这时河南州县多被南京的武力收复了,而悲剧人物李岩,也到了他完成悲剧的时候。

> 李岩者,故劝自成以不杀收人心者也。及陷京师,保护懿安皇后,令自尽。又独于士大夫无所拷掠,金星等大忌之。定州之败,河南州县多反正。自成召诸将议,岩请率兵往。金星阴告自成曰:"岩雄武有大略,非能久下人者。河南,岩故乡,假以大兵,必不可制。十八子之谶得非岩乎?"因谱其欲反。自成令金星与岩饮,杀之。贼众俱解体。
>
> ——《明史·李自成传》

　　《明亡述略》《明季北略》及《剿闯小史》都同样叙述到这件事。唯后两种言李岩与李牟兄弟二人同时被杀，而在二李被杀之后，还说到宋献策和刘宗敏的反应。

　　　宋献策素善李岩，遂往见刘宗敏，以辞激之。宗敏怒曰："彼（指牛）无一箭功，敢擅杀两大将，须诛之。"由是自成将相离心，献策他往，宗敏率众赴河南。

——《北略》卷二十三

　　真正是呈现出了"解体"的形势。李岩与李牟究竟是不是兄弟，史料上有些出入，在此不愿涉及。献策与宗敏，据《李自成传》，后为清兵所擒，遭了杀戮。自成虽然回到了西安，但在第二年二月潼关失守，于是又恢复了从前"流寇"的姿态，窜入河南湖北，为清兵所穷追，竟于九月牺牲于湖北通山之九宫山，死时年仅三十九岁（1606—1645）。余部归降何腾蛟，加入了南明抗清的队伍。牛金星不知所终。

　　这无论怎么说都是一场大悲剧。李自成自然是一位悲剧的主人，而从李岩方面来看，悲剧的意义尤其深刻。假使初进北京时，自成听了李岩的话，使士卒不要懈怠而败了军纪，对于吴三桂等及早采取了牢笼政策，清人断不至于那样快的便入了关。又假使李岩收复河南之议得到实现，以李岩的深得人心，必能独当一面，把农民解放的战斗转化而为种族之间的战争。假使形成了那样的局势，清兵在第二年决不敢轻易冒险去攻潼关，而在潼关失守之后也决不敢那样劳师穷追，使自成陷于绝地。假使免掉了这些错误，在种族方面岂不也就可以免掉了二百六十年间为清朝所宰治的命运了吗？就这样，个人的悲剧扩大而成为种族的悲剧，这意义不能说是不够深刻的。

　　大凡一位开国的雄略之主，在统治一固定了之后，便要屠戮功臣，这差不多是自汉以来每次改朝换代的公例。自成的大顺朝即使成功了（假使没有外患，他必然是成功了的），他的代表农民利益的运动早迟也会变质，而他必然也会做到汉高祖、明太祖的藏弓烹狗的"德政"，可以说是断无例外。然而对于李岩们的诛戮却也未免太早了。假使李岩真有背叛的举动，或拟投南明，或拟投清廷，那杀之也无可惜，但就是谗害他的牛金星也不过说他不愿久居人下而已，实在是杀得没有道理。但这责任与其让李自成来负，毋宁是应该让卖友的丞相牛金星来负。

　　三百年了，种族的遗恨幸已消除，而三百年前当事者的功罪早是应该明白判断的时候。从种族的立场上来说，崇祯帝和牛金星所犯的过失最大，他们都可以说是两位种族的罪人。而李岩的悲剧是永远值得回味的。

一九四四年三月十日脱稿

　　[附识]此文以一九四四年三月十九日在重庆《新华日报》上刊出，连载四日。二十四日国民党《中央日报》专门写一社论，对我抨击。国民党反动派的尴尬相是很可悯笑的。

【思考】

　　1. 结合文章内容，梳理明朝灭亡及李自成集团最终失败的主要原因。
　　2. 文中提到"个人的悲剧扩大而成为种族的悲剧"，对于这两种悲剧，文章是如何开展论证的？

西湖与南宋[①]

[美]黄仁宇

【阅读提示】

此文鲜明地体现了黄仁宇的"大历史观"及其写作风格。"大历史观"强调在更宽广的背景与更复杂的视野下，思考具体的历史现象与事实。本文聚焦南宋的兴衰，但它并不像我们熟知的历史叙述那样，只关注皇帝重臣及其政治活动，而是综合考察南宋政权的处境（与辽、金、元等政权的复杂关系）、经济状况与社会管理、技术、文化等诸多因素，以此来窥视南宋的"精致与柔弱"。显然，作者更关注经济与社会的运作机制。他认为，"服务性事业的缺乏"桎梏了南宋经济的发展，导致了国力的积弱不振；南宋的商业很发达，但并未发生真正意义上的"商业革命"与"文艺复兴"，削弱了商业的积极力量；数目管理落后，妨害了国力的整合，而技术上的发明也因缺乏现实的需要而失去了发展的动力。如能对照《万历十五年》来阅读本文，或能对他的"大历史观"有更清晰的理解。

这篇文章纵横捭阖，广征博引，但它真正的魅力，则在于

---

① 选自《中国大历史》（生活·读书·新知三联书店2014年版），[美]黄仁宇著。

作者的历史思维,即"大历史观"。能将看似无关或关联稀少的历史事实联系在一起,并赋予其内在的逻辑关系,并在实证与分析中加以论证,起作用的正是作者的"思维"。黄仁宇的历史论著恰当体现了"一切历史都是思想史"的说法,虽然他的历史观存在着很多争议。

历经"靖康之难"的剧变,宋高宗君臣于风雨飘摇中,在临安(杭州)重续宋朝命脉。这一身兼制造业中心的南宋国都,繁华不下于《清明上河图》中所描绘的汴京景象。然而,尽管帝国掌握了丰富的资源,但缺乏适当的服务性事业为之周转,使得经济上未能突破,影响所及,军事也积弱不振。因此,在金和蒙古人的连番侵迫下,只有走上灭亡一途。

杭州(临安)在隋朝已负盛名。南北大运河开创后,它是南端终点。它与开封不同,后者大体上是一座消费城市,购买力操在政府官员及其家属和随从手里。南宋的国都——杭州,则是制造业中心。造船业、丝织业、瓷器与纸张的制造在南宋尤其突飞猛进。

西 湖 胜 景

对现代的旅游者而言,离杭州近在咫尺的西湖,是观光者必往的胜地,当初该处是杭州湾的一部分,迄至公元7世纪前期尚且如是,后来靠钱塘江的一面被阻塞,年久月深,湖中的盐水也就变成淡水而成了今日的西湖。

西湖在面积上只比杭州市略小。两座大堤将西方及西北方曲折的湖岸距离缩短。白堤以白居易而得名,直通孤山。苏堤则始于苏东坡,他是诗人、画家和散文作家,在11世纪曾剧烈反抗王安石的改革。虽说他和白居易两人之间相隔近三百年,但他们前后都曾在杭州一带任地方官,也曾前后疏浚此湖。两座长堤即他们的工程所留下的遗迹。如此看来,中国传统政府以具有美术观念的人才为官僚,有其用心设计之奥妙,虽说两人同在西湖留名也算事出偶然,但其注重环境之保养与生态学则已胜过一般官吏。

中国一本歌剧称为"白蛇传"者,以西湖为背景,最近在美国风靡一时。揭幕时观众即面临湖岸。两只蛇之精灵,一白一青,已变成两个姣好的女子,名叫"白素贞"和"小青"。她们在白堤上邂逅一个年轻男子许仙。素贞与之一见钟情,结缡为夫妇之后,生有一子,小青即在他们家里伺候。可是金山寺里的方丈法海,发现了素贞的妖孽来历,即用一只法碗将她罩住,并且在碗上造雷峰塔。根据这段神话,只要雷峰塔在,白素贞免不了埋在万千吨的砖头之下。幸亏小青在当日大祸临头时逃脱,再回来时已率领着大批虾兵蟹将,而许仙与素贞所生子也已成年,加入战斗。他们的解放战终于使白素贞恢复自由。以后下文如何无人道及,只是雷峰塔则名不虚传确有此塔,而且在1924年崩溃,今日只有其痕迹残存。

即使是民间传说,中国人也保持传统观念,认为由浪漫邂逅而来的婚姻必大为不祥。不是蛇在引诱女子,而是女人本身即为蛇蝎。可是这篇故事之结局则表示着充溢生命之活力终能战胜权威,因为后者只能牺牲人本主义去迎合一般习惯,观众自此亦可看出大传统与小传统不同。高级文化离不开知识分子,小传统则以农民渔夫为标榜,如果那还不够,即搬出虾兵蟹将作为陪衬。

失势的英雄——岳飞

旅游者经过西泠桥畔,引入苏堤,附近有岳坟。葬在坟中的岳飞,也是宋朝的一位出色人物,从行伍出身,升为下级军官终成为宋朝最有名的大将。公元1141年他为宰相秦桧所诬构,以抗命罪死于狱中。当时秦桧与皇帝赵构密切合作准备与来犯的女真人议和。女真人已组织了一个汉化的朝代称为金,正长驱直入,迫着宋朝南退。岳飞的罪过乃是在这内外混乱之际还能约束部下,得到人民的支持,剿平盗匪,并且以步兵战术击破了来犯的金兵。他那时候只三十九岁,如若让他生存,则不仅几费周折谈判刚有头绪之和议可能变卦,而且这朝代南北奔波喘息未定,本身也会因为能将在旁而感到威胁。

岳飞死后二十年,被南宋朝廷平反,中国人因崇拜失势英雄的习惯,将他崇敬得仅次于关羽。可是岳飞与关羽不同,他精通文墨,他将传统之忠孝观念与所受教养同时发挥。今日岳飞墓旁已建有庙宇,高4.27米,内中供奉他的神像及全部盔甲,上有匾额,据说"还我河山"四字系根据他本人书法描绘。事实上岳飞在最近几十年来,有鼓舞中国人民族思想功效。在他神像前有四个铸像向他跪列,此即宰相秦桧夫妇和两个同谋者。在20世纪30年代本地巡警很不容易才禁止游客溲溺于秦桧像上。也有人以粗硬之物包括枪柄去捣秦桧之像首。只有在二次大战时投降日本的汪精卫,才敢说岳飞是一个不能节制的军阀。

岳飞不是军阀,事实上他可以节制。要不然在华中大胜金人之后,不会因秦桧以皇帝的名义召他南归,即停止了与女真的战役而就死地。其实与敌人对抗时,在战与和两途徘徊乃宋代朝廷的一种惯习,这种举棋不定的态度可以追溯到北宋时代(那时国都仍在开封)。宋朝不能在战与和的途径上长期保持其政策之前后一致,对本身造成的损害,远超过秦桧的奸计。

和与战的彷徨

这和战歧途,始于宋朝的第八个皇帝赵佶。他要不是被命运安排而有九五之尊的话,大可以在书上绘插图或专心收藏艺术品而生活得比较妙曼,做皇帝实非所长。他御宇期间不仅有王安石的纠纷,而且有女真人的勃兴。女真发源于东北松花江上流,语言属通古斯(Tungusic)系,也与以后之满洲人相连。在公元1113年他们叛离宗主辽而独立,一年之后即自称"金",当时北宋已向辽纳岁币一百一十年。公元 1118 年的赵佶朝廷,炫惑于金人的成功,与之结盟攻辽,希望借军事行动的成功,而得以收复燕云十六州,完成朝代的夙愿。金之攻辽,如摧枯折朽,全不费力。1125 年不待宋朝援助而灭辽。翌年这些远在北方之战士,觉得他们可以乘新胜之余威,对付北宋,于是大举南侵。赵佶在最后关头,传位于长子。金人旋即攻入开封,将宋朝当今皇帝与太上皇一并俘虏,送往东北,他们父子终身未得南还,同年(1127 年)北宋灭亡。

赵佶的第九个儿子赵构自立为帝,也成了岳飞秦桧的主子,历史上称为南宋。可是赵构刚一行礼登极,立即就要逃命。往后四年之内,他从华中被金人追逐到长江之南,又从杭州逃到宁波,有一段时间内甚至寄身于沙船之上,沿着海岸线来往,以避免成擒,直到公元1132 年金人北去,他才回到杭州(当日称临安)。1138 年杭州成为国都,可是仍称"行在",因为开封为赵宋王室历代祖先陵寝所在,不能名正言顺地放弃。

公元 1141 年的和议使赵构之母(以前也被金人俘获)南下母子团圆,南宋及金以淮河为界,宋承认金为宗主国,宋主所着之冠服由金供给,金即定都于今日之北京。南宋既为附庸,每年向金纳岁币五十万,半为银两,半为绢匹。

女真之金,既称业已因封贡而成为高丽人,回纥人及西夏人之宗主,于是因循中国传统,宣告其为区宇一家之大帝国。在宋使呈纳贡品之前,金朝已开始科举取士,文官之品级也已颁布,其君主着中国式之冕服,孔子之四十九世孙也被封为公爵,在祭祀孔子时,金主亲自行礼。

当日宋廷反对和议一派最有力之辩词为:国君须向异族行臣下之礼乃大失体统之事。然则反对和议也使国君之母无法南归,此又不免与传统之忠孝观念相违。此处不少历史家尚且忽视了一段事实:此时长江中游一带大部为盗匪占领,金朝正准备在当中设立缓冲国,并且已派遣投降之汉人渗透入宋朝之前方。更难于应付的则是与金交兵的时候,南方的财政尚在混乱状态,招兵也感到困难,即算各军仓促组成,临安的流亡政府对本身之存在并无信心。

公元 1161 年,即岳飞被平反那年,金人又准备南下攻宋,但战斗无定局,双方之和谈迁延了四年之久。几经冲折,金人容许南宋自此不称臣,每年岁币也减少十万。

韩侂胄的悲剧下场

12 世纪最后几年,韩侂胄为南宋权臣,再企图推翻和局。他的父亲与皇帝赵构为姻兄弟,韩本人又娶皇后侄女为妻,当太皇太后秉政时,韩势倾内外,有权废立天子。他既为宰相又掌枢密院事,更领有太师头衔,自是能单独决定和战。只是他在南宋朝中极不孚人望,在私生活方面也有骄奢之名。所以他在公元 1206 年定计北伐却出师不利时,很少人同情他。况且这 1206 年又是多难之秋,更北的蒙古,铁木真在此时自称"成吉思汗",在蒙古语内,这已相当于中国之天子,他的千秋功业正待展开,此是后话。刻下则金人在战场得势,胆敢向南宋要求韩侂胄之头颅,却也真能如愿以偿(由一个礼部侍郎谋杀太师,事成之后才由朝廷公布其罪状,剖棺割尸将头颅送金)。不过事虽如此,也有作史者为韩抱不平,谓攻击他的罪名大多虚构,况且他的贤愚不肖也改变不了一个事实:即韩侂胄为了一项宗旨牺牲了自己的生命。总之,这次和议成功,宋之岁币又增至六十万,宋主也在文书中自称"侄皇帝"而称金主为"叔皇帝"。

不出数年局势又大变。公元 1214 年宋廷乘着女真之金被蒙古攻逼得无暇他顾之际,终止交纳岁币。1232 年再有一个更好之机会使南宋朝廷得报宿怨,此乃蒙古遣使向杭州,建议夹攻金人。这时候有些朝臣尚记得一百一十四年前皇帝赵佶在类似情况下约金攻辽,几陷朝廷于覆亡的惨况。可是宋人对金仇恨之深，历时之久，已容不得谨慎之告诫，于是结盟成功。不料蒙古之灭金，亦似以前金之灭辽，只费时两年，也丝毫不借宋之助力。由于他们已于1227年灭西夏，自此成吉思汗的子孙便可以专心一致地对付中土内仅存的朝代。在这一点上，南宋的作为较金人略胜一筹，兹后他们仍在风雨飘摇的局面里支撑了四十五年。

从宏观的立场上讲，南宋之和战问题与北宋王安石之新法有前后连贯之关系。这朝代不能在经济上突破，影响所及，其军事才积弱不振。

公元960年赵匡胤初登极时，地方税收的权力仍在军人手中，国家的高层机构与低层机构尚能保持适切之联系。开封行中央集权后，使此纽带逐渐消失。这帝国所能掌握之资源固然庞大，却缺乏适当的服务性质事业，使之合法合理周转。此中弱点所及，其损害超过全朝代三百一十九年和战关头之失策与犹疑。

况且提到这段史实，尚要顾虑到一种历史名词的问题。我们无法忽略在赵宋王朝期间，中国展开了一种"商业革命"和"文艺复兴"的说法。这些名目初由少数日本学者发起，渐有西方及中国历史家效尤。革命为一种社会运动，一经发起见效，即不能逆转。西方产生商业革命时，影响到很多公众组织，法律上之系统此后即以商业习惯为依归，而中国近代史初期并未有这种体制上的改变。

可是宋朝也确能用它的统计数字和它留下来的水彩画，使以后的观者读者领略到它炫人耳目的灿烂光辉。在绘画方面，当中首屈一指的无过于张择端所画的《清明上河图》。这图描画开封极盛时期，可能是金人于1126年进攻之前数年。全画幅长约5.5米，表现出一种乡村到城镇的全景，各节各段时间不同。它的右端有乡人赶着上载蔬菜的驴子上市，朝雾还在树顶。画之左端表现着黄昏到临，行人已有倦态，他们折着遮阳伞，收拾各物，带着一片懒洋洋的神情。这两端之间有城门、十字街头、大街小巷、汴河河畔,又有一座拱桥位于市中心,上有各色人物五百余,身长约一米;又有各色船舶二十余,有的船舱门窗之上加有凉棚,显系私人闲游之用;在街上有小贩发卖点心及刀剪,供应食物之处所高低上下不等,自街头之摊担至三层楼客房都有,所有售酒之处皆张挂着一种旗帜,上有三条直线,好像现代的商标,甚可能因为当日酿造是由国家专利,此旗帜即为店铺之特许证。船舶、驮兽、骆驼、车辆以及水牛拖曳之大车上所载各种筐袋圆桶等,证实当日京城拥有大量之商业。各店铺之门招像是依实物描画,船舶与建筑物之构造全部逼真。各种物品之机械设计可以与时人文字之叙述互为印证。

《清明上河图》为一种历史文件,举世无双。西方可与之比拟之图景,只有贝叶挂毯制作(Bayeux Tapestry)差可算数。在物质生活上讲,12世纪的中国无疑地已领先世界各国。张择端的杰作证实了宋人所述"行在"(南宋国都)的繁华现象。开封并非制造场所,即已有如是之商业,则南方大城市地理上更为适宜,又有更多之资源,经济发展之最高点且在张图之一个半世纪之后,实际上其繁华可能超过图上之描绘远甚。由于绘图者之耐性,凡物一概不厌其详,由此也证实了马可·波罗所记载的情况(虽说这游客有他大肆夸张的性格)。

只是纵然如此,还有待学历史的指出:这城市生活只替一个庞大的,并且以文辞见长的官僚机构服务。此和以后的现代欧洲不同,宋代中国之商业并不能产生一种品物的全能交换性(只有这种性格才能产生新的管制方式)。张择端图上显然缺乏信用机关、保险业经纪及律师事务所——凡此都未在当日出现。而《清明上河图》上有一所医生的住宅,门上标明其受有官衙之顾主,同时在文官系统中占重要位置之人物亦在图上显明之处出现,这表示在宋朝较进步的经济部门不能成为一般人民日常生活的领导力量。朝代之富庶根据当日的标准,只是使一个庞大无朋的行政机构之管理人员生活舒适。它是一种被动性的事物,而不是一种筹谋协定的主宰,因之它不能成为国家高层机构和低层机构间的纽带。

数字管理还没成熟

现有的书籍每说到宋朝,总离不了提及公元 1021 年的国家收入总数为一亿五千万,每一单位代表铜钱一千文。其原文出自《宋史·食货志》会计部分,但文内并未提到此统计之性质。然而根据当日折换率,以上总值黄金一千五百万两至一千八百万两之间,粗率地以今日美金四百元值黄金一两计算,则上数相当于美金六十亿至七十亿。当时全世界没有其他场所,国富曾如此大数量地流通。

虽说没有确凿的证据使我们对上述数字提出质问,我们也知道当时谎报数字和实际上通货膨胀都曾前后发生。但最低限度,我们可以说,宋代的经理者面临着一种不能在数目字上管理的局面。当中足使情况混淆上下脱节的原因甚多,有时候,有些仓库储藏逾量而其他地区则短缺。在宋朝的财政报告里,谷米之石,铜钱之缗,绢帛之匹认作可以互相交换。实际上物品的价格则各地悬殊,有时同一地尚因时间与季节而有不同。官方的历史即承认,所有兑换率通常由抽税人片面断定,致使"民无所诉"。当包税者与抽税人相持不下时,也不能断定税收应各依每处的预定数量或者根据实情而伸缩。有些抽税人本身也将款项分配开支。有时候应收数与实际已接收解库的名目混淆,遗失漂没免除的钱物也不除账。在复式簿记没有广泛使用之前,此情形也曾出现于西方,只是没有宋朝如此骇人听闻罢了。

因为上层的压力,以少报多乃是一般现象。同样的情形,军队各单位也虚报人数以便获得更多的粮饷,他们明知道发下来的时候还是要打折扣,因此也不得不虚报。这一单位如此,另一单位也一样,否则只好吃亏。本千年的初叶,宋军总数即超过百万,朝廷屡次派员查"冗兵",却都没有明显的效果。

宋朝军队起先还经过甄选,在公元 1035 年兵士之薪饷还依据身长而有不同。那年之后这标准即被放弃,募兵入伍已无选择性,军队分为三级也成往事,只剩一些名目还照样保持。有时候募兵给安家费,因之收容入伍之新兵包括难民、乞丐和罪犯。如此一方面使得军费膨胀得不可开交,一方面能战之士日益短缺,在公元 1126 年金人来犯前夕,宋之军士甚至须在右臂刺字,以防止逃亡。

军队的情形也是国家财政的反映,而后者也应当与人民一般生活情形相协调。宋朝制度,虽说没有存心如此,却违反了这组织上的基本原则。它主要的问题乃是一方面有农民之纳税人,由它管制,一方面有农民的兵士,经它招募,两者之间的距离务须缩短。它的收入一度宣称出自"商业之来源"——主要为食盐、茶叶、香料、钾碱、酵母、酒醋(生丝列入土地税之内,有时代替货币),其实仍是农产品及乡间工业的产物。而中央集权的管制,并没有缩短上述距离,相反的,它延长了两者间的距离,并且由于官僚主义之滥用职权,使得关系更为恶化。

少数民族的军事优势

一般人之了解:宋之强敌借着半游牧的背景,有了牧人凌驾于农夫之上的优势。然而较少为人注意的则是,华北一落入他们的掌握,他们也向境内汉人全面征兵。辽将多数的汉人编成"转户",配属在各"干鲁朵"(宫)之下,如此一来每一部落,即宫卫及优秀部队都有汉人人力充实作数,以支持契丹之兵员。金则将因世袭而参与军事之女真人杂居在汉人户口之内。各地居民自五十户至三百户编成一"谋克",八至十个谋克构成一个"猛安"(实际户数编法各地大有出入),原则上谋克与猛安之首长只能由女真人充当。因之税收与征发经过他们的职业武士密切监视,达到行政上最高之效率。而其动员时所具有之伸缩性,更是必须经常维持一个庞大常备军的宋朝所不能比拟。

所以异族或少数民族之军事优势由来有自。

操纵牧马的场所也与双方战力之盛衰有决定性的关系。《辽史》说得很清楚,与宋互市时,马与羊不许出境。同书也说及辽与金决战时不失去战马之来源关系极为重大。这限制马匹南下的禁令,也可以从张择端的《清明上河图》上看出,画幅上开封之大车都用黄牛水牛拖拉,可见马匹短少情景迫切。马匹原来也可以在华中繁殖,只是受当地农业经济的限制,其耗费极难维持,而且在精密耕作地区所育马匹一般较为瘠劣。

所以我们揭开中国历史近代篇之初年,所谓"经济枢纽区域"之解说,不见得与事实相符,但倒是可以看出中国地区因纬度不同可以分作几段地带:最北为畜牧地带;华北与之接壤,为农业地带,只是其内容仍相当的简单。与之成对照的则为华南,此乃茶叶谷米与水上交通之乡,即在工业化之前,此地带已相当复杂。综合本章所述,以上地理环境之不同,构成操农业之汉人与半游牧性的蒙古族人及通古斯族人长期角逐之背景。从长距离以不分畛域的眼光看来,则可发现,几经和战,当中一段地带终使少数民族与汉人混合。很显然的越是发展到现代,"汉人"这一名词文化内涵愈多,而不复如以前由血缘做主。

宋代向南后撤至少使朝廷赢得短暂的喘息机会。这地带的湖泊河流与运河,使来自北方的战士不能彻底发挥其长处。金人于公元1129 至1130 年间入侵江南,宋军以战舰遮断其退路,使其几乎遇到没顶的灾难。在局势淆乱时军事首长之自由行动也使作战之部署比较容易。譬如岳飞的军队即以农民军、招降的盗匪和女真人征发之民兵编成,他有机会选择兵员并扩大部队。

可是皇帝赵构与宰相秦桧所经营的中央集权体制排除了军人拥兵自重的趋向。开封既已陷敌,南宋朝廷的军需问题极为紧迫。如果此时杭州拥有具实际力量的商业组织,毫无问题的,即会被接收过来,以作军队补给之后勤机构。而事实上朝廷只能以增税和临时挪用的办法解决刻下问题,此类权宜之计在短时间内一再出现:所谓"经制钱"者,即为经理节制一路财物之官经手的公费;"月账钱"为每月公费内强迫节省的余款;"板账钱"可以说是一种特别账目,以各种附加混合编成。而事实上这些名目很少实质上的区别,凡是现有的各种税收,一律按成数另增附加,总数由各地方分摊。行政之收入,例如输款赎罪,也提高征收;其他有如告状时之状贴费和许免证费也类似。这些办法仍不能供应时,只能以增发纸币对付。

马可·波罗眼中看来新奇之纸币,唐代即已出现。最初称为"飞钱",乃是政府特许之汇票,使商人能在四川发售物品,而在其他地区收兑物价,以免携带大批铜钱来往之烦劳。北宋于公元1024年开始印刷此种可以划账之票据。其施用虽愈来愈广泛,但其制造发行仍只不过偶一为之。此种纸币有如公债,每种都有其兑现日期,通常为三年,收兑后此"票"即作废。南宋则以内地所征关税为担保;至1247年即任此种纸币永久通行,不再收兑。而因其缺乏适当之存积金,其贬值愈来愈甚,因之使民间蹙额,而货币贬值也增加政府本身之困难。这也是促成宋朝衰亡的一大原因。

值得注意的是,少数民族一经统治中原,也模仿宋朝的中央财政,也以金融管制为时髦。如此一来他们即丧失了农业社会之单纯性而同样遇到技术上的困难。女真建立的金,外表上是赵宋王朝的死仇,内心却深切地仰慕南朝。自天文占测至编制历日和宫廷音乐,他们一意模仿。而当他们印制纸币时,甚至创下了一种空前的纪录:其贬值为六千万比一。

科技的进步

宋朝是一个科技进步的时代。活字排版在公元1086年有了文字上的证明;天文时钟在公元1088至1092年之间装设于开封;以磁针决定航海方位曾在一部书中提及,书上之序注明为1119年;宋代之海船有四本至六本之桅杆,上装风帆十二张,船上有甲板四层;火焰投掷器上装唧筒在 1044 年之前出现;以人力脚踏发动之轮船开始于匪徒杨泰,他在公元 1135 年用之和岳飞作战。岳乃用腐朽之木材和野草投入其轮中,妨碍其机制作用;公元 1161 年则有了投掷榴弹的弩机出现。

宋朝的经济不能用以改革社会,无法否认的,是导致以上发明不能作有系统增进的一大主因。从西方的经验看来,必须商业的影响力远超过农业生产的影响时,上述的突破才能发生。中国在现代历史初期,谈不上符合所需要的准备程度。宋朝的商业虽说从当时世界的标准看来数量庞大,可是平铺在亿万农民头上,就为效至微了。军事行动既由边疆推至腹地,双方都要控制农地和操农业的人口,于是数量重于质量,均匀一致超过不同的名目花样,而持久性比昙花一现的智能要有用得多了。这种种条件都无助于开展各种发明以推广其成果之用心设计。

大多数的小自耕农使中国长期保守着传统的性格。这在有关王安石新法的争执时,即已揭露无遗,因为即使小本经营,农业工资也被限制而压至最低度。再因频年的战事产生了一批游民,免不了有的为奴为仆,于是以上的局势更不能打开。即由张择端图上也可以看出有大量廉价的劳动力。所以宋人有解决技术问题的能力,却无寻觅节省人力的动机。

儒学复兴不是文艺复兴

既然如此,他们的智能则朝另一方向发展,哲学上的检讨成为宋人精神上最大之出路。他们构成一种共同的趋势,将儒家的伦理搁置在佛家及道家的宇宙观之上,而称为“理学”。与汉代从美术化的眼光看世界不同,宋儒认为宇宙之构成包含无数之因果关系,而人之能为善,与自然法规(他们称为天理)相符。这种说法造成一种新的社会心理:一方面这批哲学家畅谈个人观感之性与命,另一方面却又在集体生活中并不感到被拘束。当然宋朝的国事与这种立场有关。从知识上的"宗谱"看来,宋代的理学家都受到一个称为华山道士陈搏的影响;以个人来讲,他们却都曾卷入当时的政治纠纷之中。在北宋时,程颢程颐与周敦颐要不是直接反对王安石就是间接地与反对新法的人士接近;在南宋朝中,朱熹首先反对与女真人议和,后来又改变立场与主战的韩侂胄作对;陆象山因为一本向皇帝的奏书大言不惭而被参劾。因此无一例外,他们都因对时局的意见而受到检举,他们所提倡之个人道德性格包含着一种"反对派"的意义,只是他们以含蓄的态度表现,不公开活动罢了。

分析比较以上各思想家的理论属于哲学的范围,这方面已有不少中国、日本和西方的学者从事,其研究结果也已载入各种书刊。历史家无从否定理学家增强了以后中国儒生的正直观念和坚决的态度。可是他们讨论的范围纵使渊博,彼此间的不同纵然多途,今日看来,他们的立场仍是过于单纯,他们仍无法脱离一种被安排的环境,即一种大而无当的官僚组织治理一个大而无当的农民集团。在这前提之下,他们的主静与主敬,和西方文艺复兴时的人物观感不同。后者自由思想之展开,与当日趋向商业化的运动同时。但丁(Dante)抛弃了衰落贵族身份而参加了富豪政治圈;乔叟(Chaucer)为伦敦一位关税监督所雇用;从米开朗琪罗(Michelangelo)至伦勃朗(Rembrandt),他们的赞助人或为教皇或为大绅商。与之相较,上述五位宋朝的哲学家和他们无数的僚友全穿着中国官员之袍服,他们是官僚的教师。

然则中国缺乏商业革命,不能产生文艺复兴,乃是因为地理环境与技术因素,而不由于意识形态。宋朝亘三百一十九年的奋斗,只证明了中国的南方虽富庶,仍不能在组织上做到整体化,因此敌不过以简单与粗枝大叶精神所组成的北方国家。

宋朝的覆亡

蒙古人最后一次对宋战争采取一种大迂回的战略。最初向今日四川南下的攻势贯穿至越南,次期的战斗指向襄阳樊城,围城之战即历经四年多的时间,从公元 1268 年的秋天到 1273 年的年初。这隔汉水对峙的双城陷落之后,忽必烈的元朝即未再遇到实质上的困难,他的军队一路顺着长江而下。

南宋最后一个重要的宰相为贾似道,他是一个雍容大度而显有心计的人物,可是他既无力作战,也缺乏实力讲和,只好以一切如常的态度使人民不致恐慌。在朝代最终阶段,军需问题恶化,因为抽税与印钞两种办法都已用到极端,贾最后采取了一个方法,即由政府强迫购买民间私田,所收购的以每户超过二百亩至三百亩之外土地的三分之一,实行的地区在长江三角洲上之六府,此处既为全国最富庶的地区,又近在咫尺,仍受宋廷的确实掌握,所付代价只需少数现金,其他杂以各种不同的价券,这恐怕与征用没收区别不大。虽说为公意所不直,有了皇帝的竭力支持,所有购田的计划仍如案完成。而这田土收入使南宋朝廷又撑持了约十二年。但最后贾似道仍向忽必烈求和,只是没有反应。在 1275 年他亲往长江督师,因战局不利被撤职,最后被谋杀。次年元军入临安。再三年之后,元水师与宋之水师交战于广东崖山海上,此时宋主为一个幼童,因战局不利由臣下背负跳海而死。所以赵宋王朝亡于公元 1279 年。

当时人多不明了技术上复杂之处,也有人对贾似道尽极口诛笔伐之能事,好像宋朝之覆亡全是他奸险及政策错误的后果。贾似道确曾在主持国计时有支吾之处,事在 1259 年忽必烈之兄蒙古主蒙哥死于四川合州,蒙军后撤,忽必烈北返筹措选举大可汗事。贾似道在此时虚张声势宣称宋军大胜而居功。传统的历史家借着这错误和其他小事指斥他为奸臣。其次,其为人可鄙之处,也被提出。贾似道年轻时喜欢享乐,不时在西湖上张灯设宴。有一次皇帝看到湖上灯烛辉煌,便说,看来贾似道必在潇洒自如。事实上也果真如此,不过这是他被派任为中国最富庶朝代之最高品位官职之前。

【思考】

1. 文章反复提到南宋在经济上不能突破,导致了国力的积弱不振。综合全文看,有哪些原因导致了南宋的经济不能突破?

2. 黄仁宇的著作很少对历史人物进行单纯的道德评价,而是着眼于人物的具体处境来思考人物的言行与意义。以文中提及的岳飞与韩侂胄为例,谈谈你对这个问题的理解。

量化历史研究的过去与未来①

陈志武

【阅读提示】

　　陈志武认为,历史很难进行量化研究,但不等于不能量化研究;量化研究不仅是靠数据说话,也能带来"新认知"。仅从本文所列举的一些研究案例看,量化研究确能发挥"统计学分析与大样本检验"的独到作用。

　　本文可贵的启示在于,历史研究不是为了印证某个结论,而是为了发现历史的秘密。因此,传统的研究范式需要反思与革新。再如,在各种相关性因素中,排除假性因果,并挖掘"因"导致"果"的实际传导机制。这样的研究思路,恐怕不仅在历史研究中稀缺,在其他研究领域中同样少见。

　　论证的魅力,在很大程度上来自对因果关联以及因果之间传导机制的确认。

　　2013 年,笔者与清华大学龙登高、伦敦经济学院马德斌、香港科技大学龚启圣等教授一起举办了第一届量化历史讲习班。之后,我们每年办一届。与 4 年前相比,国内学界对量化历史研究的认知和兴趣已有了很大的变化。虽然参与过讲习班和量化历史年会的同仁还未

————————————

　　①　选自《社会科学文摘》2017 年第 3 期。

必都能用量化方法研究历史话题,但至少都了解到了量化方法的优势和不足,当然也不乏对量化史学存有质疑的。

按照经济史学者诺斯的追溯,用量化方法研究经济史问题大致起源于1957年,当时几位学者尝试研究美国黑奴历史的经济逻辑。随后,量化方法也用到了其他历史研究领域,包括诺斯对欧洲政治制度史、西波拉对西方的教育史与宗教史的研究。到20世纪60、70年代,量化史学变得流行,这股风潮后来有所消退。但是,20世纪90年代中期后,新一轮量化历史研究热潮再度崛起,引人注目。就以国际五大量化历史数据库为例,2006—2010年间,新发表的学术论文中运用这些数据库的就达2360余篇。催生新一轮量化历史研究的经典作品主要来自经济学领域。而且,在如何利用大数据论证历史假说方面,经济史学者做了许多方法论上的创新,改变了以往社会学家、人口学家只注重历史数据描述性分析、相关性分析的传统,将历史研究进一步往科学化的方向推进。

今天,计算机和互联网已相当普及,不仅许多历史资料的数据库化变得可能,而且使这些历史数据库的跨地区、跨国共享成为可能。在互联网上有数不清的各国历史资料库可以免费得到,用起来方便,成本也低。这是以前的历史学者做梦也想不到的。

当然,众多量化历史数据库只是研究的基础,关键要看研究方法与分析框架是否跟得上。许多同仁说:量化史学不是曾经时兴一段,但后来势头下降了吗?这次为什么会不同呢?我们必须看到,20世纪80年代之前电脑没有普及,更没有互联网,那时整理历史大数据很难,做统计回归分析并检验假说也很难。但是,现在没有这些问题了。今天"大数据"是个时髦话题,可是,很多人没有看到历史资料是真正的大数据。比如,仅清代刑科题本档案就有近60万本,平均每本大约30页手稿,加在一起就是1800万页资料。更不用说其他明清及民国期间留下的奏折、公文、实录、文书、契约、方志等史料,加在一起至少有数亿页。如果举一个极端例子,正如哈佛大学包弼德(Peter Bol)所说,仅2013年那一年,世界上的网站数量超过5亿、共480亿网页,相当于6720亿GB的信息量,是所有美国图书馆藏书总和的50万倍!将来研究今天世界史或中国史的学者会如何作为呢?

首先要看到,采用细读个案的传统历史方法,不仅会让我们偏重树木而忽视森林,而且,在历史资料规模超过一定水平时,这种方法很难行得通。海量历史资料带来两个现象:一是近代史比远古史更难研究,因为明清资料太多而古代资料很少。因为传统方法强调细读一手史料,远古资料少,使其相对可行,近代史海量资料反倒使其不好研究,只有靠引入新的研究方法才能改变这种奇怪局面;另一现象是由于传统方法强调个案细节、不强调大样本,但历史上的社会现象又错综复杂,研究者很多时候都能根据需要挑选到"合意"的历史案例。所以,在不同学者根据需要去找合意个案的习惯下,得出的结论当然各异。于是,就有了"历史被任意打扮"的嫌疑。我们需要改变这些现象,这就要靠大样本量化方法。

中国历史资料丰富,这是中华文明的优势。但是,要发挥这种优势,增加我们自己乃至全人类对我们过去的认知,就必须改进研究方法。量化历史方法既受益于现代互联网技术,也受益于现代社会科学分析范式的进步,是历史研究领域的与时俱进。

接下来,本文分别回答以下几个常见疑问:第一,量化历史方法跟传统历史方法是什么关系?第二,历史能够量化吗?第三,20世纪90年代末期以来的量化历史研究方法跟之前的量化方法区别在哪里?第四,量化史学除了证明或证伪传统史学提出的假说外,能带给我们对历史的新认知吗?

量化历史研究方法

量化历史方法不是要取代传统历史研究方法,而是对后者的一种补充,是把科学研究方法的全过程带入历史领域。整理考证史料、注重文献是历史学研究的传统,量化史学同样注重对历史文献的考证、确认,这一点没有区别。如果原始史料整理出了问题,不管采用什么研究方法,由此推出的结论都难言可信。两者差别在于量化方法会强调在史料的基础上尽可能寻找其中的数据,或者即使没有明显的数据也可以努力去量化。

不管是自然科学还是社会科学领域,科学研究方法的基本流程是一样的。其中,第一步是提出问题和假说。第二步是根据提出的研究问题和假说去找数据,或者通过设计实验产生数据。第三步是做统计分析、检验假说的真伪,包括选择合适的统计分析方法识别因果关系、做因果推断,避免把虚假的相关性看成因果关系。第四步是根据分析检验的结果做出解释,如果是证伪了原假说,那原假说为什么错了?如果验证了当初的假说,又是为什么?这里挖掘清楚"因"导致"果"的实际传导机制甚为重要。为给出令人信服的解释,既可通过统计方法认证逻辑传导机制,也可通过简单数学模型验证传导机制的逻辑一致性。第五步就是写报告或者文章,把科学过程研究出的结果报告出来。

传统的历史研究范式基本停留在上述科学方法的第一步和第二步,也就是要么先提出问题或假说,觉得"历史应该是这样",然后去找历史中的个案或少数几个案例,只要假说与这些个案相符,就认为假说对历史的解释是成立的。或者,先通过对历史个案的透彻研究,学者得出关于历史现象中因果关系的假说或猜想,认为历史中就是这样由这个"因"导致那个"果"的,然后研究就到此结束了。——但是,从上面讲到的科学研究流程来看,这显然只是研究过程中的一步或两步,不是全部过程。史料整理是建立历史数据库的基础,在没有经过大样本的检验之前,这些假说和猜想还仅仅是一种假说,不一定真的成立。

量化研究是在传统研究方法的基础上,把科学方法中的第二步(收集大样本数据)做好、做完,并且把第三、第四步也做完。只有这样得到的历史现象背后的"历史规律",才让人能接受,才能避免"以偏概全"。所以,量化历史方法是对传统方法的补充,而不是取代。量化历史研究也不只是简单的"用数据说话"。数据是量化研究的基础,但这只是其中一个环节,同样重要的是要根据历史大数据对我们感兴趣的猜想进行统计检验,看这个猜想是否能得到大样本的支持,而这一点是传统历史方法难以做到的。过去,胡适先生也讲过"大胆假设,小心求证",只不过当时他所讲的求证,还只是一般的寻求证据(主要是文献方面的),并不是统计学分析与大样本检验。

历史研究能够量化吗

一个经常听到的问题:历史能够量化吗? 这问得有道理,因为许多历史现象和因素确实难以量化,即使是今天,有许多事物包括情感等因素都难以量化。但是,难以量化不等于都不能量化,尤其不等于要放弃想象力、放弃创新的努力。只要努力创新,很多因素还是能够量化的,尽管有时候并不一定那么完美。

以香港科技大学龚启圣和山东大学马驰骋最近的一份研究为例,他们的核心问题是如何测度儒家文化的影响并评估其实际贡献。他们尝试用间接代理指标来量化"儒家文化影响的强弱"。其研究的目标是清代 1644—1910 年间山东 107 个县的农民暴动情况,看儒家文化是否会显著降低各地遭遇灾荒冲击时农民暴动的冲动。通过检索《清实录》等资料,他们发现,清时期山东南部各县农民暴动最频、次数最多,其次是青岛周边山东东北角的这些县;而孔庙数量的分布则倒过来:中部各县孔庙数量最多,以南部和北部县为最少。在排除各种其他因素的影响之后(包括每个县的收入水平、起初发达程度、教育水平、社会流动性等),受儒家文化影响越深的县(即孔庙数量或烈女数量越多），即使遭遇灾荒冲击（通过粮价高低测度灾荒严重度），其在清代农民暴动的频率也更低，尤其以南部县域孔庙少、暴动频，中部县域则反之。之所以有这样显著的结果，机理在于：儒家文化影响深的地区，家族宗族网络越强，在面对灾荒冲击时宗族内部互通互助的程度就越高，亦即隐性互相保险的程度就越强；这就减少灾荒迫使农民走投无路、求助于暴力的必要性。在缺乏保险市场等金融产品的社会里，儒家文化就是这样促使社会稳定、减少暴力冲突的。或许我们可以对他们的量化研究提出质疑或者提出改进建议，但是，他们的创意价值显而易见，不仅增加了我们对清朝历史的理解，而且给我们提供了研究儒家文化以及其他文化的新方法，深化对文化影响社会、影响生活的机理的认知，不再泛泛而谈。当然，我们可以列举更多文化史量化研究的著作，但基本结论是一样的：有许多表面看上去不能量化的研究课题，其实只要我们发挥想象力，还是可以找到代理变量，或者通过创造性研究设计把不容易量化的研究变得可以量化。

量化历史研究不只是"用数据说话"

20 世纪 50 年代以及之后的几十年里，如果历史学者能用数据说话，那可能就算很前沿的量化历史研究了。诺斯、麦迪森、西波拉等历史学家，以及中国史学界的吴承明、赵冈、郭松义、李伯重等史学家，都是这方面的开拓者，包括估算 GDP、收入、识字率、经济规模、耕地面积、城市化率、家庭数据等。他们通过收集资料、量化各种指标，然后计算相关系数或者通过画图展示相关性，并把相关性看成因果关系，得出结论。相对于早期的定性研究而言，他们做的已经是非常量化的研究。当然，我们知道相关性不等于因果关系，他们做的主要是描述性的，完全的量化研究必须做更多，需要对因果关系进行统计检测。

也正因为以上原因，许多历史学者就说"量化史学只是把历史学家已经知道的结论用数据说一遍"！但这是一个比较普遍的误解。

统计检验的价值之一是让我们在针对同一历史现象的多种假说中排除一些假说、支持一个或几个其他假说,而如果没有量化检验的方法就很难做到这一点。比如,最近南京师范大学地理学教授吴庆龙领导的考古学家和地质学家团队在《科学》(Science)杂志发表一篇文章,称已经找到发生过一场大规模洪水并由此导致夏朝诞生的证据,说这可能就是一些中国史书中提到的那场大洪水。之所以大洪水会发生,是因为地震引起山体滑坡,形成了横跨黄河的巨型天然堤坝,使从青藏高原流过来的黄河水无法穿过积石峡,这样,在6—9个月时间里,河水都汇聚在坝体后边新形成堰塞湖。接着,坝体在湖水漫过坝顶之际迅速溃决,这是过去一万年来规模最大的洪水之一。溃坝洪水可能向下游奔涌了2000千米之远,冲毁了黄河的天然河岸,令许多地方被淹,甚至导致了黄河改道,使接下来的治水挑战史无前例,催生夏朝的形成。

我们姑且不管吴庆龙教授团队的结论能否最终得到更多证据的充分证明,他们的研究之所以引起轰动,就是因为到目前为止还没有考古证据直接证明夏朝的存在,同时关于其存在过的假说很多。那么,如果有任何考古证据排除其中一些假说并同时支持另外一些假说,其学术贡献就很大。

许多历史事件的解释也面对同样的挑战:假说或学说很多,但难以找到公认的方法和证据排除一些、保留另一些。比如,关于传统中国社会的高利贷,解释就很多,既有剥削论,也有道义经济论、市场供需关系论等。那么,到底哪一种假说更接近真实呢?以前,许多历史学者通过个案做了解释或佐证,但不管清代、明代还是其他朝代,借贷交易全国每天有千千万万起,交易关系和交易结局千差万别,佐证学者自己观点的例子应该都能找到。所以,各种学说都有提出,都难以被否定。但是,哪种假说最能反映其中的主要规律呢?陈志武、林展和彭凯翔利用清代1732—1895年间刑科题本中近5000命案记录,对民间借贷双方的关系进行了定量分析。他们发现,在借贷纠纷引发的命案中,一旦借贷利率高于零,被打死方为贷方的概率为 60% ,而且利率越高,被打死的是贷方的可能性也随之增加,这说明一旦发生债务违约,贷方面对包括生命风险在内的违约成本是不对称地更高。这一发现与传统"高利贷剥削"论和放贷者"超经济强制"论的推断相反,道义经济论可能最接近历史真实,因为在他们的借贷命案大样本中,如果借贷是无息,被打死的一方更可能是借方,但借贷利率越高,被打死的一方越可能是贷方。而之所以是这样,一个重要原因还是在于哪一方有"道义制高点""哪一方理亏"。这些基于量化研究的结论,一方面说明历史现象远比简单假说要复杂,另一方面说明高利贷的成因之一是民间借贷背后包含了不小的生命风险,这些高生命风险迫使借贷利率必须高,否则没有人愿意把钱放贷出去,这符合我们今天熟悉的市场逻辑。如果忽视契约执行时可能的暴力冲突所要求的风险溢价,人们可能难以完整解释民间借贷的高额利率。

量化史学带来新认知

有一个流行的说法,"量化历史研究只能对已有的假说做认证,但出不了新东西",笔者用自己近几年的一些合作研究说明这一点。

在学界甚至社会中,对中华文明的悠久历史论著很多,也有大量中西文化对比的论著,但是这些论著基本停留在对中西文化经典的对比、定性讨论上,没有落实到具体的量化指标上。各文明的经典之所以为经典,是因为它们汇集了人类真善美的理想愿景,反映了各版本的"仁义礼智信",所以,如果只是停留在基于价值观的定性判断上,的确难以有令人信服的比较结论。于是,就有了文化多元论的说法,"不同文化各有各的好"。但是,一个文化体系的优劣、一个社会文明还是不文明,最好是依据量化业绩指标来评估。而在这一方面,经济史文献做的比较多,从斯密到马克思、韦伯、诺斯以及包括 Acemoglu、

Johnson、Robinson 在内的新一批经济史与社会史学者，都以经济表现尤其以生产率的量化指标对文化体系做评估比较，于是，哪个文明体系下的人均收入、城市化水平最高或增长最快，那么，哪个文明体系就最优。可是，除了物质收入、货币化收入之外，人类关注的还有"安全感""幸福感"这些未必跟物质收入100%相关的发展维度。比如，社会是充满野蛮暴力、缺乏安全感，还是平和、安定？这些维度可以落实到文明化的具体数据指标上，比如每年每10万人口中有多少死于凶杀等暴力，一个"更文明"的社会应该是命案率更低的社会，"文明化"应该是一个命案率、暴力率不断降低的历程，而文字上"文明了"并非等于事实上的文明化。关于暴力史的研究，到目前基本都集中于欧洲社会，比如 Gurr、Eisner、Elias 等，他们发现，自1200年以来，欧洲社会的命案率大约下降了60—100倍，文明化进程显而易见，普通欧洲人的安全感显著提升！但是，关于中国的普通暴力史、命案率史，就我们所知，还是一个空白，没有系统的研究。

基于此，陈志武、彭凯翔和朱礼军做了尝试，利用清代命案要案档案中的黄册统计和题本数据等资料，建立并研究了1661—1898年间清代的命案率历史。他们发现，从康熙朝到嘉庆朝末年，中国命案率（不包括战争死亡）一直呈上升趋势，1820年后开始下降。可是，即使在普通人命案率达到高峰的1820年左右，每年10万人中只有1.6个死于一般暴力，而西欧同时期每年每10万人有4—8个死于一般暴力。也就是说，虽然欧洲自中世纪中期开始命案率一直在下降、文明化进程在进行，但是，到17—19世纪，其暴力死亡率还是远高于同期的清朝中国，到19世纪末才接近中国。在这个意义上定义的"文明化"程度，西欧社会落后于中国，后者比欧洲社会更显得"温情脉脉"。

虽然在比较中国和西欧普通人、普通社会的命案率时有以上发现，但是，在更高制度建设层面，结论又大为不同。陈志武和林展对中国自秦朝以来658位皇帝是如何死的进行了系统研究，发现38%左右的皇帝死于非命,其中71%是死于亲戚或宫廷大臣之手。历代皇帝的平均统治时间为12.5年。在中国朝代历史中,每年皇帝死于非命的概率大约是3.1%,比普通人死于非命的概率高1000多倍。按照剑桥大学对现代战场的定义,每年死亡概率超过0.5%的地方就是"战场"(battlefield),那么,中国历代皇宫里死于非命的概率是现代战场标准的6倍!根据Eisner对600—1800年间欧洲1513个国王的死亡经历研究,22%的欧洲国王死于非命,是中国皇帝死于非命比例的一半多一点;每年国王死于非命的概率大约为1%,是中国历朝皇帝面对的暴力死亡率的1/3。比较积极的一面是,中国和欧洲的君主所面对的暴力死亡率,从1000多年前开始都在逐步下降,说明中西制度文明都在进步。

从这些量化研究看,西方和中国的文明化历程很不同。儒家文化早于欧洲解决了社会底层的治理秩序问题,基于中华文明的命案率低于同期欧洲,这个局面一直维持到19世纪末、20世纪初,但儒家没有解决好国家治理问题,在君主传承等制度文化建设方面,欧洲更早地发展起来,使权力的分享与交接秩序更早地文明化,致使西欧君主的暴力死亡率很早就远低于中国皇帝。制度文明秩序降低了君主面对的凶恶风险。由此,我们看到,量化历史研究不只是帮助证明、证伪历史学者过去提出的假说,而且也会带来对历史的全新认识,引出新的研究话题与视角。

结　束　语

未来10年、20年会是国内量化历史研究的黄金期。原因在于,一是对量化方法的了解、接受和应用会越来越多,特别是许多年轻学者会加入这个行列。二是中国史料很多,但绝大多数史料以前没有被数据库化。随着更多历史数据库的建立并且可以低成本地获得这些数据库,许多相对容易做的量化史学研究一下子变得可行,所以,从这个意义讲,越早进入这个领域,就越容易出一些很有新意的成果,也越容易发表,但十几、二十年后情况会不同。

公认、统一的历史数据库对量化历史研究来说非常关键,是基础建设工作。就以金融经济学为例,1960 年由芝加哥大学建立的"CRSP 证券价格数据库"对之后世界金融学术研究起到了革命性的贡献,20 世纪 60 年代是金融学研究正式开始从经济学剥离出来的起点,而如果没有 CRSP 证券数据库,实证金融学的突飞猛进可能要大打折扣! 原因在于,有了公认、统一并且学者都很熟悉的数据库之后,各路学者就不用花时间去争论数据来源是否可靠了,而是把精力和争论都集中在所研究的问题上。金融学的经历对量化史学有很高的借鉴价值。

没有充分、完整、公认可信的史料(包括能量化和不能量化的史料),研究当然无法做。所以,过去十几年我们团队一直致力于建立基础数据库,希望更多同仁也能共同努力,挖掘出更多历史数据库资源。这也需要各家历史档案馆、博物馆、文物收藏单位给予帮助,如果他们把更多史料开放并电子化,那会是对历史研究、对中国社会功德无量的事情。特别是对于年轻学者而言,由于他们经费和时间都有限,更多历史档案的电子化以及成本壁垒的降低都是非常关键的,这些会决定国内学术事业是否能顺利发展。在这些方面,技术条件都已经成熟,只是历史档案是否能开放、是否有经费的问题。

量化历史研究的发展也需要各家学术期刊的支持,需要它们开放更多空间让这类论文发表,激励更多学者热情加入。同时,这也对历史学教学课程提出新的要求,而不是像现在这样很少或没机会跟统计学沾边。

最后,我们也应该看到,虽然量化史学强调使用现代社会科学尤其经济学的分析范式、重视大样本与统计方法,但是,量化历史研究不只是找到一组历史数据并对其进行回归分析,然后就完成研究了,而是也要认真考究史料、摸清史料的历史背景与社会制度环境。只有这样才能更贴切把握所研究的因果关系链条和传导机制,增加研究成果的价值。

【思考】

1. 什么是"量化历史研究"? 它的功用有哪些? 在研究范式上,它提供了哪些新的因素?

2. 本文提供了一个量化研究案例,即历代皇帝非正常死亡率的量化研究。作者从研究数据中得到了哪些推论? 你赞同这些推论吗?

粪土重于万户侯[①]

李伯重

【阅读提示】

本文最早收录于通俗历史学读物《历史学家茶座》（2007 年第 3 期）。常人看来，粪土至贱，万户侯至贵。李伯重先生却"一反常论"，把目光落于江南，提出粪土在中国古代经济史上具有特殊的重要性。原因在于：粪土肥料直接关系到粮食生产，而粮食生产则关系到赋税，从而影响到至尊天子、王公贵族等。作者断言：粪土重于万户侯。

作者曾指出，职业的历史学家应"尽可能多地写一些容易读懂但是又能提供正确知识的史学成果"，而本文正体现了此论：选题考虑了大众的猎奇心理，以看似"无稽之谈"为题，实则以经济史为角度，另辟蹊径。此外，大篇幅摘引《掘新坑悭鬼成财主》，以期让读者"获得生动而直观的了解"，在说理的通俗化上用心良苦。

当然，"通俗"不等于"戏说"，本文的最大亮点在于丰富的史料。其中不仅有我国古代的各种农书、杂著、实录、史书及今人论著、研究，还有来华使团的纪实、见闻等，可谓古今

---

① 选自《走出书斋的史学》（浙江大学出版社 2012 年版），李埏、李伯重、李伯杰著。

中外,蔚为大观。更可贵的是,史料虽多且杂,却不显堆砌枯燥。作者在论证中择取重点,融于一体,不仅有力地证明了观点,也彰显了严谨的治史精神。

1925年秋,在湖南长沙湘江的橘子洲头,已过而立之年的毛泽东追忆起多年前学生时代的生活,写下了"指点江山,激扬文字,粪土当年万户侯"的诗句。粪土至贱,万户侯至贵。视为万户侯为粪土,显示了这位出身农家的革命者睥睨权贵的傲气和坚持一生的"造反有理"的信念。倘若从经济史的角度来看,粪土确实比万户侯更为重要,因此可以说是粪土重于万户侯。

清初酌元亭主人所作小说《掘新坑悭鬼成财主》,大概是中国文学史上唯一以厕所为题材的作品。通过这篇作品,我们可对粪土(主要是人粪)在经济史上的重要性,获得生动而直观的了解。兹不避烦冗,将有关内容摘引如下:

清初的湖州乌程县义乡村,位在"山凹底下"。"那些种山田的,全靠人粪去栽培。又因离城窎远,没有水路通得粪船,只好在远近乡村田埂路上,拾些残粪。这粪倒比金子还值钱。"村中有一穆太公,颇有经济头脑,"想出一个较策来,道:'我在城中走,见道旁都有粪坑。我们村中就没得,可知道把这些宝贝汁都狼藉了! 我却如今想出个制度来,倒强似做别样生意。'随即去叫瓦匠,把门前三间屋掘成三个大坑,每一个坑都砌起小墙隔断,墙上又粉起来";"又分外盖起一间屋,掘一个坑,专放妇人进去随喜"。盖好后,穆太公"忙到城中亲戚人家,讨了无数诗画斗方,贴在这粪屋壁上"。又请镇上塾师,为粪屋命名"齿爵堂"。装修毕,"恐众人不晓得",央塾师书写海报百十张,大书"穆家喷香粪坑,奉迎远近君子下愿,本宅愿贴草纸",四处粘贴。消息传出,"那乡间人最爱小便宜,……见有现成草纸,怎不动火? 又且壁上花花绿绿,最惹人看。登一次新坑,就如看一次景致。莫讲别

的,只那三间粪屋,粉得雪洞一般,比乡间人卧室还不同些"。于是
"老老幼幼,尽来鉴赏新坑"。穆太公"每日五更起床,给放草纸,连吃
饭也没工夫。到夜里便将粪屋锁上,恐怕人家偷粪换钱"。因有粪,
"一时种田的庄户,都来他家觅买,每担是价银一钱。更有挑柴、运
米、担油来兑换的。太公以买粪坑之后,倒成个富足人家",号"新坑
穆家"。后来村中有人与穆家作对,另建一坑来"抢生意",两家发生
冲突,于是酿成人命大案。

清代江南人民对人粪收集的重视,也给乾隆末年来华的外国人以
深刻的印象。著名的马嘎尔尼使团的成员斯丹东在其所撰的访华见
闻录中写道:"中国人非常注意积肥。大批无力做其他劳动的老人、
妇女和小孩,身后背一个筐,手里拿一个木耙,到街上、公路上和河岸
两边,到处寻找可以做肥料的垃圾废物。……在中国农民家庭中,任
何老弱残废的人都有用处,他们干不了别的劳动,但他们能积肥弄
肥";"除了家禽粪而外,中国人最重视人的尿粪……中国人把这种粪
便积起来,里面搀进坚硬壤土做成块,在太阳下晒干。这种粪块可以
作为商品卖给农民";同时,农民"在田地里或公路道边安放一些大
缸,埋在地里,供来往行人大小便。在村庄附近或公路旁边有时搭一
个厕所,里面安放粪缸。在缸里面随时把一些稻草放在上层,借以阻
止蒸发消耗"(《英使谒见乾隆纪实》)。这段外国观察者的目击记录,
证实了酌元亭主人小说中所说并非子虚乌有。

从上述故事和记录可以看到:在清代江南,至卑至贱的人粪受到
高度重视。为什么会这样呢? 原因很简单:土地连续耕种将会导致肥
力减退,古人早已从生产实践中认识到了这一点。宋末农书《种艺必
用》说:"地久耕则耗。"陈旉《农书》说:"土敝则草木不长,气衰则生
物不遂。凡田种三五年,其力已乏。"土地肥力减退,作物收成就要下
降。清初人梁清远已注意到这一现象,说:"昔日人有记:嘉靖时,垦
田一亩,收谷一石。万历间不能五斗。粪非不多,力非不勤,而所入不

当昔之半。……乃今十年来,去万历时又不同矣,亩收二三耳,始信昔人言之果然也。"(《雕丘杂录》)嘉庆时,松江人钦善听到:"八十以上老农之言曰:'往昔肤苗,亩三石粟;近日肤苗,亩三斗谷。泽鈯犹是,昔厚今薄,地气使然。'"(《松问》)要制止土地肥力下降,就必须施肥,以保持和增进土地肥力。因此清初学者张履祥说:"人畜之粪与灶灰脚泥,无用也,一入田地,便将化为布帛菽粟。"(《补农书》)

虽然今天人人都知道施肥的重要性,但是在江南,直到南宋农田施肥的情况才开始比较清楚。从陈旉《农书》和楼璹《耕织图诗》,我们得知南宋江南已使用人粪作为肥料。到了明清,随着对肥料的需求不断增加,人粪也变得更加重要。因此人粪的收集与加工,也达到空前未有的程度。

在江南农村,早在宋代就已有收集人粪的记载。《陈旉农书》已说到建造粪屋、粪池收集人粪尿。王祯、袁黄也说元、明两代的江南农家"各家皆置坑厕,满则出而窖之,家中不能立窖者,田首亦可置窖,拾乱砖砌之,藏粪于中"(《王祯农书》《了凡杂著》)。但事实上,一直至明代后期,江南许多地方对人粪的收集工作做得还很不够。到了清初,人粪的收集才受到高度重视,以致出现了穆太公一类的有心人不惜斥重金在农村兴建公厕以收集人粪。

城镇人粪的收集又另是一回事。城镇人口密集,人多则粪多,粪多则肥多,肥多则田沃,田沃则谷多。故徐光启说:"田附廓多肥饶,以粪多故。村落中民居稠密处亦然。"(《农政全书》)但是城镇肥源分散,且距离稻田较远,因此要把城镇人粪肥送到田间,还需要做好两方面的工作:一是收集保存,二是运送下乡。

早在南宋时,杭州就已有专人收集和运送城市人粪。吴自牧说杭州"户口繁伙,街巷小民之家,多无坑厕,只用马桶,每日自有出粪人瀽去,谓之'倾脚头'。各有主顾,不敢侵夺。或有侵夺,粪主必与之争,甚者经府大讼,胜而后已"。吴氏还说:"更有载垃圾粪土之船,成

群搬运而去。"(《梦粱录》)到了明清,城镇人粪肥的收集、运输工作有
很大改进。在收集方面,不仅有"挑粪担的,每日替人家妇女倒马桶,
再不有半点憎嫌,只恨那马桶里少货",而且城中"道旁都有粪坑(即
公共厕所)"(《掘新坑悭鬼成财主》)。这种粪窖往往租给乡下富农,
被后者视为"根本之事"(《沈氏农书》)。而租厕所也成为一种常见
现象,故现存徽州文书中,就有厕所租约,如乾隆三十八年(1773)徽
州万富租厕所一个,每年交租钱 140 文(章有义:《明清及近代农业史
论集》)。此外,清代中叶苏州还备有专船,"挨河收粪",效果很好,因
此包世臣建议南京亦仿效之,将所收之粪卖与农民。在运输方面,有
专业的粪船(粪舡)运粪下乡,"粪舡上的人,饮食坐卧,朝夕不离,还
唱山歌儿作乐"(《掘新坑悭鬼成财主》)。这种专业粪船在运载粪肥
时有一定之规,以免装载过坝遭受损失。(《沈氏农书》)明清江南城
镇分布广,水路运输方便,因此徐光启说江南"凡通水处多肥饶,以粪
壅便故"(《农政全书》)。

人粪收集起来后,还需要加工,否则会影响肥力,正如陈恒力所
言,"比如同是一堆猪粪,管理得法,其效力就大,不得法,其效力就
小,甚至全无"(《补农书研究》)。不仅如此,人粪直接施用还会伤害
庄稼。陈旉已指出这样会"瓮腐芽蘖"(陈旉:《农书》);元代王祯也
说:"若骤用生粪及布粪太多,粪力峻热,即杀伤物。"(《王祯农
书》)清代奚诚则说:"人粪虽肥而性热,多用害稼,暴粪尤酷。"(《畊
心农话》)只有腐熟后施用,才能避免峻热伤苗之弊。

在宋代江南,人粪大多是直接施用。但是到了元代,农民已普遍
使用腐熟的方法,"于田头置砖槛,窖熟而后用之"(《王祯农书》)。
但是这种自然腐熟法费时颇多,通常是"水粪(即新粪)积过半年以
上",方成可以使用的"熟粪"(《农政全书》)。为了加快腐熟,而且避
免暴露田间丧失养分,明代江南开始使用"蒸粪法"。此法据是在冬
天地气回暖时挖深潭聚粪,封闭沤熟;或在空地建茅房,凡粪尿、灰土、

垃圾、糠秕、藁秆、落叶皆可堆积其中,以土覆盖,关闭门户,使之在屋内发热腐熟。所得熟粪,又称"蒸粪"(《了凡杂著》)。明末江南农民还通用一种人粪加工法,即"于白露前,日中锄连泥草根,晒干成堆,用穰草起火,将草根煨过。约用浓粪挠和,加河泥,复堆起,顶上作窝,如井口。秋冬间,将浓粪再灌三次",所得的"粪灰泥",用作油菜基肥(《农政全书》)。到了清代中叶,苏州人潘曾沂和奚诚又分别创造出"煨粪法"和"窖粪法",以加速人粪腐熟并增加养分。前者是"先用浓粪拌泥,筑一土堆,空了这当中,放柴草在内烬烧,烧得四周都有热气,便住"。经过这种"拌泥烧用,以解热毒",即可施用。(《潘丰豫庄本书》)后者则是"于秋冬农隙时,深掘大坑,投入树叶、乱草、糠秕等物,用火煨过,乘热倒下粪秽、垃圾,以河泥封面,谓之窖粪。来春用此垫底下种,则(棉)花、(水)稻之精神,都在蕊穗之上"。此外,奚诚还提出另一种方法,即"如窖粪不及备而用热粪者,其法将柴草、砻糠作堆,用火煨过半,以稠粪拌泥覆之,令其中外蒸透,以解郁毒而滋生发也"(《畊心农话》)。此外,据斯丹东目击,在浙江舟山一带,"他们所施的肥料不是兽粪,而是一种更难闻的东西。英国田地里不大使用这种东西。这种肥料是用一个大缸埋在地下盛着的,里面还盛着性质相同的液体肥料。在播种之前先将这种肥料加在土地里,据说可以帮助生长,也可以防止虫害"。在浙江另外地方,农民购买了粪块之后,"不成块使用它。他们首先造一个大池子存放这种粪块以及其他各种粪便。他们还积存各种植物的残根、残梗和叶子,运河上的泥土,甚者理发匠修剪下来的须发等废物,加上尿便或者清水使之冲淡,然后积存起来使它腐烂发酵。他们就用它作为肥料进行耕种"(《英使谒见乾隆纪实》)。前一种方法,就是传统的沤粪法,而后一种方法,则显然就是上面所说的"蒸粪法"。

　　不论如何加工,上述方法都有一个共同缺点,即加工出来的粪肥未能克服体积大,分量重,单位肥料养分含量相对较低,使用、运输均不便等缺点。克服这些缺点,明清江南农学家们进行各种尝试,以图制出浓缩的高效肥料。首先有这种想法的人是袁黄(了凡),他设计了一种"煮粪法",即把粪便放入大锅,加进人发或动物骨头,一起煮熟。然后取一些田土晒极干,加鹅黄草、黄蒿、苍耳子所烧成之灰,拌和煮熟之粪,晒极干,又洒熟粪水再晒干,即得高效肥料。袁氏自称"亲曾试验,凡依法布种,则一亩可收三十石;只用熟粪而不用草灰,可收二十余石;凡不煮粪、不用草灰,其收皆如常,不能加多"(《了凡杂著》)。徐光启也说使用这种肥料"依法播种,则一亩可收三十石","树虽将枯,灌之立活"。这些说法当然不免夸大,但袁氏希图用加料煮熟的方法提取并补充养分的想法却值得注意。在此基础上,徐氏又提出了一种更富于想象力的设想,即用"烧酒法"(蒸馏法)来提取人粪中养分。运用这种方法所得的蒸馏物,肥力"百倍金汁"("金汁"指蒸煮熟的粪)。他还提出另一法,即"锅煮法":用三四个缸砌成连灶,缸内放入"真粪",盖好,烧数沸,并不时搅拌,所得物肥效也很高。徐氏另外还在前人"粪丹"法基础上,设计了一种高效混合肥料,即用人粪、畜粪、禽粪、麻渣、豆饼、黑豆、动物尸体及内脏、毛血等,再加入药物如黑石凡、砒信、硫黄等,一同混合,收入土坑或大缸里密封,腐熟后取出晾干、敲碎施用,"每一斗,可当大粪十石"(《农政全书》)。当然情况是否如此尚待研究,但这种"粪丹"内含多种成分,肯定会有显著肥效和杀虫作用。这些构想虽未为生产实践所采纳,但作为当时人们努力探求肥料制作新技术的努力,是非常可贵的。

正是江南农民在人粪和其他肥料的收集和加工、使用方面的努力,才使得江南成为富甲天下的锦绣河山,当然也成为国家赋税的主要来源地。嘉靖时,礼部尚书顾鼎臣说:"苏、松、常、镇、嘉、湖、杭七府,财赋甲天下。"(《明世宗实录》)康熙初年的江苏巡抚韩世琦则说:"财赋之重,首称江南,而江南之中,惟苏、松为最。"(《请减浮粮疏》)他们所言,绝非危言耸听,而是确凿不移的事实。通计有明一代,江南田地仅占全国 6% 强,而税粮却占全国五分之一以上。其中江南的苏、松、常、嘉、湖五府特别要运送约 174000 石号称"天庭玉粒"的白粮。还要指出的是,漕粮运到北京,耗米、过江费、承运费以及征收运输途中的抑勒等各种附加费,往往数倍于正粮,"有二三石纳一石者,有四五石纳一石者,有遇风波盗贼者"。苏州府额粮 270 万余石,"加征至八百万石"(乾隆《江南通志》卷 111)。江南其他地方情况也大体如是,故正德时松江人顾清感慨地说:"是正税一石,而征八石有奇,从古及今,未闻有此制也。"(《与翁太守论加税书》)

马克思说:"赋税是官僚、军队、教士和宫廷的生活源泉,一句话,它是行政权力整个机构的生活源泉。强有力的政府和繁重的赋税是同一个概念。"(《路易·波拿巴的雾月十八日》)早在唐代中后期,王朝存亡就已命系来自江南的税粮了。贞元二年(786),禁军缺粮,在大街上脱巾大呼:"拘吾于军而不给粮,吾罪人也!"德宗惶恐万状。这时李泌报告说韩滉从浙西(本文所说的江南)运米三万斛已至陕(今河南三门峡市),德宗大喜,当即到东宫对太子说:"米已至陕,吾父子得生矣!"命人于坊市取酒庆祝,并将此消息通知禁军各部,士兵都欢呼万岁。(《资治通鉴》卷 232)自此以后,巨额的江南税粮成为历代王朝赖以生存的基础。

在江南,稻米是用人粪滋育出来的。而正是这些人粪滋育出来的粮食,养活了端居禁中的至尊天子和住在京城的天潢贵胄、王公贵族、文武百官,养活了拱卫京师和捍卫边疆的百万貔貅之士。而正是这些依靠江南粮食活命的人中,有少数雄心与才具兼具者,扮演出了一幕幕威武雄壮、动人心弦的历史剧,而其中一些人更风云际会,"李将军遇高皇帝,万户侯何足道哉",实现了"万里觅封侯"的追求。如果没有江南的粪土,就没有源源不断运到北京和各地的漕粮;而没有漕粮,也就没有这些威武雄壮的历史剧,当然不会有由这些历史剧而涌现出的万户侯了。从此意义上而言,粪土确实重于万户侯。至于那些仅只依靠祖宗荫庇或者行贿跑官而得到的万户侯，本来就一钱不值。从在历史上的所起的作用和所具有的地位而言，这些酒囊饭袋、行尸走肉的万户侯，与构成支撑帝国大厦基础的粪土相比，更是天差地别。在此意义上而言，将他们等同于粪土，还是大大抬举了他们。

【思考】

1. 作者用大量的笔墨介绍了人粪的收集、加工与使用，请使用思维导图对相关信息进行整理。

2. 请简析作者是如何运用史料，一步一步地证明"江南是国家赋税的主要来源地"这一观点的。

在皇帝脚下①

[法]佩雷菲特

【阅读提示】

　　《停滞的帝国：两个世界的撞击》是佩雷菲特关于中国的最有影响的著作。选文部分叙述了乾隆皇帝接见英国使团的过程与情景，颇能显示全书的叙述风格与分析格调。作者力求在历史文献的基础上，还原发生在1793年的这件大事。而对于历史细节（尤其是觐见乾隆皇帝的礼节）的苛求，使得作者在材料的考辨上下足了功夫。要知道，以怎样的礼节觐见这位当时世界上最强大的帝国的皇帝，中英两国曾经颇费心力。

　　在这本书中，作者感慨："一个精神病患者对世界的感知无法还原成其他人的感知；要感知同一世界，必须属于同一世界，也就是说要具备同样的心理结构。英国人和中国人间的状况并非如此：两者在对方眼里都是精神病患者。"

　　"这场聋子的对话尚未正式开场就注定失败了"。

　　读这段历史，发人深思。

---

　　①　选自《停滞的帝国：两个世界的撞击》（生活·读书·新知三联书店2013年版），[法]佩雷菲特著。

现在是皇帝出现时的景象。我们已经拜读了赫脱南激动的叙述。通常言谈谨慎的斯当东此时也变得抒情起来。中国有句宿命论谚语："天高皇帝远。"现在皇帝近在眼前,斯当东感到无比幸福。"他从身后一座树林繁茂的高山中出现,好似从一个神圣森严的丛林中走来。"御驾之前侍卫唱的全是歌颂皇帝的"圣德和功业"。他坐在一把无盖的凯旋椅上。

皇帝身穿棕色丝绸长袍,头戴天鹅绒帽,使斯当东想起苏格兰山民的帽子。他所戴的唯一首饰是帽前缀一巨珠。

1790年钱德明神父曾这样描绘这位80岁的老人:"他步伐稳健,声音洪亮,看书、写字眼不花,就是耳朵有些聋。"1795年,荷兰人范罢览则肯定地说:"他已具备了老年人的一切特征。眼睛常流眼泪,抬眼皮有困难,面颊松弛并耷拉下来。"相差5年时间,得出了截然相反的两种评语。这段时间的中间,老皇帝是否显得老态龙钟了呢?大使不这样认为。赫脱南说他只有"50来岁,动作敏捷","风度翩翩"。温德也肯定他的脸上"没有一点老年的痕迹",总是笑眯眯的,"看上去不超过60岁"。马戛尔尼也认为他只有60来岁。两人都认为他的健康要归功于有规律的生活方式——黎明前起床,太阳落山就睡觉。

他从英国人面前经过,我们的见习侍童是怎样记叙这一历史时刻的呢?"我们离开了帐篷,因为有人通知我们皇帝快过来了。我们站到皇帝要经过的路边,他坐着由16个人抬着的大轿。他经过时,我们单膝下跪,把头低到地上①。"

而"把头低到地上"("down to the ground")这几个字在手稿里被划掉了。为什么呢?仅仅是一种笔误吗?因为这说法不贴切,并只能理解成像要杂技一样把头一直弯到地吗?孩子做这样的弯曲是容易的,而对成年人来说是否困难,而对像他的主人和他的父亲那样患足

---

① "We went upon one knee and lowed our head down to the ground."

痛风的人来说则根本是不可能的呢？因为他知道争论的事，所以是否先写了中国人希望使团做的动作，然后抹去关键的字眼表示使团拒绝做这动作？或者在他父亲的命令下，从记事本上把这形象抹去，因为他父亲担心别人不要以为是天朝礼仪胜利了？

这划去的三个字的存在本身不正好在马戛尔尼对中国礼仪的态度上留下了疑点吗？是否应该排除有人串通孩子向我们隐瞒了一些东西呢？这孩子十分聪敏，他清楚自己保持沉默的重要性，而他一生会发现这种沉默在他精神上越压越重。

我们先承认有值得怀疑的地方。另一个证人说话了。事情却变得复杂起来。这个证人就是温德，我们在都柏林发现了他的手稿。按他所说——他也是唯一这么说的："当皇帝陛下经过时，有人通知我们走出帐篷，让我们在中国官员和鞑靼王公对面排好队伍。我们按当地方式施了礼，也就是说跪地，叩头，九下。"

九下，"按当地方式"？这不就是叩头礼吗？马戛尔尼和老斯当东这两位官方陈述者难道对我们撒了谎？他们投降了，而又不敢承认？证人温德是不容置疑的。每天，他把观察到的事记在纸上。是信手写来，可是如实记载。

事实上，大家看见的是同一场面，只是眼光不同罢了。让我们再现一下现场情况吧！

为了想象一下英国人须解决的问题，请您在镜子前做一次真正的叩头动作。您先站着，然后跪下，您弯下身来直到头碰地。您抬起上身，再弯下去，头第二次碰地，再第三次。然后起身站直；再这样重复一遍。跪三次，每次都要起立站直；每次跪地都要叩三个头。计算一下这套体操需占去您多少时间：不磨蹭，一分钟，如果做得庄重些，就要两分钟。当时就是这种情况，近千名官员集中起来，一起做这套动作，而在两分钟的时间内皇帝的轿子威严地穿过人群。

再设想一下英国人的处境。当全体人员第一次跪下时，英国人也照样做了,但只是单腿。当大家在叩头时,英国人只是低下头。就像在弥撒中扬圣体时,当别人下跪时,某些信徒站着,只是眼睛向下。大家抬起身子,英国人为什么还要低着脑袋呢? 于是,他们也抬起了头。当大家又重新趴下时,英国人低头。大家站起来时,他们总不至于仍然跪着:他们就站了起来。依次类推……他们跟着大家做集体动作,只是动作有些删减,却无法不做任何动作。在这两分钟内,中国人站起来三次,英国人总是跪着不觉得太卑躬屈膝了吗? 是否会英国人一直站着,中国人却不停地在叩头行礼呢? 直至读到温德文章前,我一直认为第二种设想是对的。但温德的文章解开了谜。

马戛尔尼提到的问题——单膝下跪,头不着地——仅仅是动作的形式问题,而不是动作的重复问题。由于对形式提出异议,马戛尔尼忘记了叩头的一个主要方面就在于这一奇特的重复动作。英国人遇到的第一次叩头是集体性的,几乎不可避免地要求英国人跟上每个节拍。所以温德说:"我们按当地方式施了礼。"不过,中国人区分得很好:英国人的头没有叩着中国地面。这根本不是真正的当地方式。

马戛尔尼和斯当东在汇报中强调了不同点:动作的不同。他们掩饰了动作重复。但他们并没有撒谎。他们写的所有文章中没有一篇说他们只跪过一次。如果他们真的只跪了一次,而他们周围的人却在多次下拜,他们对这种区别就会引以为荣。温德是有道理的。英国人已完全被周围人的榜样所带动,所以给人的印象是他们已作了让步(当然最好不要讲),但这并没有使中国人完全满足。

"得体"的礼节

皇帝进入了觐见大幄,群臣拜君主的大弥撒可以开始了。鸦雀无声。站在门外的温德证实:"皇帝坐上龙椅,立即万籁俱寂。时而有音乐声打破这寂静,铃铛发出的清脆悦耳的叮当声更增添了仪式的庄严肃穆。"这铃铛的叮当声与教士进入祭坛时辅理弥撒教士手摇的铃铛声一样,13 世纪方济各会修士们说蒙古人喜欢听这个铃铛声。温德是唯一注意到这声音的人。

让我们和马戛尔尼一起进入鞑靼皇帝宽敞的蒙古包吧！它酷似一个剧场。有三排台阶可以上到放龙椅的台上。中间那排是专让皇帝走的。左侧那排供朝觐的人走,右侧那排为跪着辅佐皇帝——就像他们跪着参加内阁会议一样——的大臣们用。所有朝廷官员都站在正厅中,让我们看一看托马斯演的那场戏吧！

孩子进入帐篷时,皇帝已坐在龙椅上了:"使团成员都站在门外,马戛尔尼勋爵,我父亲,李先生和我,4 人一直走到正中台前,我们像刚才那样下跪。然后马戛尔尼勋爵拾级而上,呈递了英王的信,并送了一些小礼品:几只表。皇帝回赠大使一件雕刻得十分精致的蛇纹石礼品,另一块同样形式但发白的玉石赠送给英王。待大使走下讲台,我父亲和我上去行了'得体的礼'。皇帝赠我父亲一块与大使一样的玉石,解下他身上的一只黄色荷包送给了我——特殊恩典。他要我讲几句中文,我用中文感谢他送我礼品。"

这就是一位西方孩子目睹的情况。可以认为每人都在现场即席表演,那里充满了亲切和新鲜感。然而,礼仪问题却是完全安排好的。

小　熟　番

用中国人的眼光来看一下这个场面吧！这是一些固定不变的眼光。他们认为进献真正"贡品"的是这位孩子。他讲的是中国话,他已中国化了。他来觐见皇帝,把自己变成一个文明人,也就是说中国人。他应该享受特殊的恩典,他弥补了周围大生番的无礼举动,成为一个小熟番。

我们没有中国人的直接证词,但我们有礼志,只需翻开看一看即可。小斯当东描写的礼仪是按 9 月 8 日的诏书进行的,也就是说除了叩头,都是按照官方礼制一成不变的规定进行的。进幄,台前的行礼

动作,然后在第二级台阶上下跪,再与皇帝交谈。在这个文明开化的
社会里,一切最细小的情节都是自古以来就预先安排停当的。只有专
门的敕令才能改变或免去三跪九叩礼。其他都严格按照规定办的,从
台侧御林军的安排,或者贡使由一位礼部尚书①领见,到礼部尚书穿
的朝服的颜色和上面绣的龙。"皇帝以热情友好的语言向贡使发问,
礼部尚书转达问题,由通事译出;特使回答问题,再由通事译出贡使的
答复,礼部尚书再转达给皇帝……"贡使不直接对皇帝说话,皇帝也
不直接回话。特使也不是直接向皇帝递交国书,而是由一位大臣代
接,叩完头才转呈给皇帝。英国在场的人都删除了所有可能表示臣服
的话。他们至少是用故意疏忽的方式撒了谎。

　　皇帝经过时,英国人措手不及,不自觉地跟着大家多次下跪。但
到了御座旁,因为只有他们自己,他们便行了说好的得体的礼节:单膝
下跪一次。

　　但马戛尔尼和老斯当东还是不说在台前就得停下,行礼时皇帝隔
着一段距离,并是在台下,使人十分感到耻辱。孩子的诚实使我们掌
握了事实的真相。马戛尔尼羞答答地未敢说出的动作现在已经恢复
了,让我们继续来读这位特使的叙述吧:"我双手捧着装在镶钻石的
金盒子里的国王的信,一直朝前走去,拾级走到御座前,把它呈到皇帝
手中。皇帝亲手接过,递给了大臣,后者把信放在一个垫子上。"

　　真是亲手接的吗?在叙述中他有没有把动作的顺序颠倒呢?根
据礼制他的盒子不应交给皇帝,因为他与皇帝保持一段距离,而是交
到一位大臣手中,大臣先叩头,把信放到垫子上,再转给皇帝。朝廷能
接受这种从未事先磋商而做出的更改举动吗?这值得怀疑。

　　也许对英国人来说,递交英王的信只是这次远航的一种借口;而
皇帝认为交完信英国人的旅行也就结束了。马戛尔尼还不知道这点。

---

　　①　清朝时,各部均有两名尚书,一名是汉人,另一名是鞑靼人。

"皇帝交给我一块象征和平繁荣的玉石,是献给国王陛下的第一件礼物;他希望我的君主和他永远和睦友好相处。这是一根白玉如意,约有 0.5 米,雕刻得十分奇特。中国人非常珍惜这件礼品,而我并不认为它有多大价值。皇帝也赠我同样一根如意,绿色绞石上刻有同样的图案。同时他十分友好地接受了我的礼品:两块十分精致镶着钻石的珐琅手表,他看过之后递给了大臣。"

轮到斯当东父子了:"乔治·斯当东走上前去。他像我一样单腿跪地,行过礼后,献上了两支漂亮的气枪。皇帝回赠他的也是与我一样的绿色玉如意。"

皇帝与孩子

马戛尔尼不屑于描写皇帝与孩子的对话场面。可是出于父亲的骄傲,斯当东却禁不住高兴地突出一下他的儿子。文中语气充满了诗意:"在整个接见仪式中,皇帝显得愉快直率,落落大方,不像他的画像上那样显得严肃,沉闷。"然而,谈话须经翻译,显得累人。"皇帝有鉴于此,问中堂使团中有无能直接讲中国话的人。回答是一位年仅13 岁的童子是唯一能略讲几句中国话的人。皇帝高兴地命令将孩童带至御座旁边①让他讲中国话。或许是因为孩子的谦逊,或许由于他讲话的漂亮用词使皇帝十分高兴,后者欣然从自己的腰带上解下一个槟榔荷包亲自赐予该童。"

大家知道乾隆不讨厌漂亮小伙子,这从和珅闪电式的提升中已得到了证明。但并不是光乾隆这样。巴罗用一种谴责的口吻指出:"中国人对于这种堕落行为并不感到丢脸和羞耻。许多大臣还毫不犹豫地公开谈论此事。同性恋在他们身上没有引起丝毫憎恨的感情。"

———————————

① 礼制要求马戛尔尼在上皇帝坐的台阶时要在最后第二级台阶停下。而孩子却被邀请走上台。因为皇帝耳背,托马斯必须走近他才能听见,而特使的讲话是通过译员和大臣传上去的。

乾隆被这小伙子的风姿所迷惑,从腰带上解下荷包,荷包还带着他身上的热气,更具有一种神奇的性质。"这些荷包从某种意义上说是皇帝赐给有功臣民的一种绶带。但赐给自己身上的荷包可说是一种特殊恩惠:东方人把皇帝身上带过的任何一件物品都视为无价之宝。"两个世纪前,皇帝的赏赐"引起许多官员对这位年轻宠儿的注意和亲近,也许还引起了许多人的暗暗羡慕。皇帝的荷包并不漂亮。黄色丝绸质地,上面绣了一个五爪金龙:这种颜色和龙爪却是皇帝的象征"。

朝贡者的队伍

马戛尔尼勋爵走下台阶,立即又有别的贡使走近御座。英国使团的两位头头在文章中都避免谈及这混杂场面。在这之前,他们还没有提过有其他使节在场。现在他们提到了,但突出不同之处;一笔带过,还要带点挖苦。

勃固王是不是缅甸王①? 这两位英国人一想到此便洋洋得意,并在算着他们对天朝政府所取得的胜利。这位夷王如此恭顺地遵循中国的礼仪,马戛尔尼不过是国王的一位使臣,也就等于一位普通官员,竟敢强加自己的意志并取得了成功。这是多大的胜利呀! 不! 这是多大的错误呀!

"穆斯林亲王"指的是喀尔麦克和土尔库部落首领。1770 年因俄国扩张,他们被赶出了伏尔加流域,逃到了东部。乾隆把他们置于自己权力保护之下,让他们在乌鲁木齐定居。

礼节性拜会后,宴会开始。3 位英国人以及他们的翻译被邀请坐在"皇帝左手一张桌子前的坐垫上"。马戛尔尼强调了此事,而且很

①　按马戛尔尼和斯当东说法,克莱默一平一直以为勃固使臣就是君王本人。然而,皇室档案却认为不是。缅甸国王博都拔雅(1782—1819)从未亲自到过中国,但派遣过使臣(档案中记载特使的姓名)。

有道理:左为上。鞑靼王公和朝廷大臣穿着朝服,按 9 月 8 日排定的座次,根据各自的等级大小就座。马可波罗曾这样写过:"大可汗设宴时,他的席位所处的位置总比别的席位高出许多,在他下面就座的是他的儿子、侄子和皇亲国戚。他们的座位很低,各人的头只有大可汗的齐脚高。而其余贵族就坐得更低了。"根据皇室档案记载,这种分级制度一直延续到 5 个世纪之后的清朝。英国人对此只字未提。

筵席奢侈豪华。马戛尔尼仔细记下了皇帝给他的所有恩惠:皇帝送去了自己桌子上的好几个菜及几种"用米、蜜、薰草酿成的酒"。

席间,乾隆命人召马戛尔尼和斯当东至御座旁,各亲赐温酒一杯。"我们当着皇上的面一饮而尽。"皇帝亲切地问及英王的岁数。"他祝愿英王也能同他一样长寿。"当时乔治三世只有 56 岁,比他年轻27 岁①。

他的举止"高贵,但很和蔼,他十分高兴地接见了我们"。服务井然,有条有理,十分值得赞赏。一切都在"肃静"的气氛中进行,又有"那么多的礼仪,就像在举行某个神秘的祭礼"。英国人对他们以什么方式感谢皇帝给他们的恩惠这个问题上却又满腹狐疑,只字不提:他们不可能比单膝下跪和俯首做得更少。但做到什么程度呢? 做了多少次呢?

然而,为照顾那些无幸进入皇帝大幄的人,文娱节目在外面举行:摔跤,杂耍,走钢丝,哑剧等节目在 5 小时的庆典中一直演出。这个习俗同中国一样古老。从汉朝起,可能还要早些,欢迎外国代表团就像过盛大节日一样演出节目。"宫内的生活,就是节日的生活。"

有关这次庆典,我们只掌握一份中国的叙述材料——十分简洁,这是这类文体的规律:"上御万树园大幄次,嘆咭唎国正使马戛尔尼,

---

① 老皇帝的祝愿几乎全部兑现了:乔治三世死于 1820 年,终年 83 岁,统治英国 60 年,与乾隆一样。只是几乎一样:后来他疯了,他的儿子乔治四世于 1811 年起摄政。

副使嘶呐哜等入觐。并同扈从王公大臣及蒙古王贝勒贝子公额驸台吉,暨缅甸国使臣等赐宴,赏赍有差。"这完全在重复3月24日发的诏书,5月12日又重复了一次。天朝官僚体制喜欢一再重复:重复是避免犯错误的最可靠方法。诏书后面有一首御制诗,纪念英国人的"臣服"。诗是这样开头的:"博都雅昔修职贡,嘆咭唎今效尽诚。"英国人的尽诚是可笑的,但尽管英国人只做了个叩头的样子,显得那么笨拙,但英国毕竟已列入向中国效忠的"西洋各国"的正式名单之中了。

宴毕,觐见仪式也告结束。特使在门外找到了大队随行人员;按照礼制,重新整队回府。

马戛尔尼见到了这位负有盛名的皇帝。他还同他讲了话,却什么问题也没解决。

【思考】

1. 马戛尔尼到底是以怎样的礼节觐见乾隆皇帝的,似乎依然是个历史谜团。清廷文献、马戛尔尼、斯当东的记述都不太一样。请参阅全书,分析一下为什么会有不同。

2. 佩雷菲特的这种历史写作风格,在孔飞力(《叫魂:1768年中国妖术大恐慌》)、史景迁(《王氏之死:大历史背后的小人物命运》)等汉学家的写作中也得到了体现。请参考阅读。

"一蓑烟雨任平生"①

——郭嵩焘的崎岖人生

雷　颐

【阅读提示】

对当代中国来说,回望近代中国不仅是一件绕不过去的事情,也是一件不该绕过去的事情。郭嵩焘的人生悲喜剧是窥探这段历史的镜子。此文概略地梳理了郭嵩焘的仕途履历及人生遭际,令人感慨,让人唏嘘,更让人深思。考察郭嵩焘的人生,历史学家雷颐先生看到了郭嵩焘的性格缺陷,他的为人处世之道的确造成了他与同僚的关系紧张,也在一定程度上妨碍了他的革新事业及外交生涯。但在滚滚的历史洪流中,所谓"性格决定命运"的说教毕竟是苍白的。文章将郭嵩焘置于波诡云谲的近代中国的大格局下,那些莫名其妙的人际纠纷也就具有了更多的历史、社会与文化内涵。人是所有社会关系的总和,当我们把郭嵩焘作为正面人物阐释他的行为动机与历史影响时,千万不要忘记了,他的那些同僚也并非天生的、开历史倒车的垃圾。对历史的理解离不开概念,但概念化是历史认知的天敌。

---

①　选自《历史的裂缝——近代中国与幽暗人性》(广西师范大学出版社2007年版),雷颐著。

　　文章总体上分为两部分,重点则在郭嵩焘成为"名教罪人"的过程与背景。从论证的角度看,宏观的鸟瞰与微观的剖析相结合,大背景的勾连与小事件的引证相呼应,这也是雷颐史学论述的总体特征。

　　近代中国,面临着社会和文化的全方位转型,在如此全面、深刻却又如此急迫的大变动中,社会和文化的震荡必然格外强烈,重重矛盾必然格外尖锐。在这跌宕起伏令人惊心动魄的历史大潮中,作为弄潮儿,郭嵩焘时时处于风口浪尖之上,又不时被大浪抛开,无可奈何地成为观潮者。他那大起大落的戏剧性一生,最初的理想抱负与最终的失望寥落,内心的种种矛盾和沉痛……当然与他个人落拓不羁的文人性情紧密相关,但更与时代的震荡和矛盾紧紧相连。因此,他的一生又鲜明地反映出时代特征,反映出方生与未死之际先行者的历史命运。

坎 坷 仕 途

　　1818 年,郭嵩焘出生在湖南湘阴一户地主之家。这一年是清嘉庆二十三年,仍属"盛世"。就在此前,英国于 1816 年派阿美士德(William Pitt Amherst)率使团来华要求与中国通商,却被嘉庆皇帝坚拒,因为中国是无所不有的"天朝上国",荒蛮之地的"狄夷"只能向"天朝"进贡,而无权与位于"天下之中"的中国"互通有无"。中国,依然沉浸在"华夏中心"论的迷梦中,对正在迅速变化的世界大势毫无了解。谁能想到,"英夷"在二十余年后竟悍然发动侵华的鸦片战争,凭借现代化的坚船利炮打败堂堂天朝上国呢!

　　但是生活并没有感到变化的必要。

　　与当时所有的读书人一样,郭嵩焘从小接受传统教育,以考取功名入仕为官为人生目标。1835 年,十八岁的郭嵩焘考中秀才,第二年进入著名的岳麓书院读书。强调经世致用、坚忍不拔,不尚玄虚、摒弃浮词是湘学传统,历史悠久的岳麓书院一直是湘学重镇;作为"湖湘子弟",郭氏本就受湘学影响不浅,而在岳麓书院的学习更促进了他坚毅性格的形成。但更重要的是,正是在岳麓书院,他与曾国藩、刘蓉等相识,互相切磋学问,砥砺气节,成为志同道合的挚友。当然,他很可能想不到,与曾国藩的结交将影响到自己的命运。他可能更想不到,这批"湖湘子弟"即将成为中国近代史上举足轻重的人物。

然而在传统功名的道路上,郭嵩焘走得并不顺利。虽然他在1837年考中举人,但1838、1840年接连两次到北京参加会试都名落孙山,而曾国藩却在1838年考中进士。在失意中,他只得接受友人的推荐,于1840年到浙江给浙江学政当幕僚。这次为幕时间虽然不长,却埋下了他今后思想跃出传统的变化契机。因为此时正值鸦片战争爆发,浙江地处前线,他"亲见浙江海防之失",一向为"华夏"所看不起的"岛夷"的坚船利炮,给他留下深刻印象。可他并不甘于游幕生涯,又几次赴京参加会试,终于在1847年第五次参加会试时考中进士,正式步入仕途。但不久他的双亲相继去世,依定制他只能回家居丧。

或许,命运一定要安排郭嵩焘登上历史舞台。就在他回家居丧这几年,正遇太平天国起义。1852年,太平军由桂入湘,湖南官兵望风而逃。其时同样乡居的左宗棠、曾国藩对是否出山镇压太平天国都曾犹豫不决,而郭嵩焘则力劝他们出来建功立业。以后曾、左都成为功勋赫赫的名臣,他总以自己当年的"力促"为荣。劝他人出山,自己当然也难甘寂寞,随后几年,郭氏一直随曾国藩参赞军务,多有建树,同时在官场中建立了一定的"关系"。1856年年末,他离湘北上,到京城任翰林院编修。

在京都,他深得权柄赫赫的户部尚书肃顺的赏识。肃顺性情刚严,以敢于任事著称,主张以严刑峻法改变当时吏治腐败的状况,屡兴大狱,唯严是尚,排除异己,由于他深得咸丰皇帝倚重,其他人对他是敢怒不敢言。与其他满族权贵猜忌、排挤汉人不同，肃顺主张重用汉族官僚，对以曾国藩为首的湘系，他尤其重视。由于肃顺的推举，郭嵩焘在不长的时间内就蒙咸丰帝数次召见，他自然有受宠若惊之感。咸丰帝对他的识见也颇赏识，命他入直南书房。南书房实际是皇帝的私人咨询机关，入直南书房就意味着可以经常见到皇帝，参奏军国大事。咸丰帝还进一步对他说：

> 南斋司笔墨事却无多，然所以命汝入南斋，却不在办笔墨，多读有用书，勉力为有用人，他日仍当出办军务。（《郭嵩焘日记》，咸丰八年十二月初三日）

不久，咸丰帝就派他到天津前线随僧格林沁帮办防务。1859 年年初，郭嵩焘来到天津僧格林沁处。但僧格林沁这位蒙古王爷根本不把郭嵩焘这位南方书生放在眼中，对他非常冷淡。而郭嵩焘本就文人气十足，再加自己是皇上亲派，并且明确他与僧是"平行"，不是"随同效用"，所以也咽不下这口气，两人合作极不愉快。

1859 年 10 月中旬，郭嵩焘又奉命前往烟台等处海口查办隐匿侵吞贸易税收情况，僧格林沁派心腹李湘菜作为会办随行。虽然他无"钦差"之名，但所到之地大小官员都知道他是皇上亲派检查财务税收的大员，因此对他的接待格外隆重，并都备有厚礼。没想到郭嵩焘向来清廉方正，严于律己，规定"不住公馆，不受饮食"，更不受礼。他的随行人员因不能发财而大为不满，那些地方官也尴尬不已，因为他破坏了官场存在已久的"游戏规则"。到山东沿海各县后，他认真查账，发现从县官到普通差役几乎人人贪污税款，贿赂公行，而且税外勒索惊人严重，超过正税四倍多。他立即采取种种有力措施整顿税务，堵塞漏洞，并设局抽厘。这些措施严重侵犯了当地大小官吏的利益，他们自然极为不满。而设局抽厘又增加了新的征税名目，在政治严重腐败的情况下,新任厘局绅董也一样贪婪。结果厘局刚成立不久,就发生了福山县商民怒捣厘局、打死新任绅董的骚乱。尽管如此,这次税务整顿还是大有成效,查整了一批贪官污吏,增加了政府税收。但郭嵩焘万万没有想到,正当他自以为有功于朝廷的时候,突得朝廷以他在山东查办贸易不妥、交部议处的通知。

原来,李湘棻一直在暗中监视郭嵩焘的举动,随时向僧格林沁汇报。郭嵩焘开设厘局后,李即向僧报告说如此大事竟未与他这个会办商议便独自决定。这个报告使原本就认为郭嵩焘目中无人的僧格林沁大为光火,认为不与自己派去的"会办"商议实际是未把自己放在眼中,便在12月底以郭未与会办李湘棻同办、未与山东巡抚文煜面商便派绅士设局抽厘以致民变为由,上奏要求弹劾郭嵩焘。以僧格林沁的地位之尊,他的意见当然深为朝廷所重。而迂气十足的郭嵩焘处理山东沿海税务却与山东巡抚文煜少有沟通协调,也使文煜大为不满,站在僧氏一边反对郭。1860年元月,郭嵩焘被迫离开山东返京,临行前悲叹"虚费两月搜讨之功","忍苦耐劳,尽成一梦"。(《玉池老人自叙》)

返京途中他备受冷遇,与来时一路的隆重接待恰成鲜明对照,使他初尝世态炎凉,领略到官场的势利。回京后,他受到"降二级调用"的处分,虽仍回南书房,但实际已是闲人,被冷落一旁。他在给曾国藩的信中抱怨说:"久与诸贵人周旋,语言进退,动辄生咎。"(郭廷以《郭嵩焘先生年谱》)其实,素有识人之明的曾国藩早在岳麓书院读书时就认为郭嵩焘识见过人,但书生习气过重,能著书立说,更是出主意的高参,却不堪官场的"繁剧"。

此番整顿山东沿海税收的失败,固然有郭嵩焘个人的因素,如不知通权达变,不注意协调极为复杂的各方关系,认为只要严于律己一心为国,便可令行即止,不顾一切采取强硬措施反贪。但失败的根本原因还是此时社会、官场已自根腐败,他的作为实际已与整个社会风气和官场成例冲突。其实,他在评价肃顺屡兴大狱、以严刑峻法整顿吏治时说得很清楚:"国家致弊之由,在以例文相涂饰,而事皆内溃;非宽之失,颟顸之失也。""今一切以为宽而以严治之,究所举发者,仍然例文之涂饰也,于所事之利病原委与所以救弊者未尝讲也。是以诏狱日繁而锢弊滋甚。""向者之宽与今日之严,其为颟顸一也。颟顸而宽,犹足养和平以为维系人心之本;颟顸而出之以严,而弊不可胜言矣。""故某以为省繁刑而崇实政为今日之急务"。(《养知书屋文集》,卷九)也就是说,根本原因在于"颟顸",即吏制本身存在巨大缺漏,使各级官吏有机可乘,时时面对巨大的利益诱惑;而"向者之宽",即吏治早已废弛松懈,在这种环境中能长期抵挡巨大利益诱惑、洁身自好者毕竟不多,随之造成了"无官不贪"的局面。在这种情况下,运用重典严惩的贪官污吏再多其实也只是少数,反使各级官员人人自危,这不仅不能从根本上解决问题,反而"锢弊滋甚",很可能祸及自身。解决问题的根本之途在于"崇实政",即对制度本身进行改革,这样才能既"省繁刑",又使政治清明,统治稳定。

换言之,此时清政府面对的是自身的系统性腐败。所谓系统性腐败是指只有以腐败作为润滑剂,政府部门才能提供"正常"的公共服务。在这种系统性腐败中,腐败实际已经成为官员行事的常例,成为他们的一种生存手段,且久而久之已内化为一种不会引起内心道德冲突和愧疚感的规范,而不同流合污者必然受到系统性排斥,这反过来使腐败更加严重、更加猖獗、更加根深蒂固。退一步说,在系统性腐败中即便是得到"圣上"的支持、严肃处理个别贪官也无济于事,因为仅仅是孤立地处理一个又一个贪官,并不能遏制日益严重的系统性腐败,更不能从根本上清除腐败。

郭嵩焘或许不清楚,他自己的悲剧亦正在此。大概,这也是所有"生于末世"却又不愿同流合污、不忍眼见"大厦倾",因此只能凭一己之力起弊振衰的"清官"们的悲剧。纵然"才自清明志自高",但终难免"运偏消"的结局。

1860 年 4 月，被冷落一旁的郭嵩焘怀着孤愤郁闷的心情以回籍就医为由黯然返乡。在家乡过了两年的赋闲生活后，郭嵩焘又在众人的劝说下，应练就淮军不久、人手紧缺的李鸿章之邀，于 1862 年春再度出山，任苏松粮道，不久又升任两淮盐运使。由于曾国藩、李鸿章的全力支持，郭嵩焘在两淮理财顺利，卓有成效。1863 年秋，他又调往经济富裕、对外交往繁多因此地位重要的广东任巡抚，诏赏三品顶戴。不到两年而升此高位，可谓官运亨通，他也决心有所作为，不负朝廷知遇之恩。但在广东巡抚任上，他又因耿直招怨，与前后两任同驻广州的两广总督矛盾重重，与进粤会剿太平军余部、一向意气用事的老友左宗棠也顿生龃龉。在错综复杂的种种矛盾之中，郭嵩焘左支右绌，最终在 1866 年 6 月解任下台，再次开始归乡闲居生活，而这次长达八年。

名 教 罪 人

虽然归乡隐居，但郭嵩焘仍时刻关心时局，为国家前途担忧。

这八年中，洋务运动正冲破守旧势力的巨大阻力，逐步发展。这八年中，中国面临的国际形势更加险恶，民族危机进一步加深，甚至连一向为中国看不起的日本也在 1874 年侵略台湾，迫使清政府赔偿五十万两白银方从台湾撤兵。无论愿意不愿意，清政府的对外"交往"越来越多，迫切感到需要懂洋务的人才。

1875 年年初，闲居八年的郭嵩焘又作为懂洋务的人才奉诏来到北京，并被慈安、慈禧两太后召见，不久被授福建按察使。几乎同时，遥远的云南中缅边境突然发生英国外交官马嘉理在与当地居民冲突中被杀的"马嘉理案"。郭嵩焘此时不会想到，这一事件最终会影响自己晚年的命运。

"马嘉理案"发生后，清政府手足无措，只得答应英国的种种要求，其中一条是派钦差大臣到英国"道歉"，并任驻英公使。选来选去,清廷决定派郭嵩焘担此重任,因为他向以懂洋务著称。早在1856年春,他随曾国藩帮办军务时即到过上海,对西方的种种器物和某些制度有了感性的了解,并认真研读了使他惊讶不已的"日不动而地动"等自然科学图书,当时即倾心西学,后来一直参与洋务。他曾大胆提出由商人办理近代企业,在当时被人视为惊世骇俗之论。在洋务派与顽固派的斗争中,他以自己的学识不遗余力为洋务派辩护,成为洋务派的重要一员。

中国派驻出使大臣的消息传开,顿时引起轩然大波。因为千百年来,中华文明一直以其灿烂辉煌辐射四方,引得"万方来朝",其他国家都是中国的"藩属",定期要派"贡使"来中国朝拜,决无中国派使"驻外"之说。简言之,在中国传统观念中,对外只有体现宗(中国)藩(外国)关系的"理藩",而无平等的"外交"一说。在19世纪后期,虽然中国屡遭列强侵略,但这种"外交"观却并无改变,外国使节驻华和中国派驻对外使节都被视为大伤国体的奇耻大辱。所以,郭嵩焘的亲朋好友都认为此行凶多吉少,为他担忧,更为他出洋"有辱名节"深感惋惜。他们认为中国派使出去"徒重辱国而已,虽有智者无所施为",郭"以生平之学行,为江海之乘雁,又可惜矣"。"郭侍郎文章学问,世之凤麟。此次出使,真为可惜。"更多的人甚至认为出洋即是"事鬼",与汉奸一般,有人编出一副对联骂道:"出乎其类,拔乎其萃,不容于尧舜之世;未能事人,焉能事鬼,何必去父母之邦!"当时守旧情绪强烈的湖南士绅更是群情激奋,认为此行大丢湖南人的脸面,要开除他的省籍,甚至扬言要砸郭宅。

在强大压力下,郭嵩焘几次告病推脱,但都未获准,终在1876年12月从上海登船赴英。行前,朝廷应总理衙门之奏请,诏命郭嵩焘将沿途所记日记等咨送总署。此正合郭氏之意,他早就想将自己所了解的西方富强之道介绍给国人,使国人从"天朝上国"、视异域文明为异端的迷梦中惊醒。经过几十天的海上航行,他于1877年1月下旬到达伦敦,甫一下船便立即将这几十天极为详细的日记题名为《使西纪程》寄回总署。在日记中,他不仅客观记述了所见所闻,而且对这些见闻作出了自己的评价。如见到一些港口每天上百艘轮船进进出出却次序井然,他不禁叹道:"条理之繁密乃至如此。"他还盛赞伦敦:"街市灯如明星万点,车马滔滔,气成烟雾……宫室之美,无以复加。"从途经十数国的地理位置、异土民情、风俗习惯、宗教信仰,到土耳其开始设立议会、制定宪法的改革,苏伊士运河巨大的挖河机器,"重商"对西方富强的作用……日记中全都作了介绍,尽可能让国人对世界有更多的了解,摆脱夜郎自大的状态。

但总理衙门刚将此书刊行,立即引来朝野顽固守旧者一浪高过一浪的口诛笔伐,一时间群情汹汹,有人痛斥他对外国"极意夸饰,大率谓其法度严明,仁义兼至,富强未艾,寰海归心……凡有血气者,无不切齿"。"诚不知是何肺肝,而为之刻者又何心也。""殆已中洋毒,无可采者。"有人以郭嵩焘"有贰心于英国,欲中国臣事之"为理由提出弹劾他,有人上奏,认为应将郭嵩焘撤职调回:"今民间阅《使西纪程》者既无不以为悖,而郭嵩焘犹俨然持节于外","愚民不测机权,将谓如郭嵩焘者将蒙大用,则人心之患直恐有无从维持者"。由于找不到合适人选,清廷未能将他召回,但下令将此书毁版,禁其流传。

在驻英大使任内,郭嵩焘还面临着与自己的副手刘锡鸿愈演愈烈的"窝里斗"。刘得到清政府中一些大员的支持,暗中监视郭的一举一动,不断向清政府打郭嵩焘的"小报告",列出种种"罪状"。如有次参观炮台,天气骤变,陪同的一位英国人将自己的大衣披在郭嵩焘身上。刘锡鸿认为"即令冻死,亦不当披"。当巴西国王访英时,郭嵩焘应邀参加巴西使馆举行的茶会,巴西国王入场时,郭嵩焘随大家一同起立。这本是最起码的礼节礼貌,但刘锡鸿却将其说成是大失国体之举,因为"堂堂天朝,何至为小国国主致敬"!中国使馆人员参加英国女王在白金汉宫举行的音乐会时,郭嵩焘曾翻阅音乐单,刘也认为这是效仿洋人所为,大不应该。连郭嵩焘不用茶水而改用银盘盛糖酪款洋人、想学外语等全都是罪过。更严重的"罪状"是说郭嵩焘向英国人诋毁朝政,向英国人妥协,等等。对于刘的陷害,郭嵩焘当然倍感愤怒,竭力为自己辩诬。二人的关系势同水火,无法调和。在郭、刘二人"内耗"日甚一日的情况下,清政府于1878年8月下令将二人同时调回。本来清廷还拟将郭嵩焘查办治罪,后在李鸿章、曾纪泽等人的反对下才不了了之。

1879年1月末,郭嵩焘离开伦敦,启程回国。到达上海后,他心力交瘁,请假归乡。5月回到故乡长沙时,等待他的却是全城遍贴揭帖,指责他"勾通洋人"。不久,朝廷便诏允其休。就这样,他在一片辱骂声中离开了政治舞台。以后他仍时时深忧国事,常向友人倾谈自己对社会、政治的种种看法,一些开明之士对其学识也盛赞不已,对其不为朝廷所用深为惋惜,但他终不再被朝廷起用。1891年7月18日,郭嵩焘在孤寂中病逝。他去世后,李鸿章曾上奏请宣付国史馆为郭立传,并请赐谥号,但未获朝廷旨准。清廷上谕再次强调:"郭嵩焘出使外洋,所著书籍,颇滋物议,所请著不准行。"其实,郭嵩焘如果泉下有知,对此可能也并不介意,因为他对历史、对自己充满信心。在死前不久写的《戏书小象》中,他自信地写下了这样的诗句:"流传百代千龄后,定识人间有此人。"

郭嵩焘的悲剧当然有他个人的原因,如书生气过重,不知通权达变,不谙官场规矩,生性耿直却屡因耿直招祸,才华横溢识见过人却不免恃才傲物等,但这更是时代、社会的悲剧。倘先驱者不为时容,屡遭打击迫害,受害更深、更远的,恰是那个时代、那个社会自身。

【思考】

1. "出乎其类,拔乎其萃,不容于尧舜之世;未能事人,焉能事鬼,何必去父母之邦",结合郭嵩焘的人生履历与官场遭际,具体分析这句话。

2. 人都生活在现实之中,无论是卓尔不群的巨人,还是微末如草芥的凡人,无一不在琐碎而繁杂的现实之中。史学的材料是琐屑的,如何在琐屑中透视宏大,这是历史思维的内在要求。此文在史料引述与阐释上做了一个很好的示范。请在文中找一个例子加以分析。

第三部分

哲学与思想

论周末学术思想勃兴之原因①

梁启超

【阅读提示】

根据当代学者夏晓虹的研究,戊戌变法失败后,梁启超流亡日本,创办了《新民丛报》,乃以"中国之新民"之名,发表了检讨中国学术发展的系列文章。在《论中国学术思想变迁之大势》一书的"总论"部分,梁启超开宗明义,说"学术思想之在一国,犹人之有精神也;而政事、法律、风俗及历史上种种之现象,则其形质也。故欲觇其国文野强弱之程度如何,必于学术思想焉求之"。梁启超的学术研究服务于其救亡图存的政治理想,"有新学术,然后有新道德、新政治、新技艺、新器物;有是数者,然后有新国、新世界"。"以学术新吾国,新吾民",这是理解本文的一把钥匙。

本文论述"周末学术思想勃兴之原因"。文章"纵观全史",不仅显示出宏阔的历史视野和开放的学术眼光,且"史论互证,分而不散,合而不乱"。(夏晓虹语)每一个原因的分析,皆涉及理由、根据,而史料的梳理眉目清晰,论证的逻辑条分缕析,使得文章在强大的论证力和说服力之外,还具

---

① 选自《论中国学术思想变迁之大势》(上海古籍出版社 2006 年版),梁启超著。

有一种浩浩荡荡的气势,极大增加了学术文章的可读性。

当然,最值得关注的,还是文章表现出来的学术精神。梁启超阐述自己的治学精髓,一是要有质疑与求真的胆识,"善怀疑,善寻问,不肯妄徇古人之成说,与一己之臆见,而必力求真是真非之所存";二是要理清事物的来龙去脉,所谓"务尽其条理,而备其左证";三是继往开来;四是善用比较,"胪举多数之异说,而下正确之折衷"。夏晓虹称赞说这就是学术研究必不可少的"科学精神"。

全盛时代,以战国为主,而发端实在春秋之末。孔北老南,对垒互峙;九流十家,继轨并作。如春雷一声,万绿齐苗于广野;如火山乍裂,热石竞飞于天外。壮哉盛哉!非特中华学界之大观,抑亦世界学史之伟迹也。求其所以致此之原因,盖七事焉:

一由于蕴蓄之宏富也。人群初起,皆自草昧而进于光华。文明者,非一手一足所能成,非一朝一夕所可几也。传记所载,黄帝、尧、舜以来,文化已起,然史公犹谓缙绅难言焉。观夏、殷时代质朴之风,犹且若此,则唐、虞以前之文明,概可想矣。凡人群进化之公例,必由行国进而为居国,由渔猎进而为畜牧,由畜牧进而为耕桑。殷自成汤以至盘庚,凡五迁其都,盖尚未能脱行国之风焉。孟子颂周公之功,则曰"兼夷狄,驱猛兽";《诗》美宣王之德,则以牛羊蕃息。盖殷、周以前,尚未尽成居国、成农国也。及文王化被南国,武周继起,而中央集权之制大定,威仪三千,周官三百。汉学家言,礼仪《周礼》也;威仪《仪礼》也。孔子叹之曰:"周监于二代,郁郁乎文哉!吾从周。"自豳、岐以至春秋,又数百年,休养生息,遂一脱蛮野固陋之态。观于《左传》,列国士大夫之多才艺、娴文学者,所在皆然矣。积数千年民族之脑精,递相遗传,递相扩充,其机固有磅礴郁积、一触即发之势。而其所承受大陆之气象,与两河流之精华,机会已熟,则沛然矣。此固非岛夷谷民崎岖逼仄者之所能望也。此其一。

　　一由于社会之变迁也。由尧、舜至于周初，由周初至于东迁，由东迁至于春秋之末，其间固划然分为数时代，其变迁之迹，亦有不可掩者。虽然，其迹不甚著，而史传亦不详焉。独至获麟以后，迄于秦始，实为中国社会变动最剧之时代。上自国土、政治，下及人心、风俗，皆与前此截然划一鸿沟。顾亭林《日知录》云："自《左传》之终以至战国，凡百三十三年，史文阙轶，考古者为之茫昧。如春秋时犹尊礼重信，而七国则绝不言礼与信矣。春秋时犹宗周王，而七国则绝不言王矣。春秋时犹严祭祀、重聘享，而七国则无其事矣。春秋时犹论宗姓氏族，而七国则无一言及矣。春秋时犹宴会赋诗，而七国则不闻矣。春秋时犹有赴告策书，而七国则无有矣。邦无定交，士无定主。此皆变于一百三十三年之间。史之阙文，而后人可以意推者也，不待始皇并天下，而文武之道已尽矣。"①而其变动之影响，一一皆波及于学术思想界。盖阀阅之阶级一破，前此为贵族世官所垄断之学问，一举而散诸民间，遂有"秦失其鹿，天下共逐"之观。欧洲十四、十五世纪时，学权由教会散诸民间，情形正与此同。此近世文明所由开也。周室之势既微，其所余虚文仪式之陈言，不足以范围一世之人心，遂有河出伏流一泻千里之概。此其二。

　　一由于思想言论之自由也。凡思想之分合，常与政治之分合成比例。国土隶于一王，则教学亦定于一尊，势使然也。周室为中央一统之祖，当其盛也，威权无外。《礼记·王制》所载：作左道以惑众杀；作奇器异服奇技淫巧以疑众杀；行伪而坚、言伪而辨、学非而博、顺非而泽以疑众杀。盖思想言论之束缚甚矣。周既不纲，权力四散，游士学者，各称道其所自得以横行于天下，不容于一国，则去而之他而已。故

---

　　① 《日知录》卷十三《周末风俗》。"战国"原作"此"，"凡百"原作"凡一百"，"言及"与"始皇"后原均有"之"字，"尽矣"前原无"已"字。

仲尼奸七十二君,墨翟来往大江南北,荀卿所谓"无置锥之地,而王公不能与之争名;在一大夫之位,则一君不能独畜,一国不能独容"。言论之自由,至是而极。加以历古以来,无宗教臭味,先进学说,未深入人心,学者尽其力之所及,拓殖新土,无挂无碍,岂所谓"海阔从鱼跃,天空任鸟飞"者耶?庄子曰:"天下大乱,贤圣不明,道德不一,学者多得一察焉以自好。"①《天下》篇。孟子曰:"圣王不作,诸侯放恣,处士横议。"盖政权之聚散,影响于学术思想者如是其甚也。此其三。

一由于交通之频繁也。泰西文明发生,有三阶段:其在上古,则腓尼西亚以商业之故,常周航于地中海之东西南岸,运安息、埃及之文明以入欧罗也;其在中世,则十字军东征,亘二百年,阿剌伯人西渐,威慑欧陆,由直接、间接种种机会,以输入巴比伦、犹太之旧文明与隋、唐时代之新文明也;其在近世,则列国并立,会盟征伐,常若比邻,彼此观感,相摩而善也。由此观之,安有不藉交通之力者乎?交通之道不一,或以国际,各国交涉,日本名为"国际",取《孟子》"交际何心"之义,最为精善。今从之。或以力征,或以服贾,或以游历,要之其有益于文明一也。春秋战国之时,兼并盛行,互相侵伐。其军队所及,自濡染其国政教、风俗之一二,归而调和于其本邦。征伐愈多,则调和愈多,而一种新思想,自不得不生。其在平时,则聘享交际之道,常为国家休戚所关,当时群雄割据,大国欲笼络小国以自雄,小国则承事大国以求保护,故其交际皆甚重要,非如周初朝觐贡献方物,循行故事而已。故各国皆不得不妙选人才,以相往来。若《相鼠》《茅鸱》之不知,将辱国体而危亡随之矣。其膺交通之任者,既国中文学最优之士。及其游于他社会,自能吸取其精英,赍之归以为用。如韩宣子聘鲁而见《易象》《春秋》,吴季札聘上国而知十五国风,皆其例也。而当时通商之业亦渐盛,豪商巨贾,往往与士大夫相酬酢。如郑商弦高,能以身救国;子

---

①　"学者"原作"天下"。

贡废著鬻财于曹、鲁之间,结驷连骑以聘享诸侯,所至国君,无不分庭
与之抗礼;而阳翟大贾吕不韦,至能召集门客,著《吕氏春秋》。盖商
业之盛通,为学术思想之媒介者,亦不少焉。若夫纵横捭阖之士,专以
奔走游说为业者,又不待言矣。故数千年来,交通之道,莫盛于战国。
此其四。

一由于人材之见重也。一统独立之国,务绥靖内忧,驯扰魁桀不
羁之气,故利民之愚;并立争竞之国,务防御外侮,动需奇材异能之徒,
故利民之智。此亦古今中外得失之林哉!衰周之际,兼并最烈,时君
之求人才,载饥载渴。又不徒奖厉本国之才而已,且专吸他国者而利
用之。盖得之则可以为雄,失之且恐其走胡走越,以为吾患也。故秦
迎孟尝,而齐王速复其位;商鞅去国,而魏遂弱于秦。游士之声价,重
于时矣。贵族阶级,摧荡廓清,布衣卿相之局遂起。贵族阶级,最为文
明之障碍。中国破此界最早,是亦历史之光也。士之欲得志于时者,
莫不研精学问,标新领异,以自取重,虽其中多有势利无耻者,固不待
言。而学问以辨而明,思潮以摩而起,道术之言,遂遍于天下。此
其五。

一由于文字之趋简也。中国文字,衍形不衍音,故进化之难,原因
于此者不少。但衍形之中,亦多变异,而改易最剧者,唯周末为甚。仓
颉以来所用古籀,象形之文,十而八九。近世学者搜罗商、周钟鼎,其
字体盖大略相类。至秦皇刻石,而大变焉矣。《说文序》云:"诸侯力
政,……分为七国,……言语异声,文字异形。秦始皇帝初兼天下,丞
相李斯,乃奏闻之,罢其不与秦文合者。"[1]然则当时各国,各因所宜,
随言造文,转变非一。故今传《墨子》《楚辞》所用字,往往与北方中原
之书互有出入。《汉书·艺文志》谓"秦始造隶书,起于官狱多事,苟

---

[1] "奏闻"原作"奏同"。

趋省易"①。其实日趋简易者,人群进化之公例,积之者已非一日,而必非秦所能骤创也。文字既简,则书籍渐盛。墨子载书五车以游诸侯,庄子亦言"惠施多方,其书五车"。学者之研究日易,而发达亦因之以速,势使然也。此其六。

一由于讲学之风盛也。前此学术既在世官,则非其族者不敢希望。及学风兴于下,则不徒其发生也骤,而其传播也亦速。凡创一学说者,辄广求徒侣,传与其人。而千里负笈者,亦不绝于道。孔子之弟子三千;墨子之巨子遍于宋、郑、齐之间;孟子后车数十乘,从者数百人;许行之徒数十人,捆屦织席以为食:盖百家莫不皆然矣。此实定、哀以前之所无也。故一主义于此,一人倡之,百人从而和之;一人启其端,而百人扬其华,安得而不昌明也? 此其七。

此七端者,能尽其原因与否,吾不敢言;要之略具于是矣。全盛时代之所以为全盛,岂偶然哉! 岂偶然哉!

【思考】

1. 梁启超将"周末学术思想勃兴"的原因归结为七个。显然,七个原因都很重要,且彼此是相关联的。能否就其中你感兴趣的几个原因,谈谈这些原因之间的关联。

2. 作者在阐发七个原因的时候,或先陈述事实,再分析其中的道理,或先申述理由,再提供事实。这样的论证方式与本文的论题有什么关系?

———————

① "秦"原作"是时"。

中国哲学的问题和精神①

冯友兰

【阅读提示】

　　哲学分为入世的哲学和出世的哲学。表面看,中国哲学是入世的哲学,但实际上中国哲学既不是入世的,也不是出世的,或者说,既是入世的,也是出世的。将"入世"和"出世"这对反命题统一起来,在冯友兰看来,就是中国哲学所要解决的问题。将入世与出世统一起来的典范,即"内圣外王"的理想人格。内圣,强调的是他的德行与精神;外王,强调的是其在社会上的功用。追求"内圣外王"的人格,这就是中国哲学的精神。追求个人与社会的统一,追求知识与道德的统一,追求认识与实践的统一,使得中国哲学与苏格拉底、柏拉图有了某种程度的同构关系。

　　本文的论证,关键在于为中国哲学找到了一个精准的定位——入世与出世相统一的哲学。基于这个定位,关于中国哲学的诸多问题即可得到顺理成章的演绎与断言。"入世与出世相统一"构成了其他推论的起点。

中国哲学的历史中有个主流,可以叫作中国哲学的精神。为了了

解这个精神,必须首先弄清楚绝大多数中国哲学家试图解决的问题。

有各种的人。对于每一种人,都有那一种人所可能有的最高的成就。例如从事实际政治的人,所可能有的最高成就是成为大政治家。从事艺术的人,所可能有的最高成就是成为大艺术家。人员有各种,但各种的人都是人。专就一个人是人说,所可能有的最高成就是成为什么呢?照中国哲学家们说,那就是成为圣人,而圣人的最高成就是个人与宇宙的同一。问题就在于,人如欲得到这个同一,是不是必须离开社会,或甚至必须否定"生"?

照某些哲学家说,这是必须的。佛家就说,生就是人生的苦痛的根源。柏拉图也说,肉体是灵魂的监狱。有些道家的人"以生为附赘悬疣,以死为决疣溃痈"。这都是以为,欲得到最高的成就,必须脱离尘罗世网,必须脱离社会,甚至脱离"生"。只有这样,才可以得到最后的解脱。这种哲学,即普通所谓"出世的哲学"。

另有一种哲学,注重社会中的人伦和世务。这种哲学只讲道德价值,不会讲或不愿讲超道德价值。这种哲学,即普通所谓"入世的哲学"。从入世的哲学的观点看,出世的哲学是太理想主义的,无实用的,消极的。从出世的哲学的观点看,入世的哲学太现实主义了,太肤浅了。它也许是积极的,但是就像走错了路的人的快跑:越跑得快,越错得很。

有许多人说,中国哲学是入世的哲学。很难说这些人说的完全对了,或完全错了。从表面上看中国哲学,不能说这些人说错了,因为从表面上看中国哲学,无论哪一家思想,都是或直接或间接地讲政治,说道德。在表面上,中国哲学所注重的是社会,不是宇宙;是人伦日用,不是地狱天堂;是人的今生,不是人的来世。孔子有个学生问死的意义,孔子回答说:"未知生,焉知死?"(《论语·先进》)孟子说:"圣人,人伦之至也。"(《孟子·离娄上》)照字面讲这句话是说,圣人是社会中的道德完全的人。从表面上看,中国哲学的理想人格,也是入世的。

中国哲学中所谓圣人,与佛教中所谓佛,以及耶教中所谓圣者,是不在一个范畴中的。从表面上看,儒家所谓圣人似乎尤其是如此。在古代,孔子以及儒家的人,被道家的人大加嘲笑,原因就在此。

不过这只是从表面上看而已,中国哲学不是可以如此简单地了解的。专就中国哲学中主要传统说,我们若了解它,我们不能说它是入世的,固然也不能说它是出世的。它既入世而又出世。有位哲学家讲到宋代的新儒家,这样地描写他:"不离日用常行内,直到先天未画前。"这正是中国哲学要努力做到的。有了这种精神,它就是最理想主义的,同时又是最现实主义的;它是很实用的,但是并不肤浅。

入世与出世是对立的,正如现实主义与理想主义也是对立的。中国哲学的任务,就是把这些反命题统一成一个合命题。这并不是说,这些反命题都被取消了。它们还在那里,但是已经被统一起来,成为一个合命题的整体。如何统一起来? 这是中国哲学所求解决的问题。求解决这个问题,是中国哲学的精神。

中国哲学以为,一个人不仅在理论上而且在行动上完成这个统一,就是圣人。他是既入世而又出世的。中国圣人的精神成就,相当于佛教的佛、西方宗教的圣者的精神成就。但是中国的圣人不是不问世务的人。他的人格是所谓"内圣外王"的人格。内圣,是就其修养的成就说;外王,是就其在社会上的功用说。圣人不一定有机会成为实际政治的领袖。就实际的政治说,他大概一定是没有机会的。所谓"内圣外王",只是说,有最高的精神成就的人,按道理说可以为王,而且最宜于为王。至于实际上他有机会为王与否,那是另外一回事,亦是无关宏旨的。

照中国的传统,圣人的人格既是内圣外王的人格,那么哲学的任务,就是使人有这种人格。所以哲学所讲的就是中国哲学家所谓内圣外王之道。

这个说法很像柏拉图所说的"哲学家——王"。照柏拉图所说,在理想国中,哲学家应当为王,或者王应当是哲学家;一个人为了成为哲学家,必须经过长期的哲学训练,使他的心灵能够由变化的事物世界"转"入永恒的理世界。柏拉图说的和中国哲学家说的,都是认为哲学的任务是使人有内圣外王的人格。但是照柏拉图所说,哲学家一旦为王,这是违反他的意志的,换言之,这是被迫的,他为此作出了重大牺牲。古代道家的人也是这样说的。据说有个圣人,被某国人请求为王,他逃到一个山洞里躲起来。某国人找到这个洞,用烟把他薰出来,强迫他担任这个苦差事。(见《吕氏春秋·贵生》)这是柏拉图和古代道家的人相似的一点,也显示出道家哲学的出世品格。到了公元3世纪,新道家郭象,遵循中国哲学的主要传统,修正了这一点。

儒家认为,处理日常的人伦世务,不是圣人分外的事。处理世务,正是他的人格完全发展的实质所在。他不仅作为社会的公民,而且作为"宇宙的公民",即孟子所说的"天民",来执行这个任务。他一定要自觉他是宇宙的公民,否则他的行为就不会有超道德的价值。他若当真有机会为王,他也会乐于为人民服务,既作为社会的公民,又作为宇宙的公民,履行职责。

由于哲学讲的是内圣外王之道,所以哲学必定与政治思想不能分开。尽管中国哲学各家不同,各家哲学无不同时提出了它的政治思想。这不是说,各家哲学中没有形上学,没有伦理学,没有逻辑学。这只是说,所有这些哲学都以这种或那种方式与政治思想联系着,就像柏拉图的《理想国》既代表他的整个哲学,同时又是他的政治思想。

举例来说,名家以沉溺于"白马非马"之辩而闻名,似乎与政治没有什么联系。可是名家领袖公孙龙"欲推是辩以正名实而化天下焉"(《公孙龙子·迹府》)。我们常常看到,今天世界上每个政治家都说他的国家如何希望和平,但是实际上,他讲和平的时候往往就在准备战争。在这里,也就存在着名实关系不正的问题。公孙龙以为,这种不正关系必须纠正。这确实是"化天下"的第一步。

由于哲学的主题是内圣外王之道,所以学哲学不单是要获得这种知识,而且是要养成这种人格。哲学不单是要知道它,而且是要体验它。它不单是一种智力游戏,而是比这严肃得多的东西。正如我的同事金岳霖教授在一篇未刊的手稿中指出的:"中国哲学家都是不同程度的苏格拉底。其所以如此,因为道德、政治、反思的思想、知识都统一于一个哲学家之身;知识和德性在他身上统一而不可分。他的哲学需要他生活于其中;他自己以身载道,遵守他的哲学信念而生活,这是他的哲学组成部分。他要做的事就是修养自己,连续地、一贯地保持无私无我的纯粹经验,使他能够与宇宙合一。显然这个修养过程不能中断,因为一中断就意味着自我复萌,丧失他的宇宙。因此在认识上他永远摸索着,在实践上他永远行动着,或尝试着行动。这些都不能分开,所以在他身上存在着哲学家的合命题,这正是合命题一词的本义。他像苏格拉底,他的哲学不是用于打官腔的。他更不是尘封的陈腐的哲学家,关在书房里,坐在靠椅中,处于人生之外。对于他,哲学从来就不只是为人类认识摆设的观念模式,而是内在于他的行动的箴言体系;在极端的情况下,他的哲学简直可以说是他的传记。"

【思考】

1. 作者认为,"内圣外王"是中国哲学的精神。他是如何推导出这个结论的?请用思维导图,来表达这个推理过程。

2. 做论证必须追求严谨与周延,因此,范围、背景、角度、内涵的限定是必要的。譬如这句话:"专就中国哲学中主要传统说,我们若了解它,我们不能说它是入世的,固然也不能说它是出世的。""专就中国哲学中主要传统说"这个限定语能否删掉?请结合文中的内容加以说明。

"美美与共"和人类文明①

费孝通

【阅读提示】

　　《"美美与共"和人类文明》是费孝通为 2004 年"文明的和谐与共同繁荣"北京论坛所写的一篇书面发言稿。文章提出,要摆脱近代以来西方列强"以我为中心"的影响,在"更高的层次上重新构建自身文明和他人的文明的认识",以此来回应全球化进程的挑战。文章提出的解决文明冲突的主要原则如"和而不同""文化自觉"与"美美与共",如今已被广泛接受。文章主要借助两种资源来阐释观点,一是他早年的学术研究经历与体验,以此彰显尊重多元、和而不同的意义;二是中华民族"多元一体"的发展格局,以此来阐释中华文明的自我协调机制和"文化自觉"的必要。文章特别强调,"文明与文化"归根到底是关于"人"的事情,"不是靠着简单的逻辑论证、辩论、讲道理就能解决的",而应该最大限度地聚焦"人文关怀"和"主体感受"。这一点,正是本文立论的基点。所谓不同文明相处中的"君子之风",所谓"各美其美、美人之美、美美与共、天下大同",都建立在这个基点之上。

---

① 选自《文化的生与死》(上海人民出版社 2013 年版),费孝通著。

在研究方法上，费孝通先生一直倡导"到实地去"。此文进一步阐述了"到实地去"的人文内涵，这意味着研究者尊重与理解不同民族、不同人群的良善愿望，也意味着摆脱文化偏见的跨文化交流的健康心态。

一、文明的话题

探讨全球化和不同文明之间的关系，不是一个新的话题，也不是一个新的现象。今天我们经常说的"全球化"，其渊源可以追溯到 19 世纪西方（主要是英国）主导的世界各地不同文化之间的广泛接触和交往。对于这种广义的全球化趋势的关注与研究，也是从 19 世纪开始的，比如卡尔·马克思就关注过资本主义全球扩张和原始积累的过程。关于这方面问题的探索，一直是社会学、人类学、民族学等诸多社会科学研究的重要领域。

这种对于全球化、文明、文化的研究，不仅仅是一种纯知识性的探索，它已经成了解决人们面临的严峻问题的一门科学。当今世界上不同的国家、民族、宗教之间的各种交融和冲突屡见不鲜，全球化造成的矛盾和问题，对我们构成了多种多样的挑战，对此，国际学术界和思想界做出了种种反应。我本人近年来对"天人对立论""文明冲突论"等思潮的评论，就是对目前世界上发生的一些问题所发表的意见。

当今世界上，还没有一种思想或意识形态能够明确地、圆满地、有说服力地回答我们所面临的关于不同文明之间该如何相处的问题。不管是社会经济高度发展的"发达国家"，还是大多数"发展中国家"，在这个问题上，都同样受到严峻的挑战。这不是哪个单一的国家、民族或文明遇到的问题，而是一个全人类都要共同解决的问题。全球化的特点之一，就是各种"问题"的全球化。

二、时代的呼唤

近二三百年来,西方思想在世界学术界起着主导作用,但是在面对全球问题的时候,西方的一些基本思路,显现出很大的局限性,在解决某些问题的同时,又引发出一些新的矛盾。比如,近百年来,随着西方强势文化的扩张,"自我中心主义"在一些人的头脑里大大地膨胀起来,"西方至上主义""殖民主义""极端国家民族主义"和"种族主义"等思潮,成了 20 世纪两次世界大战的催化剂,也是造成很多国际性问题的重要原因。时至今日,世界上极端主义和以暴制暴所造成的种种事端,依然摆脱不掉"以我为中心"的影子。

因此,我觉得要更好地理解今天世界上出现的问题,寻求解决全球化与不同文明之间的关系,就必须超越现有的一些思路,在一个更高的层次上重新构建自身文明和他人的文明的认识,只有当不同族群、民族、国家以及各种不同文明,达到了某些新的共识,世界才可能出现一个相对安定祥和的局面,这是全球化进程中不可回避的一个挑战。

要认真深入地对这些问题进行研究,就必然会碰到诸如文化、文明、人性、族群性等基本概念,会涉及认识论和方法论这样更高层次的问题。比如在探讨文化交流时,常常会牵扯到对文化的基本定义;对各种文明的基础和特质进行研究时,也要谈到关于"人""人性"这些更基本的问题。事实上,很多人文学科的研究,比如人类学者对文化、传统的理解;社会学对于社会群体结构的理论;民族学对族群性的解释等,都可为我们提供很好的思路,对我们有很大的启发。

我提及这方面的话题,并不是说我已经有了某种结论,而是希望我们在探讨、研究问题时,要把眼光放开、放远一些;思路变得灵活、广泛一些,不要总局限在一些常识性的、常规性的和褊狭的框框里。在探索关系人类文明这样一个宏大的、长远的课题时,我们的思想要有与之相适应的、博大的包容性和历史的纵深感;要充分利用全人类的智慧,发挥多学科、跨学科的优势来进行研究。

人类每逢重大历史转折时期,就会出现各种各样的所谓"圣贤",其实,这些"圣贤"就是那个时代所需要的,具有博大、深邃、广阔的新思路和新人文理念的代表人物。我曾经把当今的世界局势比作一个新的战国时代,这个时代又在呼唤具有孔子那样思想境界的人物。我确实已经"听"到了这种时代的呼唤。当然,今天的"圣贤",不大可能是由某一种文明或某一个人物来担当,他应该,而且必然是各种文明交流融合的结晶,是全体人类"合力"的体现。

近年来,在讨论全球化这个话题的时候,我多次提到"和而不同"的概念。这个概念不是我发明的,它是中国传统文化中的一个重要核心。这种"和而不同"的状态,是一种非常高的境界,它是人们的理想。但是要让地球上的各种文明,各个民族、族群的亿万民众,都能认同和贯彻这个理想,绝不是一件轻而易举的事。为此,我们还有很长的路要走,还要付出沉重的代价。

我还提出了"文化自觉"。什么是文化自觉? 简单地说,就是每个文明中的人对自己的文明进行反省,做到有"自知之明"。这样,人们就会更理智一些,从而摆脱各种无意义的冲动和盲目的举动。

后来,我又进一步提出"各美其美、美人之美、美美与共、天下大同"的设想。这几句话表达了我对未来的理想,同时也说出了要实现这一理想的手段。我认为,如果人们真的做到"美美与共",也就是在欣赏本民族文明的同时,也能欣赏、尊重其他民族的文明,那么,地球上不同文化、不同民族、不同国家之间就达到了一种和谐,就会出现持久而稳定的"和而不同"。

三、经验性研究(empirical study)

研究文化和文明问题,可以有多种不同的视角和方法,不同的视角和方法之间可以互相支持和取长补短。作为一名从事实地调查研究的社会工作者,我想借此机会,谈一谈我在对全球化和文化、文明关系的研究中所采用的方法和体会。

我的学术生涯,大约是 70 年前从广西大瑶山开始的,那次人类学和民族学的田野调查的研究方法(用今天的话说,就是"理论和实际相结合"的方法),对我一生学术研究产生了决定性的影响,成了我后来学术研究的基本手段。

我提出这个问题,是想提醒大家关注和探讨全球化和文明的问题时,如何拓展我们的研究方法。今天,世界上发生了许多新的问题和现象,这些问题和现象,都是由不同文化相互接触、碰撞、融合而产生的,没有现成的答案可以解决。也就是说,用原有的思维逻辑,原有的研究方法来解决现在的问题已经不行了。要想找到解决问题的方法,就是要回到现实社会生活中去,扎扎实实地做实地调查。要超越旧的各种刻板的印象(stereotype)和判断,搞清楚各种文明中的人们的社会生活,并以此为基础(而不是以某种意识形态体系为基础)来构建人类跨文明的共同的理念。这种研究的难点,在于研究者必须摆脱各种成见,敞开胸怀,以开阔的视角,超越自己文化固有的思维模式,来深入观察和领悟其他族群的文化、文明。在跨文化的交流和沟通中,构建起新的更广博的知识体系。

为什么必须要到现实生活中去调查呢?因为人类社会是复杂的、多样性的;又是多变的、富于创造性的,它绝不是只有单一文化背景和有限知识和经验的研究者能够想象和包容得了的。所以研究者必须深入你所要了解的"他人"的生活中去观察、研究。从某种意义上说,这种实地调查的方法,也反映出研究者的一种心态,就是你是不是真正要去理解、接受"他人"的文化、文明,这种心态正是今天不同文明之间交流的一个关键。深入到"异文化"中去做调查,努力了解"他人"的语言、传统,做到设身处地地用当地人的眼光来看待周围的事物……这本身就是对"异文化"的尊重和对"异文化"开放的心态。如果连这种最基本的平等态度都没有,还谈什么交流和沟通。

可以说,在我一生的学术生涯中,我一直试图坚持走实地调查这条道路。当我 70 岁获得"第二次学术生命"时,虽然已经不可能像年轻时那样,长期地、深入地去观察某一个具体的社区或社会现象,但是,我仍然每年要安排三分之一以上的时间到各地做实地考察,这种实地考察使我受益匪浅。

四、心态和价值观

从学术史上说,这种实地考察的实证主义,是我在英国留学时的导师马林诺斯基在 20 世纪初提出的。1914—1918 年间,马老师通过在西太平洋 Trobriand 岛上参与和观察当地土人的生活,从而总结出一套行之有效的研究方法,构建了人类学功能学派的理论基础。他的这一贡献与其说是学术上的,不如说是人文价值上的,因为长期以来,西方学术界流行的是以西方为中心的社会进化论思潮,把殖民地上的人民看成和白人性质上不同的、"未开化"的"野蛮人"。马老师却号召人类学者到那些一直被认为是非我族类、不够为"人"的原始社会里去参与、观察和体验那里人的生活。马老师使这些"化外之民"恢复了做人的地位和尊严。

在马老师强调和提倡田野工作之前,即使像弗雷泽这样的人类学大师在搞研究工作时,也主要是依靠查阅各种游记、笔记、文献资料。这种大量利用间接观察、间接记录、多手转达的方法,很容易因为观察者视角不一致、信息不连续和不完整,使研究者做出错误的解释和结论。实地调查能够促使研究者深入到"社会生活"中去"参与观察",使"人类学走出书斋",取得超越前人的成绩。

要进行跨文化的观察体验,还必须具有一种跨越文化偏见的心态。由某一种文化教化出来的人,因为对"他文化"不习惯,出现这样那样的误解、曲解,对"他文化"产生偏见(prejudice),应该说是一种正常现象。但是,作为一个研究者,则必须具备更高的见识、更强的领悟力,能够抛弃这种偏见。我特别提到一个"悟"字,这个字在跨文化的研究中显得特别重要,它不仅要求研究者全身心地投入到被研究者的生活当中,乃至他们的思想当中,能设身处地地像他们一样思考;同时,又要求研究者能冷静、超然地去观察周围发生的一切。在一种"进得去,出得来"的心态下,去真正体验我们要了解的"跨文化"的感受。我认为,在讨论全球化和不同文明之间的关系时,具体的研究方法等技术因素,并不是最重要的,最要紧的还是研究者的心态。

其实,我们平时常说的"凡事不要光想着自己,要想到人家"这句话,就很通俗地说出了在跨文化研究时所要持有的心态。这句话是中国人一个传统的、十分重要的为人处世的原则,类似的"原则"在老百姓中流传的还有很多。我想这些"原则"应该是我们中华民族在形成多元一体格局的历史进程中,融汇百川,不同文明兼收并蓄而积累下来的宝贵经验,这些经验或许能够对我们社会研究工作者提供有益的帮助。

培养这种良好的跨文化交流的心态,是提高每个社会工作者人文修养的一门必修课,应该把这方面素质的提高,作为对社会学专业学生的基本要求。如果再扩大一些,我们能在一般民众中也推行这方面的宣传教育,其结果,必然能够增进不同文明中普通成员之间良好的沟通、交流和理解。如果这种沟通、交流和理解能够有广泛的群众基础,那么,今天世界上诸多民族和文明之间的矛盾、偏见、冲突以及冤冤相报、以暴制暴等就有了化解和消除的希望。

五、交融中的文明

近几百年来,西方文化一直处于强势地位,造成了其社会中某些势力的自我膨胀,产生了殖民主义、种族主义、极端民族主义、文化沙文主义、单线进化论等形形色色的自我中心主义的思潮。但与此同时，在西方学术界，也出现了像马林诺斯基这样的，对西方文化中自我中心主义思潮进行反思和反制的学术流派。这种反思，可以说就是"文化自觉"的一个表现。然而直到今天，西方社会中的各种势力和学术界各派别之间，仍然存在着巨大的分歧和激烈的较量。从另一方面看，非西方的各种文明，在经历了几百年来的殖民主义、世界大战、冷战、民族解放运动等磨炼后，其社会成员的思想和心理都起了十分复杂的变化，产生了多种多样的社会思潮，其中不乏与"西方至上主义"相对立甚至相对抗的思潮。这个状况，被一些人称作"文明的冲突"，这种冲突已经影响到了今天的世界局势。目前所谓的"恐怖主义"和"反恐斗争"，就是这种"冲突"的表现之一。

几百年来，主导世界的西方文化大量地传播到其他文明中，随着时间推移，世界已经越来越紧密地联系在一起，这种传播也变得越来越快了。然而，文化交流是双向的，在西方文化快速传播的同时，西方社会也大量地汲取了其他文明的文化，而且这种文化上的交融，每时每刻都在发生着。这些被吸收的"异文化"，经过"消化""改造"之后，成了各自文明中新的、属于自己的内容，并从宗教、政治和意识形态等方面反映出来。可以说，今天世界上不同文明之间已经是"你中有我，我中有你"。今日之世界文明，已非昔日历史文献、经典书籍中所描绘的那种"纯粹"的传统文明了。因此，我们必须改变过去概念化的、抽象的、刻板的思维方式，以一种动态的、综合的、多层面的眼光，来看待当今世界上不同文化和文明之间的关系。

六、中华文明的启迪

作为非西方文明主要代表之一的中国，长期以来遭受殖民主义、帝国主义的欺压，为了民族生存，中国人民前仆后继、英勇斗争，终于捍卫了自己的主权和独立。长期的遭受屈辱，不断的奋起抗争，如今昂首屹立在世界上的经历,对中华民族面对全球化时的心态,必然会产生巨大的影响,尤其是当中国的综合实力和国际地位不断提高的时候,我们更应该加强"文化自觉"的反思,使我们能够清醒地认识到自己的状况,摆正在世界上的位置。

"文化自觉"的含义应该包括对自身文明和他人文明的反思,对自身的反思往往有助于理解不同文明之间的关系。因为世界上不论哪种文明,无不由多个族群的不同文化融会而成。尽管我们在这些族群的远古神话里,可以看到他们不约而同地在强调自己文化的"纯正性",但是严肃的学术研究表明,各种文明几乎无一例外是以"多元一体"这样一个基本形态构建而成的。20世纪80年代末,我总结了多年来研究的心得,提出了"中华民族多元一体格局"的观点,试图阐明中华民族这个由56个民族组成的实体形成的过程。

在我们探讨全球化和不同文明之间的关系的时候,中华民族的"多元一体格局"给了我们一些启示。我们知道,古代中国人的眼里,"中国"就是"天下",也就是被看作一个"世界"。所以中国人常说的"分久必合,合久必分",并不是现代西方人所指的一个"民族国家"的"统一"或"分裂",而是一种"世界"的分崩离析和重归"大一统"。纵观中国几千年的历史,分分合合,纷争不断,但是从"多元"走向"一体"的大趋势是整个历史发展的主线,而且即使是在"统一"的时期,统治者在政治制度、宗教信仰、经济形态等方面,仍然允许在某些地区、某一阶层、某种行业中保持它的特殊性。古代中国这种分散的多中心的局面,究竟是因为怎样的内在机制、怎样的文化基础和思想基础才得以存在?这样"和而不同"的局面有什么优势和劣势?在中国传统文化中,哪些要素在这里边起了什么作用?古代的中国人究竟是怀有怎样的一种人文价值和心态,才能包容四海之内如此众多的族群和观念迥异的不同文化,建立起一个"多元一体格局"的中国!这些都是值得我们深刻思考和努力研究的问题。

　　中华民族在漫长的"分分合合"的历程中,终于由许许多多分散孤立存在的族群,形成了一个"你来我去、我来你去,我中有你、你中有我,而又各具个性的多元一体"。所以,在中华文明中我们可以处处体会到那种多样和统一的辩证关系。比如早在公元前,号称"诸子百家"的战国时期,出了那么多思想家,创立了那么多学说,后来为什么会"独尊儒术",能够"统一"? 儒家学说中又有什么东西使它成为一种联结各个不同族群、不同地域文化的纽带,从而维系和发展了中华民族的多元一体格局? 还有,许许多多的族群在融入以"汉人"为主体的大家庭时,是以一个怎样的机制,使原本属于某一族群的文化,发展成由大家"共享"的文化? 我们都知道,不同的宗教信仰之间怎样"友好共处",是一个比较复杂、棘手的问题,但是在中国历史上也有成功解决的范例。比如古代犹太人在中国的经历,就是一个例子。人们通常认为犹太民族是一个宗教观念非常强烈的群体,但是在中国这样一个相对宽松的传统文化的氛围里,在中国的犹太人,逐步融合到中国的社会中,没有发生像在西方社会,犹太人由于受到压制而不断强化民族宗教意识,甚至发生冲突的现象。还有在辽、金、元、清的时候,统治者在不同民族、不同族群的地区,实行不同的行政制度,因地制宜,顺应当地民众的传统文化、信仰和习俗来进行统治。但是,这种"顺应"又都统一在更高一层的"国"的框架之内。

　　这些例子,说明中华文明的结构和机制,在漫长的岁月中,经过一代代先人在实践中不断地探索、积累、完善,已经形成了一套相当成熟的协调模式。这些事实充分体现了古人高度的政治智慧和中华民族深厚的文化底蕴。时至今日,在我们的生活实践中实施的"民族区域自治""一国两制"等政治制度,无不缘于厚重的中华传统文化。

　　中华文明有着悠久的历史和深厚的内涵,也有与"异文化"交流的丰富经验。我相信,在今后中国越来越广泛、深入地融入世界的过程中,一定能为重构全球化和不同文明之间的关系做出应有的贡献。

七、跨文化研究的人文属性

人们常常把世界上不同文明之间如何相处的问题,看成国与国、民族与民族之间政治、军事、综合国力等方面的比较,像是在做一种"力学"关系的分析。这样的分析不能说没有道理,但是不全面,因为文明、文化都是关于"人"的事情,所以要搞清楚还得从"人"入手。

文明、文化都是抽象的概念,它们之间的关系,不同于一般社会群体、社会组织这样的实体之间的关系。但是人们常常有一种倾向,遇到文明、文化之间的问题的时候,会不自觉地把它当作社会实体之间的问题来处理。要知道,文明和文化是具有浓厚情感、心理、习俗、信仰等非理性的特征,它们之间的关系也不是靠着简单的逻辑论证、辩论、讲道理就能解决的。我们大约都有过在处理涉及感情、心理、习俗等这些问题时,讲不清道理的经历。所以,在处理跨文明关系、跨文化交流这样更复杂、更微妙的人文活动时,就要求我们运用一套特殊的方法和原则,最大限度地注意到"人文关怀"和"主体感受"。这是一项涉及历史、文化、传统、习俗、文学、艺术等诸多领域里的,以"人"为中心的系统工程。

在对跨文化的研究中,理解"人",理解人的生物性、文化性、社会性;人的思想、意识、知识、体验以及个人和群体之间微妙、复杂的辩证关系等都是至关重要的。因为,人的上述特性通过交流、传播和传承,可以成为群体共有的精神和心理财富,并在这一群体里"保存"下来,达到"不朽",成为"文化"的一部分。同样的道理,不同文明、不同文化的人们之间,也存在着这种交流、传播和传承。

从总体上说,人类文明的多样性,是各个文明得以"不朽"的最可靠的保证。一种文明、文化,只有融入更为丰富、更为多样的世界文明中,才能保证自己的生存。人们常说,"只有民族的,才是世界的",这是不错的;反过来说,只有世界的,才是民族的,才能使这个民族的文化长盛不衰,也很有道理。所以,文化上的唯我独尊、故步自封,对其他文明视而不见,都不是文明的生存之道。只有交流、理解、共享、融合才是世界文明共存共荣的根本出路。不论是"强势文明"还是"弱势文明",这是唯一的出路。

探讨文明和文化问题,不可避免地要涉及价值观和信仰,而这些又极容易转变成感情和心理因素,然而在科学研究中,一旦掺杂了这些因素,就会产生巨大的阻力,这是我们从事族群、民族、宗教研究的社会科学工作者都遇到过的问题,因此,必须构建一种超越常规的理念。我们不提倡用某一种文明的意识形态、价值观念来解决不同文明之间的问题,因为用一种文明的"标准"去评判另一种文明,不管这种做法"对不对",实际上会让人感觉到这样做"好不好"。由于不同文明之间人们的认知体系有差别,所以不同文明的人,对同一个问题的看法,常常会变得不是"是"与"非",而成了"好"与"坏"了。我觉得,不管出于什么动机,强迫别人接受一种本来不属于他们的价值观,这种做法本身就含有欺压和侮辱人的性质。

不同文明之间的交往,"内容"常常会退居到次要的地位,而"形式"会上升为主要的东西。我说的"形式",不是科学主义说的那种可以忽略的、外在的、表面化的形式,而是人类学中所指的"仪式""象征",也即"意义"。它在一种文明、一种文化里起着很重要的作用,甚至是生死攸关的作用。不同文明之间的矛盾,是不能简单地按照经济或功利的原则来解释的。中国古代有"不食周粟""苏武牧羊"的故事,这些故事说明,文明、文化的交往绝不是简单的商品交易;一个族群、一种文化,不是物质利益就能收买,也不是强力所能压服的。

当前世界上某些人,常常有意无意地把不同文明、文化之间的关系,直接与国家或民族利益挂钩,这是一种加大,甚至是激化不同文明之间误解和矛盾的做法。这些人在大谈"国家利益"的时候,手里不断挥舞着文明、文化的大旗,把赤裸裸的为"一国谋利益"的做法,装扮成捍卫"某某文明"的"义举";把具体的国家利益之争,混淆成不同文明之间的争斗。当然,从广义上讲,文化价值也包含在"利益"之中,但它们并不是简单地连接在一起的,这种随意的联系,是不成熟、不理智、不准确、不负责任的表现。犹如我们不能把美国的国家利益,等同于基督教文明的利益;也不能把中国的国家利益,说成儒家文明的利益。

我们认为,国家利益可以"一事一议",好像谈生意那样,通过理性的协商来解决。如果把这种事情上升到文明、文化的层次里,就会变成充满感情和心理因素的、非理性的问题。

一个国家不能自命为某一种文明的代表或化身,说成某文明的卫士;各种政治集团也不该盗用文明、文化的名义,制造民粹运动来为自己的政治利益服务。这种夹杂着经济和政治目的的"国家利益",会大大歪曲不同文明之间关系的本质,造成恶劣的结果。

八、美 美 与 共

从历史和现实中可以看到,要想处理好不同文明之间的关系,首要的条件应该是各自能够保持一种平和、谦逊的心态,就是中国古人所谓的"君子之风"。

前几年,我提出了"各美其美、美人之美、美美与共、天下大同"的设想,这是我的心愿。要想实现这几句话,还要走很长的路,甚至要付出沉重的代价。比如要做到"各美其美、美人之美",也就是各种文明教化的人,不仅欣赏本民族的文化,还要发自内心地欣赏异民族的文化;做到不以本民族文化的标准,去评判异民族文化的"优劣",断定什么是"糟粕",什么是"精华"。

要达到这样的境界并不容易,比如当今世界上许多发展中国家,历史上大多遭受过西方殖民主义的欺凌,这些国家的民众,由于受一种被扭曲的心理的影响,容易产生两种截然相反的倾向:一种是妄自菲薄,盲目崇拜西方;一种是闭关排外,甚至极端仇视西方。目前,这种仇视西方的状况似乎已经酝酿成一股社会潮流。从另一方面说,作为强势文明的发达国家,容易妄自尊大,热衷于搞"传教",一股脑地推销自己的"文明",其实这样做会蒙住自己的耳目,成了不了解世界大势的井底之蛙。中国的历史上,也出现过"盲目崇拜"和"闭关排外"的现象。希望今天的中国学术界,能够彻底抛弃妄自菲薄、盲目崇拜西方或者妄自尊大、闭关排外的心理。

中华文明经历了几千年,积聚了无数先人的聪明智慧和宝贵经验,我想我们今天尤其需要下大力气学习、研究和总结。当面对今天这种"信息爆炸"、形形色色"异文化"纷至沓来的时代,我们需要认真思考怎么办。全盘接受、盲目排斥都不是好的办法,我们应该用一种理智的、稳健的,不是轻率的、情绪化的心态来"欣赏"它。要知道,不论哪种文明,都不是完美无缺的,都有精华和糟粕,所以对涌进来的异文化我们既要"理解",又要有所"选择"。这就是我说的"各美其美、美人之美、美美与共"。

中国历史上有过这样的例子。唐朝的时候,国家昌盛、经济发达、文化繁荣,引起了邻国日本的关注,派人来学习,与唐朝建立了友好关系。他们把唐朝好的东西带回去,丰富了自己的文化。这段历史表明,当时的日本人是很有"鉴赏力"的,善于"美人之美",因此获得了很多文化资源,达到了"双赢"的结果。

当今地球上的人类,应该比古代人具有更广阔的胸怀、更远大的目光,对于不同文化有更高的鉴赏力,拥有一个与不同文明和睦相处的良好心态。在这方面,我们的先辈留下了许多包含了深刻哲理的宝贵经验。比如孔子说:"己所不欲,勿施于人",强调的是人们"不应该做什么",而不是要求人们"应该做什么";又如"修己而不责人""退一步海阔天空"等这样的格言,都包含了克己、忍耐、收敛的意思。这些都是中华民族多元一体格局在形成的漫长岁月中,逐渐发展起来的中国人特有的一套哲学思想。

为了人类能够生活在一个"和而不同"的世界上,从现在起就必须提倡在审美的、人文的层次上,在人们的社会活动中树立起一个"美美与共"的文化心态,这是人们思想观念上的一场深刻的大变革,它可能与当前世界上很多人习惯的思维模式和行为方式相抵触。在这场变革中,一定会因为不理解而引起一些人的非议甚至抵制,特别是当触动到某些集团的利益的时候,可能还会受到猛烈的攻击。但是,当我们看到人类前进的步伐已经迈上了全球化、信息化的道路;已经到了一个必须尽快解决全球化和人类不同文明如何相得益彰、共同繁荣的紧要关头,这些抵制和攻击又算得了什么。

九、博采众家之长

当我们探讨和研究不同文明如何相处的时候,必须充分了解和借鉴世界上各种文明,做到博采众长、开阔胸怀、拓宽思路、启迪灵感。中国的社会科学工作者在探讨、研究中华文明的时候,也要认真地理解和研究世界上其他文明的文化,要"美人之美"。

近年来,"欧盟"的统一进程引起了人们的关注。欧洲的社会经济发展,一直在世界上扮演着"领跑者"角色,所以欧盟的统一,可以看作在全球化背景和现代社会条件下,欧洲不同文明、不同文化的国家,在试图重新协调它们之间的关系,探索如何共处的一个实例。当然,欧洲的"统一"并不就是未来"全球化"的模式,全球化并不是世界"统一"。地球上如此众多信仰不同、风俗各异的民族和国家,情况远比欧洲复杂得多,而且世界各地普遍存在着的严峻的经济、政治和军事等诸多问题,绝不是一个"模式"就能解决的。这个尝试和实践之所以引起我们的注意,是因为它能为世界上不同文明之间的交往,提供很多值得学习、借鉴的经验。

从人类学社会学的角度上看,世界上所有的文明都蕴含着人类的智慧,每一种文明都值得我们关注、研究,从中汲取营养。比如像印度这样一个历史悠久,民族、宗教关系极其复杂的国家,在他们的传统文化中就包含着极其丰富的处理多民族、多宗教、多文化并存的经验;同样,历史上曾经出现过的强大的国家和各种强势文明,诸如奥斯曼帝国、俄罗斯帝国、奥匈帝国,阿拉伯文明、南美文明、非洲文明等,这些庞大的多民族的社会实体,无不在解决不同文化之间的交流、沟通和融合方面,为后人积累了丰富的经验和教训。

作为人类学社会学工作者,我们应该以严肃、认真的态度,不带任何偏见地深入研究本民族的历史文化,同时也应该下功夫研究其他国家、民族的历史文化,以扩展我们的视野,增强我们的想象力和创新能力,为当今世界经济迅速"全球化"的同时,建设一个"和而不同"的美好社会贡献力量。

【思考】

1. 文章提倡一种"美美与共"的文化心态。何谓"美美与共"?请从其背景、基本理念和意义三个维度,谈谈对"美美与共"的理解。

2. 本文反复主张的"文化自觉"与今天我们所说的"文化自信"有怎样的关系?请结合文章内容,表达你的看法。

昔日的天下观①

葛剑雄

【阅读提示】

在《统一与分裂：中国历史的启示》的自序中，葛剑雄写道："中国历史上的统一和分裂以及与此相关的一系列问题，就连学术界还没有做出令人信服的解释。不少长期被视为定论的话，其实并不符合基本的史实，或者不能正确地解释中国的历史。这就使我萌发了在这方面做些研究的念头。"《昔日的天下观》分为两部分，第一部分是关于"九州的传说与现实"，追溯了天下、九州、中国、中原、华夏等概念的来龙去脉，并指出，战国时期形成的天下观是"封闭的观念"。第二部分"一厢情愿的'天下'"，梳理秦以后的天下观，"一厢情愿"这个词语点明了这些观念中的封闭与保守色彩。文章对长城的历史意义的澄清，对"炎黄子孙"的内涵的辨析，等等，都隐含了作者的担忧：几千年形成的封闭、自大心理，可能会妨碍我们对世界的理性认知。

在论证上，本文在史料的援引、辨析与论证上，颇见功力。同时，文章追根溯源，娓娓道来，从历史走向今天，学术

---

① 选自《统一与分裂：中国历史的启示》（商务印书馆 2013 年版），葛剑雄著。

思考与现实观照相结合,颇有启发性。

当地圆学说在晚清传播时,舆情大哗。不少饱学宿儒发出共同的责难:"要是地球真是圆的,生活在另一面的人难道都是倒立的吗?"

虽然把"中国"确定为我们整个国家的名称是到 19 世纪后期才出现的事情,但中国统一的概念却已经存在了三千多年,甚至在中原的统一国家形成之前,政治家和学者已经纷纷推出了各自的统一蓝图。虽然当时还没有一个君主真正能够统治这片广袤的土地,但"溥(普)天之下,莫非王土"的颂歌却在西周时就已经普遍流传,并且被视为真理而接受。

不过,这首颂歌的作者(或许不止一个)大概不会想到,这种统一观居然统治了中国两千多年,并且到今天还没有消除它的潜在影响。

九州的传说和现实

在中国儒家的经典著作《尚书》中有一篇《禹贡》,一开始就写道:"禹敷土,随山刊木,奠高山、大川。"意思是说,在洪水横流以后,大禹一面规划治水,一面根据名山大川的分布重新划定区域。接着列出的九个单位是:冀州、兖州、青州、徐州、扬州、荆州、豫州、梁州、雍州,这就是九州。

在另一篇《舜典》中,又提到在尧、舜时,"肇十有二州"。"肇"是开始的意思。对这句话,西汉的学者谷永和东汉初的学者班固解释为:在尧的时候遭到洪水,全国被大水分割为十二部分;但东汉末年的马融的说法是:舜在大禹治水之后,从禹所划分的九州中又分出幽州、并州和营州三个单位,因而总共有了十二个州,这一说法获得后世多数学者的赞同。

从未实行过的九州制

由于这些记载都出于儒家经典,又得到后世众多学者的肯定,所以从西汉以来就成为不可动摇的定论,几乎没有人表示怀疑。人们一般都认为,从大禹治水开始就有了九州这样的政区,以后又演变为十二州。直到现在,一些人在叙述一个地方行政区划的历史时,往往还要从九州讲起,似乎这是历史事实。

由于全国就分为九州,所以九州又一直被当作全国、"天下"的代名词。如南宋诗人陆游《示儿》诗中的名句"死去原知万事空,但悲不见九州同",就是取这样的用意;晚清诗人龚自珍的"九州生气恃风雷"一句也是如此。

五四运动以后,学者们向儒家经典提出了挑战。经过反复的争论和研究,历史学界已经把这传统的九州说推翻了。原来《禹贡》中的记载并不是历史事实,九州也不是中国最早的行政区划。

《禹贡》虽然托名为大禹所作,其实却是战国后期人的作品。具体的证据很多,最主要的理由是《禹贡》中所记的不少地理状况都是战国时的现象,有的地名和水名甚至要到战国后期才出现,如果真是大禹所作,他岂能未卜先知?而且在《尚书》各篇中,《禹贡》的语言照理应比出现在它以后的《盘庚》(记录商朝中期的君主盘庚迁都事)等篇难懂,事实恰恰相反,这也只能说明《禹贡》问世的时间较晚。

《禹贡》所讲的内容不符合历史事实,至多只有传说的价值。到目前为止的考古发掘和研究的成果,还只能证实商朝的历史。近年来在河南等地发现的一些文化遗址,一些学者认为就是属于夏朝。如果这一观点得到进一步的证明和普遍的承认,那么夏朝的主要统治区应该在今河南一带,与文献记载传说中的夏都不超出今山西南部、山东西部和河南的范围是一致的,而《禹贡》所叙述的九州的范围,北至燕山山脉和渤海湾,南至南岭一带,西至陇东高原,至于具体涉及的地理内容更广,当然不可能是夏朝的事实。

现有的研究成果足以证明,不仅传说中的大禹时代还不可能有什么行政区划,就是商朝和更后的西周时代也还没有出现行政区划。既然《禹贡》是战国后期的产物,那么九州制是不是当时的制度呢?也不是。大家知道,到战国后期,周天子的权力早已荡然无存,而秦始皇还没有统一六国,七个主要的诸侯国各自为政,又有谁有这样的权威能制定并且实行包括各国的疆域在内的行政区划呢?

可见,九州制只是当时学者对未来统一国家的一种规划,反映了他们的一种政治理想。

秦始皇在全国推行了郡县制,却没有在郡以上设立州。到了公元前2世末,也就是在《禹贡》问世的一二百年以后的西汉元封五年(公元前106年),汉武帝将全国除首都附近的七个郡级单位以外政区分属于十三部,即豫州、兖州、青州、徐州、冀州、幽州、并州、凉州、益州、荆州、扬州、交趾、朔方。每部设刺史一人,负责巡察境内的地方官和豪强地主;称为十三刺史部,简称十三部或十三州,但那时的州还是一种监察区,而且这十一个以州命名的单位中没有《禹贡》九州中的梁州和雍州,而是增加了凉州、益州、并州和幽州。在公元1世纪后的东汉,州才成为最高一级的行政区域。朔方并入了并州,加上管辖首都一带的司隶校尉部,总数仍为十三。由于交趾改称交州,以州命名的单位就有了十二个,也不是九个。东汉末年曹操曾想按九州来重划政区,却没有成功,从此再也没有人做过这样的尝试。从这一角度讲,九州从来没有成为中国的现实。

胎死腹中的五服制

在《禹贡》中还记载了一种"五服"制:"五百里甸服,五百里侯服,五百里绥服,五百里要服,五百里荒服。"根据这样一种国家模式,在王所居住的京城之外的土地应该分为五等,每一等四方各五百里。从京城往外,第一等是甸服(以农业为主的直接统治区),第二等是侯服(诸侯统治区),第三等是绥服(必须加以绥抚的地区),第四等是要服

（边远地区），第五等是荒服（蛮荒地区）。

如果说，九州制因为是以名山大川为主要界限，所以还能使人相信为实际行政区域的话，五服制这样四四方方二千五百里的划分就难以自圆其说了。连宋代的儒家学者蔡沈在给《尚书》作注释时也不得不指出："尧的都城在冀州，冀州的北界在今河北北部和内蒙古南部，恐怕不会有二千五百里。即使算到这么远，也都是沙漠不毛之地了。而东南最富庶的地区反而被列入要服和荒服（离冀州一千五百至二千五百里），根据地势来考察，简直弄不明白是怎么回事！"①

但是五服制中有一点却反映了这样一个事实：在生产力低下、运输相当困难的情况下，王（天子）对臣民的贡品的征收不得不随距离的远近而改变。例如在天子直属区"五百里甸服"的范围内就规定了五种不同的纳贡标准：一百里内割下来的作物连穗带秆一起交，二百里内只交谷穗，三百里内交谷子，四百里内交粗米，五百里内交精米。实际实行的制度虽不可能如此刻板，但运输能力显然是必须考虑的因素。

九州制是对未来的设想，五服制却是对过去的理想化。因为在西周和以前虽然采用过类似的分等级统治体制，却并没有把每一等级固定为五百里，实际上也不存在这样的可能。所以五服制虽见于《禹贡》，却从来没有哪一个君主或政治家有意实行过，只能胎死腹中。

大 九 州 说

正因为九州制仅仅是一种理想，所以在《禹贡》问世以后，还出现了另外几种九州的方案，如《周礼》（也是托名周朝制度的著作）中的《职方》、《尔雅》中的《释地》和《吕氏春秋》中的《有始览》都提出了自己的

① 蔡沈《书集传》："尧都冀州，冀之北境并云中、涿、易，亦恐无二千五百里。藉使有之，亦皆沙漠不毛之地，而东南财赋所出则反弃于要、荒，以地势考之，殊未可晓。"

九州规划,各州名称与《禹贡》不尽相同,划分的范围也有所差异。

战国时齐国学者邹衍又提出了他的大九州学说,大意是这样的(今译):

> 儒家所谓的中国,不过只有天下的八十一分之一。中国的名称叫赤县神州,内部有九个州,就是大禹划定的,但这还不能算是真正的州。在中国之外像赤县神州这样的单位共有九个,这才是九州。在九州的周围有大海包围,人类和动物都无法来往。这样的九州合起来又是一个州,像这样的单位也有九个,在它们的周围有更大的海洋包围着,这就到了天地的边缘了。①

这种学说与其说是对外部世界的了解,还不如说是出于臆想和推理。比起那种中国就等于天下,除了中国(实际上只是中原)之外就没有文明社会的观点来,大九州学说高明地承认还存在着不止一个同样发达的人类社会。但恰恰在这一点上又作了实际上的自我否定:由于各州之间都由无边无际的大海阻隔,人民禽兽是无法来往的。所以这种存在只具有理论和思辨上的意义,而不是对中国有影响的现实。

中原和华夏

无论是九州的设想,还是大九州学说,出现在战国后期都不是偶然的。

《禹贡》所述的地理范围已经相当广大,涉及今天中国内地的

---

① 《史记》卷74《孟子荀卿列传》:"以为儒者所谓中国者,于天下乃八十一分居其一耳。中国名曰赤县神州。赤县神州内自有九州,禹之序九州是也,不得为州数。中国外如赤县神州者九,乃所谓九州也。于是有裨海环之,人民禽兽莫能相通者,如一区中者,乃为一州。如此者九,乃有大瀛海环其外,天地之际焉。"

绝大部分。要具备这样丰富的地理知识,活动范围只限于黄河中下游的夏人、商人和西周人是办不到的。而在战国后期,秦、楚、齐、燕、韩、赵、魏这七个主要诸侯国的疆域已经达到了这样的范围,在互相的交流中,各国的学者就可能掌握这些地理知识。《禹贡》中还记录了各地的农业生产条件,如土壤的类型、土地的等级、水文状况等,应纳贡赋的等级和物产等,都是经济发展达到一定水准的反映。例如梁州的贡物中有铁和镂,镂就是钢。如果没有冶金技术的进步,学者的想象力再丰富,也不可能把这种品种载入著作。

在七国的竞争中,尽管鹿死谁手还没有最终明朗,但统一已是大势所趋。秦国变得越来越强大,在错综复杂的形势中明显处于主导地位。一些有远见的知识分子纷纷投向秦国,并为秦国战胜其他六国,完成统一事业出谋划策,也为统一后的未来规划蓝图。多数研究者认为《禹贡》是秦国学者的作品,就考虑到这个因素。

在经过战争、吞并和融合之后,华夏族已经成为黄河流域乃至东亚大陆人数最多、经济文化最发达、实力最强的民族,占据了当时地理条件最优越的地区。而非华夏民族则被迫迁出了黄河流域,或者逐步融入了华夏族,或者接受了华夏文化并以华夏的一支自居。在蒙古高原、青藏高原、长江流域及其以南和大陆附近的海洋上,还不存在在总体上能与之匹敌的其他民族和政权,而对此范围之外的情况,虽然人们不至于一无所知(例如穿越河西走廊至中亚的陆上交通线和通向东南亚的海上交通线可能已经存在),但肯定相当有限。

然而随着境外的玉石、珠宝、香料等珍奇异物的流入和亲历者见闻的传播,以中原为中心的观念不能不有所动摇。根据九州的理论,中原是文明的中心,九州是文明的范围,但这些珍异并不产在九州,而是来自"非我族类"的夷狄之邦;莫非那里存在着比中原更高的文明?国君、贵族和上层人士享用着来自境外的珍奇,却从不承认会有文明程度超过自己的社会,于是西方的昆仑山、西王母、瑶池和东方的海上神山一类神话便合适地弥补了这一漏洞——原来在中国之外的确存在着一个可望而不可即的神灵世界。但这丝毫不会动摇中国的中心地位,因为西王母尽管伟大,昆仑山尽管崇高,蓬莱岛尽管奇妙,却都属于神仙的体系,而除了神仙之外,境外就只是一片愚昧落后的混沌世界。

可以认为:在战国时期形成的统一观,是以华夏族(汉族的前身)为主干、以黄河中下游平原地区为中心的,是一种封闭的观念。

一厢情愿的"天下"

经过秦朝的短期统一和随后的几次战乱,空前规模的西汉帝国终于巩固下来了。到公元初,帝国的疆域西起巴尔喀什湖和帕米尔高原,东至朝鲜半岛北部,北起阴山、辽河,南至今越南中部,并在其中约上百万平方千米的领土上设置了一百零三个郡、国(一级政区)和一千五百多个县、道、邑、侯国(二级政区),直接统治着六千万人口。这一范围比《禹贡》九州要大得多。

九州观念的延续

汉人的足迹,根据明确的记载,已经达到了中亚、西亚,直至地中海之滨以及日本、东南亚、南亚,贸易交往的范围就更大了。大一统的蓝图早已成为现实,而且九州之外的存在也已是尽人皆知的事实。来自西域的葡萄、苜蓿、杂技、音乐,不像珠玉玩好那样只是皇家的珍秘,异国的使者和商人在长安已不时可见。按照汉朝的兵役制度推测,绝大多数郡国都有人参加征伐匈奴、大宛的战争和在边境的屯戍,也就是说各地都有人亲身经历九州之外的境地。出使异域归来的使臣的详细报告和管辖西域各国的都护府的文书档案,使学者和史官能够留下确切的记载。《史记》《汉书》中有关西域的史料,即使用今天的眼光看也还是比较翔实可靠的。

但是这一切并没有削弱原来那种以中原为中心、华夏（汉族）为主干的统一观，反而还有所加强。因为通过这些活动，人们已经确信，在中国之外再也不存在比中国更强大、富饶、文明的国家了。其他国家的君主和人民如果不对中国称臣纳贡、接受赏赐，就只能自外于华夏声教，甘心为夷狄了。

东汉以后，西北以至中亚的民族大量内迁，东北民族也先后进入黄河流域，有的甚至成了中原的主人。但在占优势的华夏文化面前，这些军事上的征服者无不成了文化上的被征服者。这些民族的首领也成了受命于天的"炎黄子孙"，甚至这些民族本身也渐渐融合在华夏（汉）族之中了。

发达的文字和造纸、印刷技术使中原统治者对边疆地区和外国的一厢情愿的记载长期流传，而被记载的对象不是没有文字就是史料早已散佚无存，所以"二十四史"中某国于某年某月称臣受封，某国于某年某月进贡来朝，某国于某年某月接受赏赐这类记载，在不少人的眼中自然成了中华帝国声威所及的象征。

这就毫不奇怪，为什么直到18世纪初，西方早已完成了地理大发现，欧洲列强已在海上称霸并将东方作为下一个目标时，修《明史》的史官在评述利玛窦的《万国全图》时还认为"其说荒渺莫考"，只是由于"其国人充斥中土"，所以"其地固有之"——总算承认了欧洲的存在。这就是说，要是没有那么多西洋人出现在中国的话，即使利玛窦的世界地图上画得再清楚，史官们也会视而不见的。

这也就毫不奇怪，为什么直到19世纪后期，明明因敌不过洋人的坚船利炮，不得不签订屈辱的条约，以满足列强的贪欲，清朝的官方文件中却还要厚着脸皮写上："大清国大皇帝恩准该夷……"；俨然一副作为世界主人的天朝皇帝派头。而精通儒家经典的大臣和学者很自然地想到了春秋时"南夷与北狄交，中国不绝若线"的形势，因而当务之急还是要明辨"夷""夏",但这些人中的绝大多数至死也不知道这么多的夷人是从哪里来的,究竟要干什么？一位关心时务、忧国忧民的大臣终于找到了对付夷人的绝妙办法,他上书皇帝,建议大清国的军队以长竹竿为武器;因为他经过仔细观察,发现夷人走路时腿脚是直的,显然没有关节,所以只要用长竹竿将他们拨倒在地就再也爬不起来,置之死地岂不易如反掌？

如果世上只有中文

清乾隆五十八年(公元 1793 年),英国国王乔治三世派遣的使节马戛尔尼(George Macartney)来华,经过一系列的谈判,双方终于就他觐见乾隆的礼仪达成协议,乾隆皇帝恩准在热河避暑山庄万树园内召见。结果是乾隆"特颁敕谕",让他传达给英国国王:

> 咨尔国王,远在重洋,倾心向化,特遣使恭赍表章……朕披阅表文,词意肫恳,具见尔国王恭顺之诚,深为嘉许……至尔国王表内,恳请派一尔国之人,住居天朝,照管尔国买卖一节,此则与天朝体制不合,断不可行……若云仰慕天朝,欲其观习教化,则天朝自有天朝礼法,与尔国各不相同;尔国所留之人,即能习学,尔国自有风俗制度,亦断不能效法中国。即学会,亦属无用。天朝抚有四海,惟励精图治,办理政务,奇珍异宝,并无贵重。尔国王此次赍进各物,念其诚心远献,特谕该管衙门收纳。其实天朝德威远被,万国来王,种种贵重之物,梯航毕集,无所不有,尔之正使等所亲见。然从不贵奇巧,并无更需尔国制办物件。①

这篇奇文在今天看来固然荒唐,但在当时却是乾隆帝引为自豪的纪

---

① 1928 年故宫博物院编《掌故丛编》第 3 辑《英使马戛尔尼来聘案》。

录:"英夷"不远万里来效忠输诚,遣使纳贡,尽管不识大体提出不合常规的要求,但经过"严加驳斥",便恭顺遵奉了。因此不仅由史官载入国史,还命边臣将这道敕谕抄录,以便遵照妥办。所幸乾隆早死了几十年,没有目睹以后英国国王用枪炮表示的"恭顺"和爱新觉罗子孙用国土和主权所作的一次次"赏赐"。

要是世界上没有英文、法文、西班牙文、葡萄牙文等西方文字,或者发生了什么天灾将这些文字记录的史料全部毁灭了,必定会有一批史学家根据上面这道敕谕和《清实录》《东华录》等大清官方记载,考订出18世纪末年英国向清朝"称臣纳贡"的事实,作为大清帝国的声威已经越过欧亚大陆和英吉利海峡的证据。并且还可以进一步推导出这样的结论:英国当时一定已内外交困,国势衰弱,所以不得不寻求清朝的庇护,才不远万里来归顺输诚。

这固然是近于儿戏的假设,但如果历史上与中国的中原王朝发生过关系的国家和民族都有自己的文字记载,又都保存到了今天,恐怕"二十四史"中的一些《四夷传》《外国传》以及本纪、列传中的某些篇章就得重写了,某些史学家引经据典得出的高论也难免不成为上面这样的笑话。

长城的价值

传统的天下观一方面把世界各国、各地都看作"王土",但另一方面又把"天下"限制在中原王朝疆域的范围,甚至只限于中原王朝的中心地区。在这种矛盾认识的支配和影响下,对仅仅作为部分中原王朝北方边防的长城就作出了异乎寻常的高度评价。

今天的中国人不知道长城的大概绝少,但真正了解长城的却并不多。

山海关有座孟姜女庙,据说孟姜女寻夫到此,哭倒了秦始皇筑的长城。在北京北面的长城又有不少古迹同北宋的杨家将挂上了钩。

而东起山海关西至嘉峪关的明长城往往被人糊里糊涂地拉到秦始皇头上；无数游客会站在八达岭上赞叹这"两千年的奇迹"。其实这些都是民间世人、文人雅士和胡编课本的冬烘先生们开的玩笑。

实际上，秦长城在山海关以北二三百里，孟姜女在山海关不仅哭不倒长城，就连长城的影子都不会看到。北宋末年以前的军队最远只到达今天北京市的南郊，像杨家将这样的正规军绝对不可能越过辽国的南京幽州城而活动在它的北面。山海关至嘉峪关间的长城筑于明朝，与秦始皇毫不相干。八达岭一段长城至多有五六百年的历史，也不会找到两千多年前的影子。

近年来，长城的价值又有了最现代化的标准，因为据说它是一位美国太空人在太空中唯一能用肉眼见到的地球上的建筑物。最近又有消息说这一报道有误，事实并非如此。其实，即使被太空人看到了，也不见得就抬高了长城的身价。因为今天的长城早已不是什么贯通万里的建筑了，很多地方已成断壁残垣，甚至已经杳无踪影。残留的长城中相当一部分只剩下黄土堆积，与周围的荒野并无明显区别。而地球上比长城明显很多的建筑物并不少，何至于它们却没有进入这位太空人的眼帘？要真有这样的事，就只能归结于一系列偶然因素：如这一段长城上空正好未被云雾遮盖，光线正好适宜，太空人正好在观察，他事先又知道地球上有长城。只要缺少其中一项，恐怕就不会有这样的结果了。

如果这位太空人看到的不是长城，而是其他国家的什么建筑，长城的价值是不是就会降低或被取消了呢？看来大可不必担心。长城就是长城，它的价值客观存在。

毫无疑问，长城是我国乃至人类建筑史上的一项奇迹。我们的先民在极其贫乏的物质条件下，以最原始、最简单的工具完成了如此浩大的工程，显示了他们的智慧、力量和决心。但是要把长城说成中华民族共同的象征，歌颂它在中国历史上起过如何大的作用，就违背了历史事实。

从战国时的秦国、赵国、燕国开始到明朝末年修筑的长城,历来就是中原农耕民族对付北方游牧民族的手段。且不说长城沿线埋下了多少尸骨,耗费了多少财产,就是以军事上的作用而言,长城又何尝达到了中原统治者当初的目的呢?实际上一旦中原王朝失去军事实力,长城就形同虚设。秦始皇死后匈奴就越过长城占了河套地区,明朝末年清兵出入长城如入无人之境,真正沿着长城作武力对峙的例子并不多见。

长城固然多少遏制了北方游牧民族对南方的入侵和破坏,但同时也限制了民族间的交流和融合,固定了农牧业的界线。所以历史上修筑长城次数最多、工程量最大、质量最高的明朝,正是对西北和北方最保守、最无作为的王朝。随着长城的最终完成,明朝的势力再也没有越出嘉峪关一步。相反,能够把农业和牧业民族同时统一起来的政权就不需要、也绝不会修筑长城。到了清朝,长城内外归于一统,残留的长城开始还作为地区间的关卡,以后就被完全废弃了。这是中国历史上极其重要的一页。

秦朝人、汉朝人、明朝人的爱国主义自然只能以长城为界,因为长城外面就不是他们的国了,而是另一个政权或民族的疆域了。但唐朝人、清朝人的爱国主义就绝不会受到长城的限制,因为长城外边同样是他们的国。到了 20 世纪 90 年代的中国,在长城内外的各族人民早已融合为一个不可分割的整体,岂能再用历史上部分中原王朝狭隘的民族立场来认识长城?岂能用它来象征中华民族?

究竟是筑起长城、守住长城对中国历史贡献大,还是将长城南北统一起来对中国历史的贡献大,这是不言而喻的。但从汉朝以来把长城作为"天之所以限胡汉"(老天爷用来分隔胡人和汉人)的界线,把"天下"限于长城之内。流风余韵,是否还存在于某些现代中国人的思想深处?这是值得我们考虑的。

炎 黄 子 孙

据说炎帝和黄帝是我们共同的两位祖先,当然也是台湾地区、港澳地区以及世界上一切华人的共同祖先。近年来,"炎黄子孙"的使用频率越来越高,范围越来越广,由文人学者扩大到社会各界,并进入了政府要人的谈话和官方文件,大有取代"中华民族"或"中国人民"二词的势头。这不能不引起稍有历史常识的人的不安。

到目前为止,夏文化遗址虽然已见到发掘的报道,但还有待专家的鉴定和认可。比夏代更早的黄帝炎帝时代更找不到任何物证。根据现有的历史知识分析,黄帝、炎帝只是当时众多部落首领中的两位,尽管他们是最强大的首领之一,但活动范围和影响力还是有限的。一般说来,不可能超过以后的夏和商。即使从文字记载看,我们也只能把他们看作传说人物。司马迁写《史记》时已经无法找到可靠的史料,只是采用了《春秋》《国语》的成说。如果没有新的史料或物证发现,我们大概不可能比司马迁更高明吧!

根据《史记》的记载,我们这两位老祖宗原来是一对冤家。炎帝本是天子,但实力衰退,统治不了诸侯,而黄帝却文武并用,软硬兼施,争取到了诸侯的拥护。于是黄帝集中兵力,并动用了豺狼虎豹,与炎帝打了三仗,将他击败。炎帝倒也很识时务,甘拜下风,做了黄帝的属臣,两个部落也联合了。以黄帝为首的炎黄联合部落统治了黄河流域,繁衍了无数炎黄子孙。

但是从《史记》的记载看,当时也还有众多的诸侯,他们显然只是黄帝和炎帝的属臣,而不是家族。莫非这些诸侯都绝了后? 或者他们都迁出了中国? 否则中国今天总有相当一部分人是他们的后代,而不是出自炎黄一系。

退一步说,即使早期的华夏族的成员都是炎黄的后代,史书上也还记录了大量非华夏部族。这些部族有的被华夏族打败了,被强制吸收了,但并没有被在肉体上消灭,同样会生儿育女。考古发掘成果已经证明,全国数千处新石器时代的文化遗址可以分成多种类型。近年来在长江流域、燕山山脉、东北地区、四川盆地的考古发现进一步证明了中国早期文化的多元性。直到春秋时期,中原还有不少非华夏的部族,更不用说在中原以外地区。这些部族只有少数迁出了今天的中国,而大多数都逐渐融合在华夏族之中了。可以说,到秦始皇统一时,华夏族已经是民族大融合的产物了,其中纯粹的炎黄子孙恐怕已经是少数了。

华夏族及以后的汉族在同化其他民族的过程中虽然也少不了武力的强制,但有一种积极的传统,那就是并不过于重视血统关系。任何异族只要与汉族认同,接受汉族文化,就可以成为汉族的一员,而并不考虑他们的血统及是否曾与汉族婚配,对于异族的杰出人物,一旦能为汉族政权效劳,统治者同样会委以重任,与任用汉族臣僚并无二致。所以虽然历史上汉族同其他民族的冲突和战争也相当频繁,但在汉族内部却从来没有发生过清查血统一类的运动。

流落在世界各地的犹太人大多受到歧视和迫害,但来到中国的犹太人却长期过着和平生活,得到汉人的平等对待,以至他们逐渐失去了保持本民族特征的心态,终于在汉族中消失了。这就是一个很有力的例证。

从秦汉以来,由北方进入黄河流域的非华夏民族至少有匈奴、乌桓、鲜卑、羌、氐、羯、丁零、突厥、高丽、回纥、契丹、党项、女真、蒙古、维吾尔、回、满等,其中有的来自遥远的中亚和西亚。这些民族中,一部分又迁回了原地或迁到中国以外去了,但相当大一部分加入了汉族,有的整个民族都已经消失在汉人之中了。在南方,随着汉人的南迁,原来人数众多、种族繁杂的夷、蛮、越、巴、僰、僚、俚等,有的已经完全消失,有的后裔的居住区已大大缩小,原来他们的聚居区大多已成为汉人聚居。南方的汉人事实上有相当大一部分是他们的子孙。所以,在今天的十亿汉人中,地道的炎黄子孙反而是"少数民族"。即使是汉人,如果只认炎帝、黄帝这两位老祖宗的话,也有点对不起自己的亲祖宗了。

何况今天的中国拥有五十六个民族,非汉族的五十五个民族中,像俄罗斯、塔吉克、乌孜别克等无论如何也不可能同炎黄二帝拉上血统关系,难道他们也得称为"炎黄子孙"吗? 在台湾和东南一些海岛的先民中有马来人的成分,岂能滥用炎黄子孙的概念?

世界上大概不存在绝对纯血统的民族;如果有,也必定会退化以至消亡。华夏族由世界上最古老的民族之一发展到今天这样一个世界上人口最多的民族,并非只是依靠了祖先的伟大或血统的优良,而是由于不断大量吸收了其他民族,凝聚了各民族的精华。同样,中华民族的伟大力量来自组成她的各个民族,来自各民族自身的创造力和共同的凝聚力。

辛亥革命前后,革命党的刊物和独立各省一度使用黄帝纪年。这一方面是反对帝制的表示,另一方面也反映了狭隘的民族情绪。就像革命党人一度提过的"驱逐鞑虏""种族革命"一类口号很快为"五族共和"的政纲所代替一样,黄帝纪年很快结束了它的历史使命。

但几千年形成的民族心理的变化,却不像改变纪年那样容易。中华民族共同的民族感情的形成和巩固也还需要时间。但如果我们从传统的天下观的束缚中解脱出来,不把汉族的观念和情感当作中国各民族的共性,在观察历史时不囿于传统的中原王朝的范围,那么对"炎黄子孙"一类说法就能有科学的理性的认识。

【思考】

1. 用思维导图梳理"天下观"的演变过程。你认可"天下观"是一种"封闭的观念"这个断言吗?

2. 辩证分析是对待历史事物的基本态度,"辩证"离不开"具体分析"。试以此文关于"长城"与"炎黄子孙"的阐释为例,谈谈"具体分析"与"辩证"的关系。

严昏晓之节①

——古代中国关于白天与夜晚观念的思想史分析

葛兆光

【阅读提示】

从简单的时间分配到生活习俗、社会秩序与伦理观念，此文真是"管窥"历史与文化的典范。以管窥天，见之则明；以锥入地，插之则深。白天与晚上的时间分配，是对自然规律的顺应，是社会治安的需要，也是国家管理的需要。当然，对日作夜息的恪守，对"昼伏夜出""夜聚晓散"的忌讳，也透露了某些文化观念。

本文的亮点在于资料的自如使用与精准阐释。资料包括真实的史料与虚构的文本。娓娓道来的悠游与"举轻若重"的自如，显示了作者深厚的学养与通透的见地。或许，我们也可以说，论证的魅力，逻辑的张力，雄辩的力量，都必须以深厚的学养与锐利的眼光为基础。

几十年以前，杨联陞先生用英文写了一篇 Schedules of work and rest in Imperial China，发表在 *Studies in Chinese Institutional History* 上，1982 年由梁庚尧先生翻译成中文，收在他的论集《国史探微》里面，题

---

① 选自《台大历史学报》2003 年第 32 期。

为《帝制中国的作息时间表》①，在这篇论文里面，他讨论了一个过去
历史学者很少关心的事情，就是古代中国官员以及民众的作息时间和
假日制度。不过，在这篇不长的论文里，他只是开了一个头，关于时间
分配的话题并没有充分展开，资料也没有来得及更广泛地汇集，他也
没有更深入地讨论这种时间分配观念背后的思想史意味，只是给后人
留下了一个可以继续开拓的研究领域。但是，让我感到很惋惜的是，
后来似乎并没有多少学者在这方面继续杨联陞先生的思路，去研究这
个有意思的学术课题②。

时间分配，说到根本处是一个有关"秩序"的事情。在古代中国
的一统社会里面，时间分配是很重要的，无论民间和官方都一样重视。
民间关心它，自有民间的理由，这是因为生产和作息需要。如果四季
十二月流转不息是物理的节奏，那么黑夜与白昼的交替则关乎生理的
节奏。在没有充足照明条件的时代，人们只能"日出而作，日入而
息"，顺应自然并不是为了表现"帝力于我何有哉"的情怀。官方重视
它，也自有官方的道理，因为对作息时间的管理，在某种意义上说也是
对社会秩序的管理，大家步伐一致，各地时间一致，才会觉得像一个
"民族"，一个"国家"。

这种时间的安排和分配，包括了每一年里的每季每月，这方面的
文献，可以看《礼记》《吕氏春秋》《淮南子》中的月令类，最近在敦煌
悬泉置发现书写在墙壁上、以皇太后名义发布的《月令诏条》，就是汉
代朝廷给民众提醒时间规定的，诏条前面小序就说，古来的明智的帝

<hr>

① 杨联陞，《帝制中国的作息时间表》，载《国史探微》(台北：联经出版
事业公司，1991)。
② 近来已有论文讨论到这一问题，如邱仲麟，《点名与签到：明代京官
朝参、公座文化的探索》，《新史学》9卷2期(1998，台北)，1—43。这一点承
蒙匿名评审者提示。

王，"靡不躬天之历数，信执其中，钦敬阴阳，敬授民时"①；同时，它也包括每月里面的每一天，可参看现在考古发掘中屡屡发现的古代《日书》和后来发行极广的皇历通书；甚至还包括每一天早中晚，《国语·鲁语下》里引了敬姜的话说，天子、诸侯、卿大夫、士以及庶人以下，早上、中午、晚上各要做什么事，在"昔圣王"的时代是有规定的，比如卿大夫要"朝考其职，昼讲其庶政，夕序其业，夜庀其家事，而后即安"，士（就是读书人）应当"朝受业，昼而讲贯，夕而习复，夜而计过而无憾，而后即安"，而普通民众（即庶人以下），只能"明而动，晦而休，无日以息"。据说，这些看法很受孔子的称赞和肯定②，所以，他的弟子宰予白天仍在睡觉，就被孔子批评是"朽木不可雕也，粪土之墙不可圬也"，因为白天是"动"而不是"休"的时候③。

那么，这种曾经被儒家认同，并且被普遍视为天经地义的时间安排背后，究竟有什么思想史意味呢？下面是一个尝试性的分析。

一、日出而作，日落而息：传统的日常生活秩序

昆曲《十五贯》第十六出《乞命》中，净付扮更夫唱道：

> 星斗无光月弗明，衣寒似水欲成冰，人人尽说困便困个冬至夜，偏是我手不停敲到五更……④

---

①　中国文物研究所、甘肃文物考古研究所编，《敦煌悬泉月令诏条》（北京：中华书局，2001），4。

②　徐元诰，《国语集解·鲁语下第五》（北京：中华书局，2002），196。

③　《论语·公冶长》，《十三经注疏》影印本（北京：中华书局，1980），2474。关于"昼寝"有很多种解释，但皇侃和邢昺都认为是宰予白天睡觉。

④　张燕瑾、弥松颐校注本，《十五贯》（上海：上海古籍出版社，1983）。此处转引自王起等编，《中国戏曲选》下册（北京：人民文学出版社，1998），905。

这里的"手不停敲",说的是古代更夫寒冬值夜敲梆的事。这并不是戏曲家的凭空杜撰,中国自古代到近代,两千年来一直有"巡夜"的制度。据历史学者的研究,为防止盗贼,在很早的时代就有"夜禁"。《周礼》的编纂者就想象,古代有"司寤氏"这个职官,而司寤氏的职责之一就是根据星辰判断日夜时间,"禁宵行者、夜游者"①。

　　前面我们提到《国语·鲁语》中敬姜的话,古代中国官方曾经期望民众日常生活总是"明而动,晦而休",因为这是以自然的昼夜交替为基础,给民众生活安排的一个基本秩序。就是说,白天是劳动、交谊、买卖活动的时间,而夜晚是安居、休息的时间。毫无疑问,在灯火相对困难、需要凭借日光的传统社会,本来这就是很自然的,因而是"天之经、地之义",违背大家习惯的日夜秩序而"昼伏夜出",常常需要非常特别的理由来解释,而在一切由官方控制的传统社会中,日夜的生活秩序不仅仅是一种习惯,它又与政治上的合法与非法、生活上的正常与非常联系起来,历代关于法律的规定,划出了生活秩序的合法与非法、正常与非常的界线。

　　这种生活秩序的法律规定当然来源很早,到了唐宋时代,它已经被写入律文。按照《唐律疏议》和《宋刑统》的规定,昼漏尽为夜,夜漏尽为昼,一天被分为白天与黑夜两半,到了夜里,不可在城内随意行走,在闭门鼓后,除了"公事急速及吉凶疾病之类",凡是夜行者都算是犯夜,"诸犯夜者,笞二十"。这里有不少例子,比如中唐元和时代,一个内廷中使郭里旻仅仅是因为"酒醉犯夜",就被"杖杀",而负责夜禁而失职的金吾和巡使,也都被连累"贬逐"。中晚唐诗人温庭筠也曾经因为醉酒犯夜,几乎被处罚②。在宋代,这些值班守夜的官吏,如果

---

　　① 《周礼·秋官司寇》,《十三经注疏》影印本《周礼注疏》(北京:中华书局,1979),卷36,885。

　　② 《旧唐书·宪宗纪》(北京:中华书局,1991),卷14记元和三年事,425;又卷190,《文苑·温庭筠传》,5078。

有失职,还要被"笞三十",至于真的发生了盗案而不察觉,那更要被"笞五十"。至于私人家宅,"诸夜无故入人家者,笞四十,主人登时杀者勿论",因为来者可能是盗贼。就算主人心里明白来者并不是有意侵犯,而有意地杀伤了来者,在法律上也要"减斗杀伤二等"①。当时曾经有人提出质疑,说既然主人事先知道外来人有图谋,反而故意等候他来而杀了他,是否也应当算是杀人有罪呢?据窦仪《宋刑统》的疏义解释说,这不能等同杀人罪,因为"夜入人家,理或难辩,纵令故犯,亦为罪人"②。同样,在元代虽然统治者换了民族,但规定却依然如故,《大元圣政国朝典章》卷五十一《诸盗》中规定:

> 其夜禁之法,一更三点钟声绝,禁人行,五更三点钟声动,听人行者(下注:有公事急速丧病不在此限),违者笞二十七下,有官者笞一下,准赎元宝钞一贯。③

在另一处更直接颁下圣旨,禁止那些"夜间聚首众人唱词的、祈神赛社的、立集场的",因为"似这般聚众者,妄说大言语,做勾当的有啊",所以严令"将为头的重要罪过也者,其余唱词赛社立集场的每",要"比常例加等"地进行处罚。④

　　也许,这是针对城市生活秩序渐渐颠倒混乱的无奈之举,此后的

---

①　《唐律疏议》(北京:中华书局,1983,1993),卷18,346;卷26,489—490。窦仪编,《宋刑统》(北京:中华书局,1984),卷26,418;卷18,290—291。
②　《宋刑统》,卷18,290—291。
③　《大元圣政国朝典章》,卷51,《刑部》,卷13,收入续修四库全书影印本(上海:上海古籍出版社,1998),787册,493。《通制条格·杂令》,卷27,记载至元七年太原路禁止嫁女娶妻时夜晚宴饮,"今后会亲,止许白日至禁钟",原因是"其中引惹斗讼,不惟耗费"。方龄贵,《通制条格校注》(北京:中华书局,2001),634。
④　《大元圣政国朝典章》,卷57,《刑部》,卷19,554。

明代对于日常生活秩序的控制就相当严厉。史料记载，明代与元代一样，城镇同样"以一更三点禁人行，五更三点放人行"，"除公务急速疾病生产死葬执有灯亮者不禁外"，无论何人均要拘留送问，但已不像元代那样，能以宝钞赎买；而夜行之禁更细，以"门前可缓，宅后为急"。集镇乡村则需有人值夜，每晚甲长关锁寨门，"即查本甲十家之内，今夜何人外出，有无容留面生之人"。据说，天启年间顺德府还规定每夜设保夫十人，"更班鸣锣，绕村巡逻"①。依照唐宋的传统，《大明律》卷十八《夜无故入人家》也规定，夜间随意活动算犯罪，如果无故进入人家，更要受很重的笞刑②。

　　通过这种严厉的"夜禁"，官方试图恢复传统"日入而息"的生活秩序。不过到了明代中叶以后，随着商业的发达，这种传统的生活秩序在城市生活新方式的影响下渐渐瓦解，因此，仍然坚持乡村生活传统的地方官员，怀着恢复古代生活的理想，常常要为这种时间秩序制定种种措施，清代的于成龙曾经提到，除了要在乡间建立保甲制度外，还要"立禁止夜行木牌，时刻叮咛各处甲长，大家堤防，看明这一村的出路去路。于要津路口埋伏乡夫，如遇此村人黑夜行走，即行绑锁，次日禀官严审。如无谋劫实迹，治以夜行之罪。如此防闲日久，彼不得动手，或稍敛盗心亦未可定。此'蓬生麻中，不扶自直'之谓也"③。似乎每一个官员都要懂得如何规范地方民众的这种日常生活秩序，教给官员基本知识的《学仕录》卷七，就引用了田文镜《弭盗要法》，对监

<hr>

①　徐栋，《保甲书辑要》，卷2，《明吕司寇弭盗条约十二条》；吕坤，《条陈利弊状》；郑涵，《吕坤年谱》(万历三十五年条)；《古今图书集成·方舆汇编·职方典》，卷117，《顺德府》。均参看陈宝良，《明代的保甲与火灾》，载《明史研究》(合肥：黄山书社，1993)，第3辑，63。
②　怀效锋点校本，《大明律》，(沈阳：辽沈书社，1990)，145。
③　于成龙，《于清端政书》(四库全书影印本第1318册，上海古籍出版社)，卷5，《续增条约》，又参看《弭盗条约》，707—708。

狱仓库、大街小巷的夜间安全相当警惕，"于夜长寒冷之时，多置草荐，捐给油灯，令其彻夜防护"，"夜则拨夫五名，击梆看守，以司启闭"，特别规定官方的安全官员"印捕汛官"要懂得夜巡之法，"勿庸虚应故事，自三更至五更，此其时矣"，特别是"月暗天昏，风寒雨雪之夜，更为紧要"①。

对于人们生活秩序的严厉规定，在宋元明清一千多年的法律上一直存在，显示了传统社会日常生活方式的漫长延续②。也显示了传统社会对乡村生活秩序的顽强维护，其中特别是在明代前期，这种规定的执行和监督，到了极其严格的程度，也逐渐形成了一般人的常识③。人们普遍认同这样的看法，白天活动而晚上休息是正常，至于"昼伏夜出"或"夜聚晓散"则都是非正常，官方任命的地方官有责任维持这种生活秩序。因此在各个城镇，都有巡夜的制度，而有的官员则以鼓楼来控制和指示夜晚的时辰和生活，明代人李贤《大同鼓楼记》曾经说到，谯楼之鼓的意义，不仅仅是"入夜之际，非更鼓以示之，则茫然无从而知"这种"代人之耳目者"的作用，而且，它也是秩序的象征，所以是"有司为政之一端，而其所关则甚要"④。

---

① 戴肇辰，《学仕录》（北京：北京出版社影印《四库未收书辑刊》2 辑
26 册），卷 7，573—574。

② 《大明律》，卷 18，"夜无故入人家"，145。又，同上书附录《弘治十年
奏定"真犯杂犯死罪"》中也有对于"犯夜拒捕及打夺"的严厉规定，290。

③ 袁学澜，《吴郡岁华纪丽·巡夜吏》（南京：江苏古籍出版社，
1999）："吴郡五方杂处，人烟稠密，严冬事集，草窃易生，官吏巡途，稽察尤
严。每当漏滴三更，尘消万户，城门钥上，巷柝传更，冰冷街衢，几星炬火，
贤老鞅掌，宵梦无温。此亦见民社身膺职司禁暴，有不若编氓拥被彻夜安
眠者矣"，卷 11，329。

④ 李贤，《古穰集·大同鼓楼记》（上海古籍出版社影印《四库全书》本
1244 册），卷 5，536。

二、月黑风高与杀人放火

针对夜晚的管理很严格,关于夜晚混乱的传说也很多。由于这些传说都发生在夜晚,又更加使人相信夜晚与罪恶的关联。在古代口耳相传的故事和文字传播的传说里面,很多破坏秩序的事情,确实常常发生在黑夜。"月黑风高",让人联想到的就是"杀人放火"。

这里以明代为例。明代的这类故事很多很多,我们从小说与历史中找一些可资对照的例子。《警世通言》第十一卷《苏知县罗衫再合》里记载,永乐年间仪真县专门在水路上半夜劫财的一伙强盗,以徐能为首,"合着一班水手,叫做赵三、翁鼻涕、杨辣嘴、范剥皮、沈胡子,这一班都不是个良善之辈,又有一房家人,叫做姚大,时常揽了载,约莫有些油水看得入眼时,半夜三更,悄地将船移动到僻静去处,把客人谋害,劫了财帛",结果为劫财色,把乘船赴任的候补知县苏云"棕缆捆作一团,如一只馄饨相似,向水面扑通地撺将下去",几乎把一家人全害了,幸好其夫人逃生,最后到操江林御史那里告了状,报仇雪恨①。虽然这是小说,却有真实的背景,明正德十四年(1519)唐龙《停差烧造太监疏》曾经提到,"今鄱阳湖贼船数百,往来劫杀。各府州县,非告白昼杀人,则诉黑夜劫夺,盗贼无处无之"②。而嘉靖八年(1529)黄绾《弭江盗疏》里也提到,长江上半段从九江到太平,下半段从镇江到苏松,这本是"东南襟喉之地,舟航往来之途",却常常不安全,"盗贼乘时出入,肆无忌惮,劫掠商贾,拒捕官军,急则窜匿莫寻,缓则啸聚如故"③,常常发生类似抢劫杀人如《苏知县罗衫再合》这样的故事,如成化年间的陈炜(1430—1484)在江西布政司任上就处理过一个案

---

① 《警世通言》(上海:上海古籍出版社,名家绘图珍藏全本三言二拍本,1997),卷11,125。
② 《御选明臣奏议》(影印四库全书本,第445册),卷16,257。
③ 《皇明疏钞》(续修四库全书影印本,第464册),卷63,679。

子,上杭富商林春遣其妾王氏回老家,"至番易(鄱阳)湖,同舟人夜投十余人于水,而取其货",这是在夜色掩护下的杀人越货,但是,被掷下水的王氏幸运地没有沉溺,漂了三十里后得到援助,"出诉于公,乃戒逻吏物色之,至抚州掩捕焉,赃俱获,盗无一人免者"①,真正上演了一出苏知县的故事。又如《隔帘花影》第二回《寡妇避兵抛弃城居投野处,恶奴欺主勾通外贼劫家财》中说全福和李小溪专等三更时分去打劫,"来到刘家庄,先把场围一垛杆草点起,跳过墙去,烧起后面屋檐来",这种半夜杀人放火的事情在明代也是很常见的。正德三年(1508)三月在饶州余干县,夜里有贼打劫富裕的商人段氏,殃及正好住在段家的邻居康万钦的妻子彭氏,在焚火烧屋中被搜出,结果彭氏为避免受辱,被"系之行过祝家桥"时,投水自尽,三天以后丈夫寻找到妻子的尸体,据说"其面如生",于是官方宣布表彰她的节烈②。再举一个例子,在《水浒》第三十八回《浔阳楼宋江吟反诗,梁山泊戴宗传假信》中,被打入死牢的宋江和押牢节级戴宗商量好,"披散头发,倒在尿屎坑里滚",装作失心疯的样子,要逃出牢笼,却没有瞒过黄文炳的眼睛。而万历三十四年(1606)的一桩越狱案却是成功的,正月初一的夜里,安徽宁国府犯人胡以华得到外应,偷偷地得到铁凿,"假装肚疼,哭告陈六(禁卒),求放钮镣,以便撒粪",因为陈六已经喝醉,而民壮方顺等巡夜人也喝多了酒,刑房吏石元嘉"不行上宿",负责的

---

①　彭韶,《彭惠安集·陈文耀方伯公墓志铭》(影印四库全书本,第1247册),卷4,67。按:陈炜字文耀,福州人,景泰五年(1454)进士,官至江西右布政司。看来,明代这种打劫乘客的事情很多,陆深,《俨山集·监察御史郑公墓志铭》(影印四库全书本,第1268册),也记载郑洛书处理过的一个案子,"有怀金渡海者,舟人沉之,其家不知也,旬日告发,(郑洛书)乃尽呼舟人,其一已移之他渡,即令解其首帕,密遣示其妻问金,妻果以金至,因乃伏",卷74,4。

②　李梦阳,《空同集·请表节义本》(影印四库全书本,第1262册),卷40。

全介也"不行躬亲点视",结果凿开了墙壁的犯人全部逃走,而陈六在酒醒以后,也吓得自杀身亡①。

聚众赌博,入室偷盗,越轨淫乱,越狱逃逸,这些并非光天化日之下良民可以公开从事的活动,当然都是在黑夜中坏人做的勾当。明代的张宁在管理汀州府的时候,曾经发布榜文,周知乡里,其中就痛斥当地所谓的"十兄弟",说这些"游手好闲,不务生业,专一结交无赖之徒","日逐轮办饮食,在于街坊,恣肆沉酣",特别是到了夜里,仍然不散,"因为奸淫、赌博,哄骗钱财,衷恶怀奸,不可胜道"②。同时对于夜里乡里人士群聚,更是需要严加管理。万历年间,一个叫张维枢的地方官看到一些恶少凶徒,"呼朋引类,暮夜群聚,或称便作盗,抢夺衣物,或潜伏赌博,肆横为非",就颁布示令,"以一鼓三点为期,不许擅自行走",特别是民间婚丧嫁娶的宴会,更不许妇女夜半宴饮不归,因为他觉得夜里容易使盗贼生心,也容易导致男女混杂,所谓"酒席夜酣,岂止绝缨之戏;履舄交错,宁无桑濮之声"③。到了明末,著名的学者刘宗周更是向地方官建议,连那些唱戏的梨园也关闭起来,因为"斗大一城,屯拥数千人,夜聚晓散,日耗千金",更麻烦的不仅仅是他们破坏了平静而有规律的日夜作息,而且"养奸诲盗,甚至挟宦家之

---

① 周孔教,《周中丞疏稿·江南疏稿》(四库存目丛书影印本,史部64册),卷5,《盗犯越狱查参疏虞有司疏》,289。明代可能常常发生这样的事情,嘉靖二年(1523)十月癸丑浙江道监察御史陈遘上书中说,"比及行刑,多在深夜,万一奸党乘藉昏黑,意外求生,虽罪坐临监,亦重损国威矣",经他建议,行刑改在未刻前行事。见《明世宗实录》(台北缩印本《明实录》第8册,台北:"中研院"历史语言研究所,1966),卷32,840。

② 张宁,《方洲集·汀州府行六县榜》(影印四库全书,第1247册),卷2,208。

③ 张维枢,《澹然斋小草》(海南出版社影印本《故宫珍本丛刊》,541册),卷6,《严禁棍徒夜游示》,398—399。

势,以陵齐民"①。

　　不过,夜间聚众当然不是在明代才特有的事情。以赌博为例,明代之前的宋代,像《名公书判清明集》卷十四《惩诫门》中,有潘司理拟《因赌博自缢》中说,支乙和他的妻子阿王,在衢州南市开茶肆,"以妻为饵",并且开了赌局,"皆与逾滥,与以钱物,群聚赌博,实为欺骗渊薮,水寒冰生,醵酸蚋聚",在今年闰月十六日晚,设了骗局,把陆震龙骗来赌钱,使其最后因为还不出钱而自杀②。之后的清代同样如此,清乾隆年间钱肇然《续外冈志》,其卷二"俗蠹"条就记载,自明末的崇祯以来到清代中期的乾隆年间,都盛行赌博之风,而且大抵是在夜晚,避开官府的管控,"近有无赖,率尚赌博,始犹宵聚晓散,今则沿街设局,名曰宝场"③,据乾隆十一年三月浙江巡抚常安的题报,绍兴府山阴县,就有同样因为赌博导致的人命案,当地人沈阿信与沈阿四等,以竹牌赌东道,"夤夜聚赌酿成人命",沈阿信等将无力还钱的阿四殴打致死④。

　　顺便在这里再提一点,在古代中国人的观念中,夜里不仅是恶人犯案的时间,是伤风败俗的机会,也是狐鬼惑人的时候,而且变怪百出,让人畏惧。因为人鬼殊途,阴阳悬隔,所以人们在白天活动,而鬼怪在夜间出没。这种对黑夜的恐惧观念来历悠久,自古就有种种传说。不必远溯汉魏隋唐,即以宋代为例,《夷坚志》甲志卷二《张夫人》中记载郑氏死后,"至夜半,尸忽长叹,自揭面帛,蹶然而坐",实在是

　　①　刘宗周,《刘蕺山集・与张太符太守》(影印四库全书本,第 1294册),卷 6,403。

　　②　《名公书判清明集》(北京:中华书局,1987,2002),卷 14,《惩诫门》,531。

　　③　钱肇然,《续外冈志》,卷 2,"俗蠹"条,转引自川守胜,《明清江南市镇社会史研究——空间と社会形成の历史学》(东京:汲古书院,1999),第 6章,《江南市镇の生产、流通、消费の历史の位置》,385。

　　④　台北藏《明清档案》,A141—040,档案登录号:048122。

很恐怖。卷三《段宰妾》中说到段宰的小妾莺莺之亡夫,一个死鬼来寻妻,段宰"疑其窜,自篝火追至厅厢,但闻有声极响,灯即灭,妾遣婢出视,七窍皆流血,外户扃钥如故,竟不知何怪"。这种上自士大夫下到民间都流传的故事,如果主角是狐仙物怪、亡魂阴鬼,那么舞台往往在荒郊坟茔,而时间则一定是在半夜三更,"月色已满窗矣,移时,万籁俱寂,忽闻风声隆隆,山门豁然有响",看到这里人们一定会预期到下面的阴森森的故事,而"夜色迷闷,误入涧谷,狼奔鸱叫,竖毛寒心,踟蹰四顾,并不知其何所,遥望苍林中,灯火明灭",这个时候,人哪里还能有安全感和轻松感?

所以,传统社会中的人普遍相信,正确的生活秩序是"明而动,晦而休"或者"日出而作,日入而息",可是,在古代偏偏有人还是要"昼伏夜出"甚至"夜聚晓散"。

三、夜聚晓散与图谋不轨

应该说,个别民众违反规定的时间分配和生活异常,还不算是官方的肘腋之患,最多它只是违背了儒学或理学家想象中的理想秩序,使得社会总存在一些不安定的因素。在这一点上,人们相信,在外在方面,以传统的礼法包括官方的律令制度,以及地方官员的惩戒和劝谕,加上乡约族规的约束,大概可以钳制这种反常的行为;而在内心方面,传统观念上对正常时间分配的认同,以及对日常生活伦理的自觉,也足以使这种异常生活方式受到谴责和鄙夷。

但是,对于并非个别而是集体的违反时间分配行为,古代中国的官方和民间却相当紧张和警惕。因为这并不是外在制度和内在自觉可以约束的,一些被迫私密化、边缘化的集体行为,本来就是被长期的正统权力驱赶到黑夜进行的,而这些在黑夜还有那么多人热情从事的行为,一定源于热烈的信仰,而一旦它是一种秘密而热烈的信仰,其诱惑力和煽动力就非同小可。民间社会也好,官方政权也好,都相当害怕这种不在视线范围内的集体私密行为,尽管他们担心的出发点不同,但是都来源于关于正常生活秩序的传统认同。太长久的传统会养成习惯,而太长久的习惯也会形成一种相当顽固的观念,在古代人的想象世界中,在风高月黑之际出来的,非抢即盗,非嫖即娼,更不消说还好多人聚在一处。夜幕下不仅是黑暗,而且是阴谋、混乱、肮脏和反叛。这一连串的联想是传统生活习惯的产物,也是传统秩序中建构的观念。古代人没有想到现代都市的夜以继日,也没有想到现代社会的"昼伏夜出",当时人对于夜间行为,似乎都有一种想象,就是凡在夜间所为的,都是鸡鸣狗盗、奸淫邪妄之事。因为在传统社会中,生活时间的反常,就是伦理秩序的颠倒。所以,《警世通言》卷十二《范秋儿双镜重圆》说到群盗,就用了两句"风高放火,月黑杀人"来形容①。

在所有昼夜颠倒的生活现象中,从过去的法律文书、历史记载、戏曲小说中看来,令官方最紧张的也是最不能容忍的,是带有宗教信仰的人在夜间的聚会。后唐天成二年(927)六月七日敕令说,这种聚会常常是:

> 或僧俗不辨,或男女混居,合党连群,夜聚明散,托宣传于法会,潜恣纵于淫风,若不去除,实为弊恶,此后委所在州县镇及地界所由巡司节级,严加壁刺,有此色之人,便仰收捉勘寻据关连徒党,并决重杖处死。②

这里的"夜聚明散"就是一种反常与非法的行为,而从宋代的文献来看,这一类规定在宋代以后越来越多,并正式著为律文。《宋史》卷一九九《刑法一》中说,"左道乱法,妖言惑众,先王之所不赦,至宋尤重

---

① 《警世通言》,卷12,149。
② 窦仪等编,《宋刑统》,卷18引,289—290。

其禁,凡传习妖教,夜聚晓散,与夫杀人祭祀之类,皆著于法,课察甚严,故奸轨不逞之民,无以动摇愚俗"①,在北宋的天圣五年(1027),右司谏刘随就向宋仁宗上疏,建议禁止"夜聚晓散"和"造仪仗事神",因为他自己在地方上任职,深知"闾阎之中似此多矣,不食荤血,迷谬相传,诱之以天堂,怖之以地狱",而且"夜聚晓散,谓之修善",这种聚众的结果,就是可能动乱闹事,何况又有作为仪仗的兵器在手,他建议要在"乡村要路,粉壁书写,重新晓谕,使民知禁,不陷刑章"②,他特别提到,这种妖术惑众的危害极大,很容易扰乱秩序,像天禧年间(1017—1021)"西京河阳妖怪大起,不经旬日,已到京师。或云变化多般,或云形状怪异,递相惊恐,街坊不宁",幸好官方及时出了榜文,"捉到夜聚晓散人张子元数百人",由吕夷简执法,数月后才得到安定。他认为现在妄称自己有几百岁的张惠真,就是当年那种"夜聚晓散妖妄之人",他夜聚民众一定会引起社会秩序的动荡不安。至和元年(1054),殿中侍御史赵抃又上书仁宗,激烈批评道士传授符箓惑众,说信州龙虎山道士王守和,在开封寿星观内纠集京师官员百姓妇女等一二百人,"以授符箓神兵为名,夜聚晓散",而且要在十五日夜间,"登坛聚众作法,希求金帛,惑乱风俗",他对此深表警惕③,建议由开封府"捉搦勘断,押回本乡,免致动民生事"。

<hr>

① 脱脱等,《宋史》(北京:中华书局,1990),卷199,4974、4981。
② 刘随,《上仁宗乞禁夜聚晓散及造仪仗祀神》《上仁宗乞逐去妖人张惠真》,收入赵汝愚编,北京大学中古史中心点校,《宋朝诸臣奏议》(上海:上海古籍出版社,1999),卷98,1057—1058。
③ 赵抃,《清献集·乞勘断道士王守和授箓惑众》(影印四库全书本,第1094册),卷6。又,赵汝愚编,《宋朝诸臣奏议》,卷84,作《上仁宗论道士传授符箓惑众》,905。又,赵抃,《清献集·奏状乞禁断李清等经社》,卷6,其中说到"臣窃闻近日京城中,有游惰不逞之辈,百姓李清等私自结集,至二三百人。夜聚晓散,以诵佛为名,民间号曰经社。此风既盛,则惑众生事",830、841。

从此,"夜聚晓散"成了一种妖淫谋逆的代名词。《名公书判清明集》卷十四《惩诫门》中,吴雨岩的《痛治传习事魔等人》就说,"饶信之间,小民无知,为一等妖人所惑,往往传习事魔,男女混杂,夜聚晓散"①,这种"传习妖教,夜聚晓散"成了从北宋到南宋的官员向朝廷报告中最常见的社会问题之一②。对于政府来说,这确实是最感焦虑和紧张的一件事,因为这不仅仅是扰乱社会生活秩序,而且要威胁到政权的存在,甚至可以说影响到主流文化的指导权力,所以,无论是中央还是地方官员,都要严肃地面对这一事情,《续资治通鉴长编》卷一一七记载,朝廷曾经下令,"禁益梓利夔路民,夜聚晓散,传习妖教,徒中能自纠摘及他人告者,皆赏钱三万"③,而地方官有时还要临时颁布地方性的严厉规定,如宋张守《措置魔贼札子》就向朝廷报告,"近年乡村有昏夜聚首素食,名曰夜斋。契勘僧俗斋饭,当在晨朝,今以夜半,则与夜聚晓散不甚相远。臣已散榜行下本路州县乡村,禁止外更,乞朝廷即下诸路施行"④。而《名公书判清明集》卷十四《惩诫门》蔡久轩《莲堂传习妖教》中就更规定,"诸夜聚晓散,以诵经行道为名,男

---

①　《名公书判清明集》,卷 14,537。

②　例如景祐二年(1035)对益、梓、利、夔"夜聚晓散,传习妖法"的禁令,元祐七年(1092)刑部请禁止"夜聚晓散,传习妖法",大观二年(1108)信阳军上奏请禁"夜聚晓散,传习妖法及集社香会",淳熙八年(1181)大臣上疏建议禁止"吃菜事魔,夜聚晓散",参见《宋会要辑稿·刑法二》(中华书局影印本),第 165—166 册,6506、6514、6519、6555。

③　《续资治通鉴长编》,卷 477,《建炎以来纪年要录》,卷 91 等各种记载。

④　张守,《毗陵集·措置魔贼札子》(影印四库全书本,第 1127 册),卷 7,473。不过,这种过分严厉的措施有时也破坏了生活秩序,而那些害怕连累自己的官员的刻意求索,也使得人人自危,所以,有人也建议,"必夜聚晓散十人以上逾旬不罢者"才算犯罪,才使得民众稍稍安定,见李之仪,《姑溪居士后集》(影印四库全书本,第 1120 册),卷 19,《故朝请郎直秘阁淮南江浙荆湖制置发运副使赠徽猷阁待制胡公行状》。

女杂处者,徒三年"①。入元以后仍然如此,在《大元圣政国朝典章》卷五十七中专门有一节是《禁聚众》,其中引到至元十一年(1274)五月十六日的中书兵刑部禁令:

> 大都街上多有泼皮厮打底,跳神师婆并夜聚晓散底,仰本部行文字禁断。如是依前违犯,除将跳神师人并夜聚晓散人等治罪外,泼皮厮打的,发付着役……②

延祐四年(1317)五月,又下令重申禁止"祈赛神社,扶鸾祷圣,夜聚明散",因为这种煽动性很强的宗教信仰,是很有可能引起大规模骚乱的,而夜间带有犯禁的聚会,其冒险意味更是容易刺激人们的越轨之心,宋代的食菜事魔就是一例,白莲社、白云宗也是这样。元成宗大德七年(1303)郑介夫奏疏中提到,"有白云宗一派,尤为妖妄。其初未尝有法门,止是在家念佛,不茹荤,不饮酒,不废耕桑,不缺赋税。前宋时谓其'夜聚晓散',恐生不虞,犹加禁绝,然亦不过数家而已。今皆不守戒律,狼藉荤酒,但假名以规避差役,动至万计,均为诵经礼拜也,既自别于俗人,又自异于僧道"③,因此,明代《大明律》便规定,"凡师巫假降邪神,书符咒水,扶鸾祷圣,自号端公、太保、师婆,及妄称弥勒佛、白莲社、明尊教、白云宗等,一应左道乱政之术,或隐藏图像,烧香集众,夜聚晓散,佯修善事,煽惑人民,为首者绞,为从者各杖一百,流

---

① 《名公书判清明集》,卷 14,535。

② 《大元圣政国朝典章》(影印续修四库全书,787 册),卷 57,《刑部》,卷 19,页 553。方龄贵校注,《通制条格校注·杂令》,卷 28,记载至元十六年中书省、御史台对于汉族地区"祈仙、祷圣、赛神、赛社"活动,要一概禁止,原因是容易造成混乱,尤其是这些活动置"神案、旗牌、锣鼓、伞盖、交椅、仪从等物,若不拘收,且恐因而别生事端",674。

③ 杨士奇编,《历代名臣奏议》(影印四库全书本,第 434 册),卷 67,802。

三千里。若军民装扮神像,鸣锣击鼓,迎神赛社者,杖一百。罪坐为首之人,里长知而不首者,各笞四十",只有"民间春秋义社不在禁限"①。之所以要如此禁止夜聚,古代人自有他们的想法,《明会典》卷十中特意说道:

　　民有常产则有常心,士农工商各居一业,则自不为非。②

这样有常产有常心的人,很容易认同现实的政治,遵循传统的秩序,但是,那些游手好闲、不务生理、邪术左道、扶鸾祷圣、烧香结社、好饮赌博的人,则因为行为受到制度的压迫,不得不"夜聚晓散",所以他说,官方应当"采访姓名,注于簿籍,以示惩戒。其人畏惧更改则止,若仍前不悛则治之以法,毋得纵令吏典人等指此为名,遍行取勘,以致扰民"。为什么措施如此严厉?因为这种带有宗教色彩,而且人数众多的夜间集会,确实是一种对"秩序"的逃逸,是一种对"控制"的反叛,它激起长期单调生活中的人对于越轨行为的好奇。法国学者贝尔赛(Yves-Marie Berce)在讨论宗教集会时说,"祭祀典礼与叛乱骚动的相伴相生,在历史上是常见的事情,……冲动与欢乐互相置换的事件屡见不鲜,这是民俗、社会与历史学家们应当研究的事情。持续的平凡生活,产生了欲求难以满足与精神压抑的倾向,于是就有人说,典礼和叛乱的结合是寻求宣泄,在这种场合,这两者的结合是由于偶然的契机;也有人说,这是瞬间的本能性的欢悦中产生的'再生行为'。总之

―――――――――

　　①　徐溥编,《明会典》(影印四库全书本,第 618 册),卷 129,"禁止师巫邪术"条,309;倪岳,《青溪漫稿·奏议·祀典三》(影印四库全书本,第 1251 册),卷 11,119。
　　②　徐溥编,《明会典》(影印四库全书本,第 617 册),卷 10,96。

在这一瞬间,社会处于它的休息状态,度着它的假期"。①

　　这种叛乱或者骚乱在历史上屡见不鲜。所以,从宋到清,一千多年来对于宗教性的夜间聚会有相当严厉的管制,明代中期的魏校在嘉靖初年(1522—1523)任广东提学副使的时候曾发布《谕民文》,其中严厉批评"今有等愚民,自称师长、火居道士及师公师婆圣子之类,大开坛场,假画地狱,私造科书,伪传佛曲,摇惑四民,交通妇女"②,而后来的士人面对各种民间宗教和外来宗教时,只要想把他们一言定罪,就总是说他们"祖宗神主不祀,男女混杂无分……呼群引类,夜聚晓散,觊觎非分之福,懒惰生业之营,卒至妄萌鼓乱,名陷逆党,身弃法场"③。就连对付外来宗教也是一样,《明史》卷三二六就记载,礼部郎中徐如珂极为讨厌天主教,在万历四十四年(1616)与几个大臣联名上书,指责天主教"煽惑群众,不下万人,朔望朝拜,动以千计",他们能够想象天主教徒的罪名,就是"公然夜聚晓散一如白莲、无为诸教"④。因此对于异端宗教,官方和士人历数它的罪名,常常就是"夜聚晓散"⑤。

————————

①　贝尔赛(Yves-Marie Berce),《祭祀与叛乱》,原文为法文,此据日文译本,井上幸治监译,《祭りと叛乱——十六—十八世纪の民众意识》(东京:新评论株式会社,1980),序文,13—14。

②　魏校,《庄渠遗书·谕民文》(影印四库全书本,第1267册),卷9,858。

③　徐昌治编,《明朝破邪集·南宫署牍·再参远夷疏》(日本安政乙卯翻刻本),卷1,12A;卷2,《提刑按察司告示》,39B;《邪毒宝据》,33B—34A。

④　《明史·外国传七》(北京:中华书局,1984),卷326,8460。

⑤　黄育楩着,泽田瑞穗校注本,《破邪详辩》(东京:道教刊行会,1972),卷首引律例"禁止师巫邪术"条,即引《礼律·祭祀》称左道异端之术,"隐藏图像,烧香集众,夜聚晓散,佯修善事,煽惑人民,为首者绞,为从者各杖一百,流三千里"。又,引嘉庆六年修并道光元年修改之律文,"各处官吏、军民、僧道人等,妄称谙晓扶鸾祷圣,书符咒水,或烧香集徒,夜聚晓散,并捏造经咒邪术,传徒敛钱,一切左道异端,煽惑人民。为从者,改发回城,给大小伯克及力能管束之回子为奴"。

四、文武之道,一张一弛:元夜观灯的意义

不过,前面我们说到,夜间的聚会"是一种对'秩序'的逃逸,是一种对'控制'的反叛,它激起长期单调生活中的人对于越轨行为的好奇"。如果生活确实始终是那么平凡而且刻板到只有一种节奏而没有变化,人们会觉得需要调剂,而古代中国法律规定的几天节令不宵禁,就是对这种刻板生活的一种补充。

《水浒》第五十一回《插翅虎枷打白秀英,美髯公误失小衙内》里说到,七月十五"盂兰盆大斋之日,年例各处点放河灯,修设好事",当晚戴罪的朱仝就携带小衙内四处游览,在初更时分,"绕(地藏)寺看了一遭,却来水陆堂放生池看放河灯"①,这里需要注意"年例"二字,说明盂兰盆节是官方的规定假日,可以解除犯夜之禁,任从人们夜里往来游玩。但是最有名的不眠夜是上元,在第六十六回《时迁火烧翠云楼,吴用智取大名府》中又说到大名府的上元之夜:

> 未到黄昏,一轮明月却涌上来,照得六市三街,熔作金银一片,士女亚肩叠背,烟火花炮比前越添得盛了。

这一风俗来源很早,据陈熙远《中国不眠夜——明清时代的元宵、夜禁与狂欢》的研究②,最晚到隋文帝时代(581—604 年在位),京城与各州已普遍有于正月望日"燎炬照地"的做法,并在夜里进行各种庆祝活动。

这种节日的意义,从大的方面说,是给一年辛苦的人一些放松的

---

① 《水浒》(北京:人民文学出版社,1982),第 46 回,663。
② 陈熙远,《中国不眠夜——明清时代的元宵、夜禁与狂欢》,"中国日常生活的论述与实践"国际学术讨论会论文(美国哥伦比亚大学东亚系,2002)。

时间,使日常生活变换节奏;从小的方面说,是给日夜周期作息的人一
些变化的感觉,把黑夜变成白昼。陈熙远的研究指出,隋文帝时代的
御史柳彧,在开皇十七年(597)上奏指出:古代"明王训民治国,率履
法度,动由礼典,非法不服,非道不行",并且指斥当时民间庆祝元夕
时种种逾越法律秩序与礼教规范的活动,违背了"非法不服,非道不
行,道路不同,男女有别"的传统:

> 窃见京邑,爰及外州,每以正月望夜,充街塞陌,聚戏朋游,鸣
> 鼓聒天,燎炬照地,人戴兽面,男为女服,倡优杂技,诡状异形,以
> 秽嫚为欢娱,用鄙亵为笑乐。内外共观,曾不相避。高棚跨路,广
> 幕陵云,袨服靓妆,车马填噎,肴醑肆陈,丝竹繁会。竭赀破产,竞
> 此一时,尽室并孥,无问贵贱,男女混杂,缁素不分。①

但是,这种造成"无问贵贱,男女混杂,缁素不分",甚至"秽行因此而
生,盗贼由斯而起"的节日之夜,尽管在当时"诏可其奏",好像得到了
皇帝的认可,但是实际上仍然被官方允许和宽容。到唐代,上元观灯,
已经有三日之规,据陈熙远的研究,唐玄宗时灯节乃从十四日起至十
六日,连续三天。宋太祖时追加十七、十八两日,成"五夜灯"。不过,
很多地方或许仍执行旧规矩,南宋陆游(1125—1210)《老学庵笔记》
有一个有名的故事,记载某郡守田登"自讳其名",属下常常因为言词
不慎冒犯,甚至遭到笞杖之刑。由于"灯""登"两字谐音,因此只好指
"灯"为"火"。在上元节,依例庆祝,准允百姓进入州治游观,书写的
榜文竟然是"本州依例'放火'三日"②。当然是趣谈,可见当时上元
节观灯大概还是三天。在这三天里面,人们可以尽情玩耍,平时需要

① 《隋书·柳彧传》(北京:中华书局,1984),卷62,1483—1484。
② 陆游,《老学庵笔记》(北京:中华书局,1979,1997),卷5,61。

收敛的不需要收敛,平时需要掩饰的不需要掩饰,据一些文献记载,在这个不眠之夜里,官府还会出钱犒劳助兴舞队和商贾买卖,"妓女群坐喧哗,勾引风流子弟买笑追欢",而"公子王孙、五陵年少,更以纱笼喝道,将带佳人美女,遍地游赏"①,当然,这样的不宵禁夜,除了上元还有中秋,"此夜天街买卖,直至五鼓,玩月游人,婆娑于市,至晓不绝。盖金吾不禁故也"②。

这已经成为一种固定的习俗,但在元代前期,曾经因为新占领地区的缘故,一度严厉禁止节日观灯,特别是对于最后占领的江南,但到了至元二十九年(1292)的闰六月,湖广等处行中书省向礼部建议开放灯禁,报告中说,"江南初定之时,为恐人心未定,因此防禁(观灯)",但是最近因为"集耆老儒人等讲究得,今江南归附已后,一十八年,人心宁一",所以"灯火之禁,似宜宽弛"③。到了明代初期,更曾经一度延长为前所未有的"十夜"④,永乐七年(1409)永乐皇帝便下令从正月十一日开始,赐百官元宵节假十天,并且谕令礼部"百官朝参不奏事,有急务具本封进处分,听军民张灯饮酒为乐,五城兵马弛夜禁,著为令"⑤。

一向注重秩序而畏惧混乱的朝廷,一直严厉区分"贵贱""男女""缁素"的界限,格外担心昼夜不分会引起淆乱,竟然要在这特别的时间里允许混乱,这是为什么呢?简单地说,就是因为这一界限一直过

---

①   吴自牧,《梦粱录》,收入《梦粱录·武林旧事》合刊本(济南:山东友谊出版社,2001),卷1,"元宵",7。周密,《武林旧事》(同上),卷2,36。

②   吴自牧,《梦粱录》,卷4,44。

③   《大元圣政国朝典章》(续修四库全书,787册),卷57,《刑部》,卷19,《禁夜》,547。

④   刘侗、于奕正,《帝京景物略》(北京:北京古籍出版社,1983),57—58。

⑤   《明太宗实录》(缩印本《明实录》第二册),卷87,永乐七年(1409)条,1153—1154。

于严厉和分明,白天和黑夜、上层和下层、男人和女人、世外和世内,常常是在一个单调刻板的节奏下重复,于是,不得不提供一个变化的机会,让这种生活紧张松弛下来。这一点在孔子时代就已经有明确的知识,《礼记·杂记》里,孔子便曾与弟子子贡讨论如何面对国人年节蜡祭活动的态度,他说:

> 子贡观于蜡。孔子曰:"赐也,乐乎?"对曰:"一国之人皆若狂,赐未知其乐也。"子曰:"百日之蜡,一日之泽,非尔所知也。张而不弛,文武弗能也;弛而不张,文武弗为也。一张一弛,文武之道也。"①

五、城市生活与乡村秩序之间:传统日夜秩序的瓦解

按照古代中国人的想法,"日出而作,日入而息"是天经地义的秩序,之所以说它天经地义,是因为它符合古代民众自然劳作的实际需要,符合人的自然生理节奏,而且"夫人体天地之阴阳,昼明夜晦,理之常也"②,这种大道理也得到经典文本的支援。前面我们提到,在《周礼·秋官司寇·司寤氏》中,古代人曾经想象,周代即有司寤氏这样的官员"掌夜时,以星分夜,以诏夜士夜禁,御晨行者,禁宵行者、夜游者"③,并根据"日出而作,日入而息"这样的传统作息时间表安排生活秩序。他们解释经典的话说,"日出而作,不得不勤,日入而息,不得不止,所以顺天之道,养育大众也,故以星见为夜时,星没为晓时,

---

① 《礼记正义》,卷43,《十三经注疏》影印本,1567。
② 王肯堂,《证治准绳》(影印四库全书本,第767册),卷16,469。
③ 《十三经注疏》,885。

而诏守夜之士行夜禁"①。元代郑介夫就说,对于普通百姓:

> 　　上之人养之爱之,使之无失其时,自然各安生理,不废
> 农业。②

这个"时",包括四季十二月二十四节气,也包括"日出而作,日入而
息"。因为这既是来自经典的说法,也是被普遍认同的常识。反过来
说,如果违背这一秩序,经典的权威和普遍的常识都会告诉人们,这是
非法的行为,所以,官方应当对不按正常时间生活的人进行严厉管理,
因为这可能会导致混乱。宋代的易袚在《周官总义》卷第二十三中解
释"司寤氏"的时候就说,"此谓施于国中者,日出而作,群动皆起,日
入而息,群动皆止。掌夜时以星分夜,亦人事作息之节,而于国中则尤
所当急也。……以是诏夜守之士,严夜禁之法则,有晨侵于夜而行者,
暮侵于宵而行者,或夜游不止,皆奸伪之所集,故皆禁之"③。而另一
个宋代人陈友仁在解释为何要有"司寤氏"的时候,也引刘氏说"其晨
侵于夜而行者,暮侵于宵而行者,不可测其奸非也,夜而游者,妨众息
也,皆禁之焉"④。同时,按照他们对古代历史的理解,他们认为商周
王朝导致政治腐败和生活淫乱的一个原因,就是夜不寐日不作,在解
释殷商人群聚饮酒的历史时,他们说,古代之所以禁止群聚饮酒,是因
为有"谋大奸者",所以一定要禁止"夜聚晓散",因为,夜聚晓散很可

---

　　①　宋代的朱熹也说,按照正常的秩序,"饥而食,渴而饮,日出而作,日
入而息,其所以饮食作息者,皆道之所在也",《朱子语类》(北京:中华书局,
1992),卷62,1496—1497。

　　②　陈得芝、邱树森等辑点,《元代奏议集录》(浙江:浙江古籍出版社,
1998)下册,101。

　　③　易袚,《周官总义》(影印四库全书本,第92册),卷23,594。

　　④　陈友仁,《周礼集说》(影印四库全书本,第95册),卷9上,引刘氏
语,676。

能是"聚而为妖逆者"或者导致"荒逸淫乱"①。

但是,这毕竟是传统农业社会的生活秩序,宋代以后尤其是到了明清时代,商业城市的出现和都市生活习惯,开始渐渐瓦解人们这种关于日夜分配的观念和习惯。北宋时孙升已经说到,"城郭之民,日夜经营不息,以售百物,以养乡村"②,而在南宋的杭州,更是商业买卖"昼夜不绝,夜交三四鼓,游人始稀,五鼓钟鸣,卖早市者又开店矣"③,耐得翁的《都城纪胜》里说杭州的夜市,除了大内附近的少量地区外,都热闹非凡:

> 坊巷市井,买卖关扑,酒楼歌馆,直至四鼓后方静,而五鼓朝马将动,其有趁卖早市者,复起开张,无论四时皆然,如遇元宵尤盛。④

商业城市的这种颠倒的生活节奏,日益瓦解着各种官方的规矩,使得"夜禁"常常成为一纸空文。而元代的郑介夫在描述大都的市民生活时更说,"今街市之间,设肆卖酒,纵妻求淫,暗为娼妓。……三四群聚,煽诱客官,日饮夜宿,……都城之下,十室而九,各路郡邑,争相效仿",可见这种大异于乡村秩序的都市生活风气已经广泛传播,这种

---

① 明人所编《书经大全·梓材》(影印四库全书本),"亦当时之法,有群聚饮酒谋为大奸者,其详不可得而闻矣。如今之法有曰:夜聚晓散者皆死罪,盖聚而为妖逆者也。使后世不知其详而徒闻其名,凡民夜相过者辄杀之可乎?"
② 李焘,《续资治通鉴长编》(北京:中华书局,1987),卷394,元祐二年(1087)正月辛卯。
③ 吴自牧,《梦粱录》,卷13,180。
④ 耐得翁,《都城纪胜》,收入《东京梦华录·都城纪胜等》五种合刊本(北京:中国商业出版社,1982),3。

风气在严重地侵蚀着传统社会的基础①。尽管明代可能是最严厉地依照传统生活制定制度，以维护秩序，但到了明清之际，江南的都市同样因为商业和消费，渐渐出现所谓不夜城，很多夜间的活动越来越频繁，像夜航船，"吴中乡镇四布，往返郡城，商贩必觅航船以代步，日夜更番，叠相来往。夜航之设，固四时皆有之"②，这种日夜不息的运作和夜不归宿的生活开始使都市与乡村的生活秩序背离。至于近代以来电灯的发明与引进，更使得这种来自乡村的生活秩序在城市土崩瓦解，同时也造成了传统生活中的时间观念在现代城市市民中的渐渐消失，这当然已经是后话了③。

2003 年 7 月 25 日写于香港
2003 年 11 月 30 日改于台北

【思考】

1. 依照文章的顺序，概括中国人如此分配"白天与夜晚的时间"的必然性。

2. 作者如何解释"元夜观灯"这一不合时间分配规则的习俗？从论证看，如果缺了这一部分，逻辑上会带来什么偏差？

---

① 杨士奇编，《历代名臣奏议卷》（影印四库全书本，第 434 册），卷 67，854。

② 袁学澜，《吴郡岁华纪丽·夜航船》（南京：江苏古籍出版社，1999），卷 11，329。

③ 关于近代电灯的发明和引进对城市生活的影响，可以参看熊月之，《灯烛之情：从油灯、蜡烛到电灯》，收入熊秉真编，《睹物思人》（台北：麦田出版，2003），183—206。这一点承蒙匿名评审者提示，特此致谢。

孔子教导我们说，他不是圣人①

李　零

【阅读提示】

　　李零不无戏谑地说，他读《论语》，"是读原典。孔子的想法是什么，要看原书。我的一切结论，是用孔子本人的话来讲话——不跟知识分子起哄，也不给人民群众拍马屁"。在复兴传统文化的热潮中，这种"读原典""看原书"的读法更值得推崇。这正是学术文章的精髓。正是本着这种实事求是的精神，李零一再将孔子比作中国的堂吉诃德，认为他是"很恓惶，也很无奈，唇焦口燥，颠沛流离，像条无家可归的流浪狗"。在李零的语汇中，"任何怀抱理想，在现实世界找不到精神家园的人，都是丧家狗"。而孔子自己，对这个说法也是心有戚戚焉。

　　李零将自己的阐释与立论建立在对原典的细读、考辨、质疑与论证的基础上，力求合乎孔子的时代与处境，合乎生活与人生的常识，合乎学术的逻辑与规范。

　　读完《论语》各篇，我们可以做一点总结，看看孔子都讲了些什么，把所有印象归纳一下。

---

　　①　选自《丧家狗：我读〈论语〉》（山西人民出版社 2007 年版），李零著。

我这个人，"文革"受刺激，比较多疑，凡是热闹的东西，我都怀疑。比如现在的"孔子热"，我就怀疑。我读《论语》，是为了破除迷信。第一要破，就是"圣人"。

研究孔子，我们不要忘记，他本人出身寒微，但祖上非常荣耀，是宋国的大贵族。他的学生，很多都是穷孩子，但他教他们读古书，习古礼，却完全是贵族标准。他想借此挽救早已丧失理想的上流社会，让他们瞧瞧，什么才是真君子。他对所有问题的看法，都贯串着这一点。

圣人是贵族标准的顶点，孔子追求的理想。

一、孔子对天命的看法

孔子说，"唯天为大"（《泰伯》8.19），人事是根据天道。① 但子贡说，他很少听老师说起天道（《公冶长》5.13）。过去，大家有个印象，孔子是不讲天道的。郭店楚简《穷达以时》发表后，大家反过来说，不，孔子很关心天道，不然，他干吗讲"天人之分"呢?②

天人关系，是宗教问题，也是哲学问题，所有思想家都关心。商周时期，天子以天命为合法性，谁敢怀疑? 大家都承认这个大前提。但同是这个大前提，学者的想法不一样。

孔子敬畏天命（《季氏》16.8），敬畏鬼神（《雍也》6.22），这在古代社会，很正常，不敬，反而不正常。他，使命感很强。别人说，"天下之无道也久矣，天将以夫子为木铎"（《八佾》3.24），他自己也这么认为。难怪一碰上倒霉事，他就呼天吁命。司马桓魋之难和匡之难，他说，老天不要我死，他们能拿我怎么样（《述而》7.23、《子罕》9.5）。冉耕病，他叹命（《雍也》6.10），颜渊死，他呼天（《先进》11.9）。他对天命很重视。

_____

① 鲁迅说，"孔墨都不满于现状，要加以改革，但那第一步，是在说动人主，而那用于压服人主的家伙，则都是'天'"，见鲁迅《流氓的变迁》，收入《鲁迅全集》第4卷，北京：人民文学出版社，1957年，第123—124页。

② 注意"天人之分"并不是天人合一，反而是指天人的界限。

"不知命,无以为君子也"(《尧曰》20.3),孔子晚而学《易》,韦编三绝,就是为了知天命(《为政》2.4、《述而》7.17)。

孔子重天命,但对天地、鬼神,是敬而远之(《雍也》6.22),宁可先人后鬼,重视活人超过死人(《先进》11.12)。他不像当时的人那么迷信,"怪、力、乱、神",他不讲(《述而》7.21)。他重天命,不是重天命的"天",而是重天命的"命",即天对人事的影响。天是什么,天道是怎么回事,他很少谈到。

孔子说的命分两种:一种是死生寿夭,即性命之命;一种是穷达祸福,即命运之命。孔子说,"死生有命,富贵在天"(《颜渊》12.5),就是讲这两种命。"文革"批孔,说孔子是宿命论,一点没错。死生寿夭,怎么改变? 即使医学发达的今天,也无法改变(至少是无法彻底改变),不宿命怎么办? 穷达祸福,贵族社会,也是一生下来就命中注定,让人无可奈何。

当然,这后一条,孔子的时代,已有所松动,当时的知识分子,即所谓士,毕竟可以自由流动找工作。但孔子的态度很古板。他强调,读书干禄,靠本事吃饭,可以致富贵,但富贵不可求(《述而》7.12),只能等着天上掉馅饼,没有官做,要耐得住贫饿和寂寞,保持君子风度。这和他的贵族态度有关。

《墨子》对此很不满,该书《非命》,就是批判这种命。《非命》说,老百姓凭什么要认这个命。还有《明鬼》,是讲鬼神的重要性,古往今来,老百姓对宗教的需求很强烈,没有宗教管不了。他更认同下层,和孔子不一样。在这个问题上,他也唱反调。

《老子》和孔子也不同,它才不讲以人为本。它强调的是,"人法地,地法天,天法道,道法自然"(第二十五章),人后面还有本。对天本身,它比《论语》更关心。

二、孔子对人性的看法

孔子关心人,但并不关心人的身体。他对人的关心,不是生物学和医学的关心,像道家那样,强调养性命,通神明。他更关心的是人性。人性是什么?孔子没说。后儒出来别善恶,就是填补这个空白,但他们的着眼点不一样。孟子讲性善,是着眼于教化;荀子讲性恶,是致力于礼法。①

《论语》讲人性,只有两次:

> 子贡曰:"夫子之文章,可得而闻也;夫子之言性与天道,不可得而闻也。"(《公冶长》5.13)
>
> 子曰:"性相近也,习相远也。"(《阳货》17.2)

郭店楚简《性自命出》说,"性自命出,命自天降"。人性来自天命。

孔子认为,人,特别聪明特别傻,特别善良特别坏,只是少数。人和人,大体水平差不多,只是后天的习染,才让他们不一样。这是他讲教化的依据。

根据智力,他把人分为三种:一种是"上智",即特别聪明的人;一种是"下愚",即特别愚蠢的人(《阳货》17.3);一种是"中人",介于两者之间(《雍也》6.21)。上智是"生而知之者"(《季氏》16.9),他说,他不是(《述而》7.20)。下愚,是天生的傻瓜,他也不是(他没说,我们可以替他说)。他对自己,评价并不高,"吾犹人也"(《述而》7.33、《颜渊》12.13),也就是一普通人。普通人,又分两种:一种是"学而知之者",即主动好学,通过学习才变得聪明起来的人;一种是"困而学之者",即由于困惑,被迫学习的人。这两种人,都是需要学习的人。另外两种,不需要学习。上智是"生而知之者",不需要学习,下愚是"困

---

① 法家也讲性恶,并把人的缺点和弱点(如贪财好色、好利好名、怕苦怕死等)当宝贝,当作制定政刑法令的直接依据,驱民耕战。

而不学者",也不需要学习(《季氏》16.9)。孔子是需要学习的人,而且是其中的前一种。"性相近也,习相远也",是针对中人。

在《论语》一书中,孔子对人的评论很有意思。过去讲道德,大家都说,谁人背后无人说,哪个人前不说人。口不臧否人物,那是修养到家。但有趣的是,孔子特爱评论人,有褒有贬,包括活人,也包括死人;包括当权者,也包括隐士;还有他自己的学生。①

孔子论人,有品级。他把古往今来的人分成很多种,品级最高,要属圣人。我们先说圣人。

三、什么叫圣人

圣人也叫圣者,其实是圣王,先秦古书都这么讲。翻成现代话,就是英明领袖。

孔子说,"君子有三畏:畏天命,畏大人,畏圣人之言"(《季氏》16.8)。圣人,谁敢不敬?《论语》《墨子》《老子》都敬。《老子》讲圣人,比孔子还多,81章,三分之一都是拿圣人说事。他们都相信圣人,圣人是好人中的大好人。俗话说,好人总是多数。只有庄子说,坏人才是多数,甚至说"圣人不死,大盗不止"(《庄子·胠箧》)。圣人一级的好人,几百年才出一个,那可不是闹着玩的。

圣人是带有复古色彩的概念。圣人是什么人?都是死人,没有一个是活人。孔子说,他见不着(《述而》7.26)。当圣人,要有两个条件:一是聪明,天生聪明;二是有权,安民济民。

没有这两个条件,不能当圣人。

首先,我们要注意的是,圣的意思是聪明。古文字,圣人的圣,本来写成左耳右口,和听是同一个字,圣人是听天下之政的人,要特别聪

① 《世说新语》有《品藻》篇。当时,以言贾祸,危险很大,但风气还是喜欢品评人物。

明。古语所谓聪明,聪是耳朵灵,明是眼睛明。俗话说,眼见为实,耳听为虚,其实听比看,知道的事要多得多。古人更强调耳朵。

天生聪明、绝顶聪明,是贵族血统论的概念。"文革"批孔,批天才论,没错。圣人是天才,天生的聪明蛋。孔子相信这一点,古人都相信这一点。但他没说,自己就是天才,反而一再声明,我可不是这种人(《述而》7.20)。

第一个条件,他说他没有。

其次,我们要注意的是,孔子说的圣人,都是古代的圣王。宋人讲道统,孔子以上,尧舜禹汤、文武周公,这些圣人都是有权力的人,可以听天下之政的人,没问题。孔子崇拜这些人。但他说的圣人,就《论语》而言,主要是尧、舜。

孔子提倡仁,仁当然是很高的要求,但圣比仁高。

有一次,子贡问孔子,如果有人能"博施于民而能济众",这算不算仁? 孔子说,这何止是仁,简直就是圣,即便尧、舜在世,都很难做到。他说,仁者只能推己及人,"己欲立而立人,己欲达而达人",虽然和圣人有相似处,但还不等于圣人(《雍也》6.30)。孔子说的人,与民对言,含义有别。人是君子,上流社会;民是百姓,下层大众。①

我们要知道,只有全国人民的大救星,才叫圣人,这是孔子心里的一把尺。

还有一次,子路问孔子,本来是问君子。孔子的答案是"修己以敬",即把自己的道德搞好,显得很恭敬。子路问更高的要求是什么,孔子说"修己以安人",即不但把自己的道德搞好,还能安定上流君子。这种比君子更高的人,从各方面看,显然是仁人。子路又追问更高的要求是什么,孔子说"修己以安百姓"。他说,"修己以安百姓,

---

① 赵纪彬《论语新探》上部是专门讨论这一问题,杨伯峻《论语译注》第 4 页也指出过这一点。

尧、舜其犹病诸",显然就是圣人(《宪问》14.42)。这充分说明,子路讲的三种人,圣人最高,仁人其次,君子最低。

圣人的第二个条件,孔子也没有。

我们称他为圣人,等于骂他。

他绝不会自比于尧、舜。

四、孔子是怎么变成圣人的

孔子绝不承认自己是圣人,他说过,"若圣与仁,则吾岂敢"(《述而》7.34)。原因已如上述。

孔子是怎么变成圣人的? 是靠学生。他是靠学生出名。

请看《孟子·公孙丑上》:

宰我说,老师,比尧、舜强多了("以予观于夫子,贤于尧、舜远矣")。

子贡说,自有人类,没人比得上他老人家("见其礼而知其政,闻其乐而知其德,由百世之后,等百世之王,莫之能违也。自生民以来,未有夫子也")。

有若说,何止人有高下? 哪一类东西都如此。圣人和百姓都是人,但老师出类拔萃,自有人类以来,没人比孔子更伟大("岂惟民哉? 麒麟之于走兽,凤凰之于飞鸟,太山之于丘垤,河海之于行潦,类也。圣人之于民,亦类也。出于其类,拔乎其萃,自生民以来,未有盛于孔子也")。

这些吹捧,不但肉麻,而且反孔子,孔子根本想不到。

大树特树,子贡最卖力。

子贡是孔子晚年的得力弟子。他对老师,无限忠诚,无限热爱,无限信仰,无限崇拜。

有一次,鲁太宰问子贡,你的老师是"圣者"吗? 为什么这么多才多艺? 子贡说,"固天纵之将圣,又多能也"。我们要注意,"天纵聪明"这个词,可是后世当官的给皇上拍马屁的话。子贡的意思是说,我的老师是天生的圣人,那当然了。孔子听说,却不以为然,说这位太宰哪里了解我,我是因为小时候苦,出身卑贱,所以才有这些本事,君子(上等人)有这些本事吗?没有(《子罕》9.6)。他当场否认了子贡的颂扬。

后来,孔子死了,有人攻击孔子,说他如何如何不好,比子贡差远了,子贡多次站出来讲话,坚决捍卫他的老师,好样的。但他说什么呢?他说,你们的攻击也太不知高深,我哪比得了我老师,"仲尼,日月也,无得而逾焉"(《子张》19.24),"夫子之不可及也,犹天之不可阶而升也"(《子张》19.25)。

大树孔子,他的声音最有力。他把老师吹上了天。

子贡树孔子,给孟子留下深刻印象。

孟子的弟子公孙丑吹捧老师,说您已经是圣人了吧?孟子说:

恶!是何言也?昔者子贡问于孔子曰:"夫子圣矣乎?"孔子曰:"圣则吾不能,我学不厌而教不倦也。"子贡曰:"学不厌,智也。教不倦,仁也。仁且智,夫子既圣矣。"夫圣,孔子不居,是何言也。"(《孟子·公孙丑上》)

虽然,他并不承认自己是圣人,就像孔子当年一样。但对子贡的话,他完全接受。后来,他自己也当了圣人。

孟子说,孔子是"圣之时者也"(《孟子·万章上》),等于说,活人也可以是圣人。这是第一个修正。

荀子说,孔子是"圣人之不得势者也"(《荀子·非十二子》),等于说,孔子虽无权势,仍然是大救星,这是第二个修正。

他们都接受子贡的说法,把孔子称为圣人。

孔子一生的遗憾,都是通过追封来弥补,生前没有的,后来都有。

历代帝王褒封孔子,除去圣,还有很多头衔(如王、侯、公)。比如唐代,就称孔子为文宣王,但当皇上的,听了总不太舒服,天无二日,人无二主,在他们看来,还是把王字去掉更好。

其实,孔子的头衔,除了师,没一个是真的。

这些死后的追认,孔子想不到。

孔子不是圣人。

五、什么叫仁人

仁是孔子思想的中心概念,但不是最高概念。

仁是什么? 简单讲,就是拿人当人,先拿自己当人,自己爱自己,自尊自爱,然后,生爱人之心,推己及人,也拿别人当人。这个概念,后面还要说。

仁人也叫仁者,就是有仁德的人。

什么叫仁人? 上面说过,孔子的解释是,"修己以安人"(《宪问》14.42),"己欲立而立人,己欲达而达人"(《雍也》6.30)。这里的"人",范围比较小,不等于"民"。

孔子说的仁人,其实很高,上面说过,比圣人低,比君子高。这个头衔,他很吝啬,绝不轻易许人,哪个人有这种资格,他可不松嘴。

比如,孔门弟子,仲由、冉求有政事之材,公西赤谙习礼仪,都是他的得意弟子。孟氏家族的孟武伯问他,这三个人够得上仁吗? 孔子说,"由也,千乘之国,可使治其赋也,不知其仁也","求也,千室之邑,百乘之家,可使为之宰也,不知其仁也","赤也,束带立于朝,可使与宾客言也,不知其仁也"(《公冶长》5.8)。

还有,楚国的令尹子文,齐国的陈文子,二子皆有令名。子张问孔子,"令尹子文三仕为令尹,无喜色;三已之,无愠色。旧令尹之政,必以告新令尹",是不是够得上仁? 孔子说,这只能算忠,哪里够得上仁。子张又问孔子,"崔子弑齐君,陈文子有马十乘,弃而违之。至于他邦,则曰:'犹吾大夫崔子也.'违之。之一邦,则又曰:'犹吾大夫崔子也.'违之",是不是够得上仁? 孔子说,这只能算清,哪里够得上仁(《公冶长》5.19)。

从这些例子,我们可以看出,孔子说的仁,不是本事,而是德行;不是一般的忠诚或清高,而是更高的东西。这些人都够不上仁。

那么,孔子说的仁者到底有谁? 我们从《论语》看,明确有证据,主要是六个人:微子、箕子、比干、伯夷、叔齐、管仲。这些都是孔子时代的死人。

微子、箕子、比干,是商代的不合作者,为了抗议商纣的暴政,微子愤而出国,箕子佯狂为奴,比干强谏被杀,孔子称为"三仁"(《微子》18.1)。

伯夷、叔齐,是商周之际的不合作者,为了抗议武王的以暴易暴,不食周粟,饿死于首阳山下,孔子称为"求仁而得仁,又何怨"(《述而》7.15)。伯夷,无权无位,不可能安民济民,按孔子的标准,不能算圣人,但孟子另立标准,把伯夷,还有伊尹、柳下惠和孔子列入圣人(《公孙丑上》),根本不听老师的话。

管仲离孔子近一点,这个人比较复杂,孔子对他不太满意,但对他的尊王攘夷,九合诸侯,一匡天下,却感恩不尽,称他为"如其仁! 如其仁"(《宪问》14.16—17)。

孔门弟子,他的好学生,还有很多人,如德行科的颜回、闵损、冉耕、冉雍,还有有若和曾子,他们是不是够得上仁? 孔子没说,但上文提到,他自己说了,"若圣与仁,则吾岂敢"(7.34),他自己都不敢当,谁还敢当?

孔子说不敢当,照我看,绝非谦虚。"修己安人",虽然还不是安定天下,但就是这四个字,对他来说,分量也不轻。把上流社会搞好,那是谈何容易?

六、什么是有恒者

孔子说,若圣与仁,他是不敢当的(《述而》7.34);圣人和善人,他是见不着的。他能见着的,只是有恒者(《述而》7.26)。

有恒者是持之以恒的人。孔子说,他并不聪明,更不是天生聪明,只是"学而不厌,诲人不倦"(《述而》7.2、7.34)。"学而不厌,诲人不倦",就是有恒。孔子本人就是有恒者。

上引《孟子》,子贡树孔子,正是以此为根据。他拿有恒者顶圣人,这是降低了孔子的标准。

同样,子游批评子夏的学生,子夏也说过一句话,"有始有卒者,其惟圣人乎"(《子张》19.12)。这也降低了孔子的标准。

有恒者只是中人之上等,和圣人绝对不一样。

七、几个模糊字眼:善人、贤人和成人

在孔子的语汇中,有几个词比较模糊。

(一) 善人

善人,从字面含义看,是好人。好人是模糊字眼。

孔子说,不仅圣人,他见不着,就是善人,他也见不着(《述而》7.26),可见这是个很高的头衔。庄子倒是说过,世上善人少而不善人多(《庄子·胠箧》),难道孔子也这么愤世嫉俗吗? 恐怕不是。我怀疑,《论语》的用法,善人和仁人差不多。

《论语》讲善人,只有五条,话不是很清楚,但我们从下面两条看,他说的善人,也是属于有权有位,可以施展政治才能的人:

13.11 子曰:"'善人为邦百年,亦可以胜残去杀矣。'诚哉是言也!"

13.29 子曰:"善人教民七年,亦可以即戎矣。"

（二）贤人

贤人，也叫贤者，大概的意思，一是道德高，二是本事大。这个词，也是模糊字眼。

在《论语》一书中，孔子所称贤人，有死人，也有活人。

伯夷、叔齐是死人，孔子称为"古之贤人"，而且是"求仁得仁"（《述而》7.15），可见仁人属于贤人。

柳下惠，是离孔子比较近的一位贤人。臧文仲，占着茅坑不拉屎，明知柳下惠贤，却不肯给他一个位子（《卫灵公》15.14）。这也是死人。

颜回，孔子说，"贤哉，回也"（《雍也》6.11），这是活人。

贤人和善人，好像还不太一样，比起善人，好像尺度松一点。

子夏说，"贤贤易色"（《学而》1.7）。

孔子也说，"吾未见好德如好色者也"（《子罕》9.18、《卫灵公》15.13）。

儒、墨都尚贤，但道家不尚贤。

（三）成人

《老子》第四十五章："大成若缺"，成与缺相对，是完满的意思。成人，就是完人。这个词，见于《论语》，只有一条。子路问孔子，什么叫成人，孔子有两种答案。一种是，"若臧武仲之知（智），公绰之不欲，卞庄子之勇，冉求之艺，文之以礼乐，亦可以为成人矣"，即道德或才能，某一方面很完美；还有一种，标准低一点，"今之成人"不一定非如此，只要能"见利思义，见危授命，久要不忘平生之言"，也可以算成人（《宪问》14.12）。

八、君子：相对于小人和相对于野人、鄙人（附：士和大人）

在孔子的语汇中，君子比圣人、仁人、善人低。孔子的理想在古代，好人、能人，尽是死人。孔子培养学生，目标是君子（也叫士）。在

《论语》中,君子一词,出现很频繁。

孔子说的君子,是指贵族。

君子是什么?本来是贵族。古君子,有身份,也有道德、学问,名实统一,但今君子不一样,名实不一定统一。当时的统治者,很多人,徒有贵族身份,却没道德,也没学问,是伪君子;还有一些人,像他本人,还有他的学生,没有贵族身份,平民贱民苦孩子,但有道德,也有学问,比上述贵族更像他们的前辈,是真君子。他的标准,虽然是古君子,但培养对象,很多是苦孩子,不一定有身份。

孔子论君子,有两种含义:

(一)与小人相对

孔子别君子、小人,主要是讲给学生听。这种君子,特点是有修养,道德学问好,"修己以敬"(《宪问》14.42),小人是反义词。如:

> 子曰:"君子喻于义,小人喻于利。"(《里仁》4.16)
>
> 子曰:"君子坦荡荡,小人长戚戚。"(《述而》7.37)
>
> 子曰:"君子求诸己,小人求诸人。"(《卫灵公》15.21)

孔子所称君子有宓不齐(《公冶长》5.3)、子产(《公冶长》5.16),南宫适(《宪问》14.5)和蘧伯玉(《卫灵公》15.7)。

(二)与野人、鄙人相对

孔子经常挂在嘴边上的君子,是上述意义的君子。但当时还有一种君子,是有贵族身份的,本来意义上的君子。比如他说,我小时候很卑贱,所以有很多贱本事,君子有这些本事吗?没有(《子罕》9.6),这种君子,就是后一意义上的君子。还有他说,早年跟他学礼乐的,很多都是野人,后来跟他学礼乐的,很多都是君子(《先进》11.1),这种君子,也是后一意义上的君子。在《论语》中,和这种君子相对,孔子说的是野人。

在《论语》中,和野人类似,还有一个词,是鄙夫(《子罕》9.8、《阳货》17.15)。

野人住在乡下,等于今语的乡巴佬。鄙夫住得更远,是穷乡僻壤的愚夫愚妇。

鄙人比野人,地位更低,智力更差。

这些都是本来意义上的小人。

君子,分真君子、伪君子,孔子有两套标准,小人没有。

小人不用伪装,全是真小人。

妇女,在孔子看来,是与小人类似的一种人。他说,"唯女子与小人为难养也,近之则不孙,远之则怨"(《阳货》17.25)。歧视妇女、贱视妇女、忽视妇女,在过去算什么事? 今天,有男女平等和女性主义、女权主义,学者感到,孔子的话,有损孔子形象,不惜口舌,曲为之辩。何必。

附:士和大人。

《论语》中的士和孔子强调的第一种君子大体对应。《论语》中,专门论士,主要有八章,孔子论士有六章(《里仁》4.9、《颜渊》12.20、《子路》13.20、13.28、《宪问》14.2 和《卫灵公》15.9),曾子论士有一章(《泰伯》8.7),子张论士有一章(《子张》19.1)。另外,《论语》中提到"士"字的地方还有六章。

古代,与君子有关,还有一个词,是大人。大人与小人相反,是指有身份的人,特别是官长。孔子说,"君子有三畏:畏天命,畏大人,畏圣人之言。小人不知天命而不畏也,狎大人,侮圣人之言"(《季氏》16.8),其中的"大人"就是官长。

九、孔子是个复古主义者

孔子是个复古主义者。他说,他是个"述而不作,信而好古"的人,就像传说中的彭祖(《述而》7.1)。

孔子的理想是圣人。他赞美的古代，是圣人生活的时代。他讨厌的现代，是没有圣人的时代。圣人生活的时代，主要是唐、虞、三代。

（一）孔子称美，首先是唐、虞

唐、虞不是两个朝代。尧、舜禅让只是两个人之间的关系，舜、禹也是。他夸尧、舜，两言"巍巍乎"（《泰伯》8.18—19），意思是高得不得了。夸尧，主要是夸"唯天为大，唯尧则之"（《泰伯》8.19）。这是根据古本的《尧典》。今本《尧典》说，尧命羲、和，"钦若昊天，历象日月星辰，敬授民时"，就是讲这一点。夸舜，是夸他有五大贤臣，无为而治（《泰伯》8.20、《颜渊》12.22 和《卫灵公》15.5）。这也是根据古本的《舜典》。

（二）其次，孔子推崇三代

夏的大圣人是禹。禹是分界线。禹以前是禅让，禹以后是世袭和革命。孔子夸禹，主要是夸他的治水业绩和勤苦俭朴（《泰伯》8.21），这也是根据古本的《禹贡》。

商的大圣人是汤。

周的大圣人是文、武、周公。

孔子以为三代之礼相袭，损益可知，都是榜样，但他更热爱，还是西周。

（三）孔子想挽救东周

西周灭亡后，是东周时期。春秋晚期，周天子已无法号令天下。他想复兴西周，是从挽救东周入手。他说过，"如有用我者，吾其为东周乎"（《阳货》17.5），即不管在哪个国家做事，都是为了挽救东周。他找工作，主要是三个国家：鲁、齐、卫。他说，"齐一变，至于鲁；鲁一变，至于道"（《雍也》6.24），"鲁、卫之政，兄弟也"（《子路》13.7）。这是他的改革路线图。但齐国让他失望，鲁国让他失望，卫国也让他失望。

他是对牛弹琴，与虎谋皮，抽刀断水，向风车开战。

十、怎 样 做 人

做人,包括谋生和处世。

我们先讲谋生。

中国的知识分子,拙于谋生,急于用世(李敖语)。这是孔子的遗产。《论语》一书,从来不讲谋生,除了做官食禄(《卫灵公》15.38),其他营生,都不干,尤其是种地,绝对不考虑(《子路》13.4)。他培养的君子,在无官可当的情况下,一定要准备挨饿,宁肯粗衣恶食、住破房子,不改其乐(《学而》1.14、《里仁》4.9、《雍也》6.11、《子罕》9.14、《卫灵公》15.2)。他的典型说法是,"君子谋道不谋食""君子忧道不忧贫"。在他看来,种地,只会饿肚子;读书,才能吃官饭。长远看,吃官饭,肯定比种地划算(《卫灵公》15.32)。

处世,要看有道无道。什么叫有道,什么叫无道,孔子的定义是,"天下有道,则礼乐征伐自天子出","天下有道,则政不在大夫","天下有道,则庶人不议";"天下无道,则礼乐征伐自诸侯出。自诸侯出,盖十世希不失矣;自大夫出,五世希不失矣;陪臣执国命,三世希不失矣"(《季氏》16.2)。

孔子的时代,按他的定义,当然是无道。

孔子认为,危险的国家,混乱的国家,不能待(《泰伯》8.13)。邦有道,一定要出来做官,不做官,守贫贱,是耻辱;邦无道,一定要躲起来,出来做官,求富贵,也是耻辱(《泰伯》8.13、《宪问》14.1)。他还告诫,邦有道,要直言直行,但邦无道,说话要小心,无原则的事不能干,但有原则的话也不能讲(《宪问》14.3)。有一次,孔子跟颜渊说,这叫"用之则行,舍之则藏",谁能做得到?就咱俩。子路听了不服气,说打仗,您和谁在一块儿(意思是碰到危险,谁来保护您),被孔子臭骂。他太莽撞,哪里会玩这一套(《述而》7.11)。

对于乱世,孔子的基本态度是,既不合作,也不抵抗。或者用王世襄先生的说法,是"既不自寻短见,也不铤而走险"。这是孔子的处世之道。

孔子的处世哲学,有两面,其中一面是"无道则隐",这和当时的隐者有共同点。

《论语》多次谈到隐者,如楚狂接舆、长沮、桀溺、荷蓧丈人(《微子》18.5—7)。隐者藏也,避世、避地、避人,什么都躲。孔子说,"贤者辟世,其次辟地,其次辟色,其次辟言"(《宪问》14.37)。照理说,不合作,莫过避世,但整个时代都拒绝,只有自杀;其次是避地,城里不行,到乡下去;本国不行,到外国去;再不然,不露脸,不说话,谁都不见。隐士,道德高尚,孔子做不到,他不但敬重,还打心眼儿里佩服。但隐士却看不起他,嘲笑他。分歧在于,隐士彻底不合作,而孔子却不能忘情于世,忘情于人,特别是有权力的人。他总想在坏人里面找好人,不肯放弃最后的努力(《微子》18.6)。

还有逸民(后世叫逸士),有些是遗老,有些是老牌的不合作者。这些死人,也是孔子所佩服和称道(《微子》18.8)。如比干拼命,箕子装傻,微子逃跑(《微子》18.1),他很欣赏;周有伯夷、叔齐,不食周粟,"求仁得仁"(《述而》7.15),他也欣赏。

但欣赏归欣赏,他绝不效仿。

他说过,伯夷、叔齐,以死明志,"不降其志,不辱其身",了不起;柳下惠、少连,委曲求全,"降志辱身",也很棒;虞仲、夷逸,"隐居放言",同样是好样的。这些,他都做不到。他自我解嘲说,"我则异于是,无可无不可"(《微子》18.8)。"无可无不可",就是全都欣赏,全不效仿。

在《论语》一书里,孔子说起几个人,可以反映他的处世哲学:

(1)他的学生,南容,成天背"白圭之玷,尚可磨也。斯言之玷,不可为也",是个谨小慎微的人(《先进》11.6)。他是邦有道,不放弃做官;邦无道,能躲过坐牢。孔子觉得这种人才可靠,干脆把侄女嫁给了他(《公冶长》5.2)。

（2）孔子说，宁武子，邦有道，是明白人；邦无道，就装糊涂。他的明白好学，糊涂不好学（《公冶长》5.21）。这种人，类似箕子，孔子说不好学，其实是不学。

（3）他拿史鱼、蘧伯玉作比较。史鱼，"邦有道如矢，邦无道如矢"（《卫灵公》15.7），直戳戳，好像笔直的箭，这怎么行？汉代童谣说，"直如弦，死道边；曲如钩，反封侯"（《续汉书·五行志》引童谣），今语叫"老实人寸步难行，溜沟子走遍天下"。这种人，类似比干，道德高尚，但孔子说，只配叫"直"，其实是不值，蘧伯玉不一样，"邦有道则仕，邦无道则可卷而怀之"，孔子夸他"君子哉"（《卫灵公》15.7）。"卷而怀之"是什么意思？一是要曲着点，二是要藏着点。

（4）柳下惠为士师，三次罢官，都不肯离开自己的祖国。他说，"直道而事人，焉往而不三黜？枉道而事人，何必去父母之邦"（《微子》18.2）。这种人，孔子也欣赏，但上面说了，他认为，乱世不能用直道，在他看来，乱世还是曲着点好。

孔子的处世态度，有句话，最能概括，就是"知其不可而为之"（《宪问》14.38）。

"知其不可而为之"，可以有两种理解：一种是明知不可行，硬干，这是直道；一种是既然不可行，不妨拐着弯儿干，这是曲道。孔子属于后一种。

孔子是个失败者，但不撞南墙不回头，曲里拐弯也要干，他很执着。

他是个堂吉诃德。

【思考】

1. 孔子是怎样成为圣人的？孔子被人奉为圣人，与他自己有没有关系？

2. 文章一再说孔子是个"复古主义者"。在你的心目中,"复古"是个褒义词还是贬义词? 以孔子的复古为例,谈谈我们应该如何对待复古主义。

快乐与至乐①

陈嘉映

【阅读提示】

　　陈嘉映是一位擅长抽象思辨的哲学家,喜欢通过对日常语词与现象的反思来建构自己的理念。此文是一个典型的例子。什么是快乐? 似乎不言而喻,但若不断追问与反思,则会遇到层层障碍。譬如"快乐"与"善好"之间的关系,其张力就大到足够展开一部哲学史了。哲学上的功利主义或苦行主义,都有一套关于快乐与善好的说辞,但若从他们自己的主张出发,层层追问,总能发现逻辑上的某些漏洞,也总会陷入某些悖论之中。若由此认为快乐与德行无关,似乎又造成了逻辑与人性的冲突,与人的日常感受有"违和感"。那么,问题究竟出在哪里呢?

　　本文作者示范了一种极有实践价值的思考方式,即基于概念辨析而展开的抽象思辨。快乐与善好的关系,取决于我们在什么意义上使用"快乐"这个词语。快乐之"快"隐含了怎样的悖论;"乐于"之乐与"随附"之乐有什么差别;"在某种意义上,快乐高于痛苦,而不单单与痛苦相对",这样的判断隐含着怎样的假设……

_____

① 选自《书城》2014 年第 10 期。

厘清概念的多种内涵,方能拨开语词的雾霾,达成澄澈的理解与清明的判断。文末抽绎出"向上"一词来帮助界定快乐的价值内涵,或有突兀与乏力之感,但试图在追问和思辨的基础上,作出一个断言,则是学术思维的重要特征。

今天我演讲的题目为"快乐与至乐",希望这个话题对大家来说,不会感到太过沉闷。快乐,不论在我们的日常生活中,还是在思想史的思考中,一直都是一个很重要的题目。在西方哲学中,就有一个"快乐主义"的哲学流派。这个哲学流派经过种种变形,一直到今天都非常有影响。柏拉图、亚里士多德等重要的思想家,无一不对"快乐"进行过广泛而深入的思考。中国也有这样关于"快乐"的类似学说。在近代,大家可能最了解的是伦理学中的功利主义学派,他们把人生的目的定义为追求快乐。这是一个非常普遍的看法。又比如在心理学中,弗洛伊德对人性进行研究,他就把它叫作"快乐原则"。把快乐和人生追求的总目的等同起来,这在哲学史上,叫作"快乐主义"。的确,快乐似乎天然是好事。我们似乎都在追求快乐,但不是把它作为手段而是作为其自身来追求。过节时,我们祝亲友节日快乐,没有祝他不快乐的。我们自己也愿意快乐而不愿沮丧,碰到沮丧的时候,我们希望它赶紧过去,快乐当然也会过去,但我们不会盼它消失。

不过,把快乐等同于善好,也有很多困难的地方。我曾经询问过别人《西游记》里谁最快乐?有人回答说是"猪八戒"。感觉他似乎显得要比唐僧、孙悟空快乐。不管猪八戒这个形象是不是最善好的,但的确给人印象深刻。我们这把年纪已经认识了好多人了,都会感觉猪八戒是比较典型的男人的写照:好吃、有点好色、有时也有点小勇敢。有些人可能觉得他的这种性格还挺可爱,但我们很难把他的这种性格和善好看作一样的。《石头记》里谁最快乐?想来想去,也许是薛蟠。

反过来,屈原忧国忧民,不怎么快乐。《复活》里的聂赫留道夫,忏悔之前过得挺快活的,后来跟着玛斯洛娃去流放,就不那么快活了,但那时他才成为善好之人。有人嗑药,以此获得快乐,这快乐是好的吗?且不说有人幸灾乐祸,有人强奸,有人虐杀动物甚至虐杀人类并以此为快乐,以此求乐。想到虐杀者和强奸者也能获得的快乐,我们似乎很难再坚持快乐总是善好的。

我之所以会翻来覆去地思考这个问题,是因为它形成了挺大的张力。一方面,快乐这个词似乎生来就带着某种正面的意味。比如,你爱谁,你就会希望他快乐。如果你爱你自己,在某种意义上,你也会希望自己快乐,不会愿意自己总保持在痛苦的状态之中,但另一方面,我们又不得不承认有一些不与善好联系起来的快乐。那么到底有没有一种一贯的看法,使得这种看似矛盾的现象不再那么矛盾呢?古希腊时期的"快乐主义者",比如伊壁鸠鲁,他说的快乐首先不是那个声色犬马、吃喝玩乐的快乐。他说:"我们说快乐是主要的善,并不指肉体享受的快乐,使生活愉快的乃是清醒的静观。"这种哲学主张读书、求知、理智才是真快乐;虽然我很赞同他们,但另外一方面,你也很难否认那些声色犬马不是快乐。

我们今天讨论的是何为"快乐",而不是如何获得快乐。通常在讨论伦理道德时,会有两种谈法。一种谈法就是告诉我们,我们应当怎样做,这种谈法像是老师对小学生的教育。这并不难,困难的是我们后来遇见了不同的思想、观念、想法、习俗,这时候我们会生出这样的问题,为什么我们应当这样快乐?而所谓的哲学讨论,应该是在回答这个"为什么"的问题。仅仅说我们怎样获得快乐是不够的。我们首先想知道为什么我们应当求取这种快乐。

我刚才讲到了,功利主义者把人追求快乐看作人最天然的目标。这个功利主义是与康德的道义论相对而言的。康德讲的是我们应该按照某种道德律令去行动,和追求快乐是没有关系的。当然,功利主义的提倡者边沁、密尔等都会承认，声色犬马之乐能够乐于一时，长久上看来，却并不快乐。我们人类是有远见的动物，并不是禽兽，会考虑到后果的不利，因为一时的快乐，比不上长远的痛苦。计算下来，如果不快乐超过了一时的快乐，还是会决定不要这种快乐。

不过，贪婪的欲望，这不是一个计算的问题，而是一个诱惑有多近的问题。诱惑离我们很远时，的确是可以比较冷静地去计算的，但是如果到了人跟前呢？诱惑逼近了，他会很难抵御。快乐和利益不一样。如果将快乐分为短期和长期来计算，那就像是一种买卖股票的行为了。

"快乐"，除了"乐"之外，还有一个"快"字。喝个痛快，快意恩仇，引刀成一快，快哉此风，差不多都是因为快才乐。引刀或可大笑对之，凌迟就怎么都乐不起来。

再稍微谈一下功利主义。它虽然主张每一个人都追求一己的，但结论却并不是把每个人的快乐最大化。它的结论是我们要得到最大多数人的最大幸福或快乐。计算人类快乐总量是很困难的，要不要把幸灾乐祸、强奸、虐杀得到的快乐也计算在人类的幸福总量之内呢？这些问题是人们在讨论这些学说时都会提到的。

我刚提到有些快乐是不好的。所以，有不少思想家从来就不赞成快乐和善好是一回事。我不准备在这里把所有学说都过一遍，只挑两三种说一说。一种是斯多葛主义，该学说高度推崇自制。如果大家读过马可·奥勒留的《沉思录》，就一定会看到这位古罗马皇帝的自制。而自制在日常生活的层面上，和追求快乐是会有冲突的，至少不是一回事。斯多葛哲学家一般会认为人生中重要的就是德性。而快乐和痛苦与有德和无德无关。这个论证很简单，有德者有可能快乐，也有可能痛苦；缺德者有可能快乐，也有可能痛苦。还有一种苦行学派，如犬儒学派就比斯多葛学派多走了一步。他们认为快乐不仅不是人生的目标，而且认为追求快乐就是一种堕落。真正能够使人高尚起来的东西,不是追求快乐。而且正好相反,是要让人过上一种有痛苦的生活,这就是大家都知道的苦行主义。我们都知道中国的文化博大精深,思想源远流长,特别是现在经济发达了,西方有的,我们也都有了。但其实各个民族是有各自的特点的,其中我觉得中国文化有一个比较重要的特点就是缺乏苦行传统。甚至有人说我们中国是一种乐感文化。中国在春秋诸子时期,真的是什么都有。到了秦汉大一统之后,春秋中有些东西被继承和发扬了,有些东西被边缘化、消失了,或者是接近消失。在春秋诸子中墨子是带有苦行主义的,但之后的两千多年里中国都不谈墨子。在诸子众家中,墨子比较突出的特点就是在学问上是重逻辑学的,在伦理上是重苦行的。但这两点在中国的传统中不怎么被传播。

我们再回到主题中来,苦行主义,斯多葛哲学认为快乐不快乐和善好不善好没有关系,甚至认为痛苦才是真正与善好和德性连在一起的。而快乐不但不能与德性和善好连在一起,而且它还会有伤于德性和善好。这样的传统一直到当代平民社会兴起之前,始终都是非常有市场的。

讨论到这里,我们可能还是会靠直觉感受,快乐是不能和德性无关的。而快乐和德性之间,有着一种交织、纠结的关系。为什么这么说呢?我前面已经说了一些快乐和德性确实无关的例子。而有些快乐则对德性构成威胁,或者本身就是一种缺德,比如幸灾乐祸、强奸、虐杀,但另外一方面,快乐又和德性有着一种正面的联系。比如,子曰:"贤哉,回也! 一箪食,一瓢饮,在陋巷。人不堪其忧,回也不改其乐。贤哉,回也!"我们在中国思想传统中,把这叫作"孔颜之乐"。无论日子过得多苦,他们还是非常快乐。又比如,陶渊明《五柳先生传》中提到的"环堵萧然,不蔽风日,短褐穿结,箪瓢屡空,晏如也"。但是,他还是如此之快乐。对于这些有德之人来说,无论日子过得多苦,但最后还是快乐。而我们就是不会把它们称为"孔颜之苦"。

我再举两个例子。中国的庄子和德国的尼采。虽然他们中间相隔两千年,但我喜欢把他们称为高人,他们和一般的哲学家不一样,他们的看法永远高出一筹。但这两个人都认为善好是超出苦乐之外的。功利主义认为"追求快乐是人的天性",而尼采嗤之以鼻:追求快乐不是人的天性,那只是英国人的天性。他认为快乐和痛苦没有道德意义,以快乐和痛苦来评定事物价值的学说是幼稚可笑的。但在尼采这里,你也能找到像孔颜之乐一样的句子。"世界深深,深于白日所知晓。是它的伤痛深深——,快乐——却更深于刺心的苦痛;伤痛说:消失吧! 而快乐,快乐无不意愿永恒——深深的、深深的永恒!"这当中有将快乐和永恒相联系的东西,有一种求永恒的意志。

我们刚才已经讲了快乐和德性有着这样一种正反的张力,再回到这种张力,往前强调一步,就到了"志意之乐"。因为不管是苦行主义还是斯多葛主义,不管历经多少痛苦,最后达到的顶点永远都是快乐,而不把它叫作痛苦。这是一个大的话题,我就不一一展开这里面的概念结构了。只提一点,快乐和痛苦是一组对子。此外,有或无、精神和肉体、善与恶、真与假等也是一些对子。我们会用一种相对性的概念来看待这些个对子。它们看起来是一组组对子,其实却不是完全相对的。它们有时候是对子,但在一些特定的意义上,是一个高于另一个或一个支持另外一个。

在某种意义上,快乐高于痛苦,而不单单与痛苦相对。但这并不是说,快乐才是人生的目的。人生就是对快乐的追求,这类的话,我们不仅在生活中,在阅读时、思考时也会这么想和这么说,而且我刚才也引用了一些哲学家、思想家的话,他们也会这么想、这么说。但我想说这种说法其实并不成立。我们平时做的最普通的事情,吃饭、喝水、睡觉、上班等,有哪一件事情可以说我们是在追求快乐? 你做这些事情,并不是为了快乐而去做这些事情。比如,一个母亲因为儿子含冤入狱而不断上访、找律师、找法官,要把儿子营救出来。其间还经历倾家荡产、百般痛苦。但你能说她是为了能把儿子从牢狱中营救出来的那种快乐去做这些吗？当把儿子救出来，母亲当然会非常快乐，可她仍然不是为了那一刻的快乐而经历这所有的痛苦。那你说她是为了什么呢？她是为了把她儿子营救出狱。

这里我们需要区分，我们为了某种目的去做一件事情和做成这件事情会带来的快乐。这不是我的原创，亚里士多德对于快乐的分析，大致是这样的：我们为了正面或负面的、高尚或低俗的种种目标而做事情。而这些事情一旦有成，会给我们带来快乐。因此，快乐不是人生的目的。尼采也说过类似的话，快乐本身不发动任何事情，快乐是伴随着你的活动而来的。用亚里士多德的话来说就是"附随"的。

"乐"这个字，我们通常会在快乐的意义上使用它。但它还有一个最基本的、和快乐的概念相联系的意义，那就是"乐于"。的确，有许多事情，我们会乐于去做，而有些事情不乐于去做。我们乐于去做一些事情，并不是指着做这件事，最后能带来快乐。我们做这件事情本身就是快乐的。比如，有人乐于打网球。当然，打网球你赢得了这场比赛，你很快乐。但不赢你也会挺快乐的。因为你所获得的快乐，不是在赢不赢得比赛的结局上，而是在打网球的过程中。而这种过程中的快乐，不是我们一般说的喜笑颜开。我们在打网球的过程中奔跑、接球、扣杀、暴晒、流汗、气喘等，这看起来，哪快乐呢？而这里的快乐，并不是我们一般所说的情绪上、行动上的快乐，而是你乐于做这种活动。刚才说了，你做一件事情带来成功，会感到快乐。那么现在，我再进一步说，有些事情，还不一定非要有所成就，你只要做了，就已经快乐了。当然，你要是做得特别好，你会在这过程中获得更多的快乐。我们称其为在生活中的附随的快乐，不过，我倒觉得"附随"这个词不是最好，其实就是融化在活动中的这些快乐。我再举个以前人经常举的例子——哲人、科学家求真的快乐。我们中有的人，或许也会有相同的经历，解一道数学难题，彻夜不眠，就为了证明其结果，但真的是乐趣无穷。数学家就是这么工作的,遇见难题,想方设法地证明这道难题。证明的过程中,吃不好睡不着,皱着眉头,绞尽脑汁。如果证明出来当然是非常快乐的,即使没有证明出来,也不会后悔,因为乐于做这件事情。追求真理的快乐,不是真理到手的那种快乐,至少远远不止于这种快乐。而是因为在这过程中,你会感到快乐。

按照亚里士多德的思路,会这样想问题:快乐到底好不好呢?它和德性到底是什么关系?这个问题由此呈现出一个新的轮廓——快乐本身并不是行动的目标,是附随和融化在行动之中的。因此,快乐本身无所谓好不好。高尚的活动带来高尚的快乐,鄙俗的活动带来鄙俗的快乐。我们沿着亚里士多德的这条思路,一方面要澄清快乐和行为目的之间的关系,一方面要理解快乐和德性之间的关系。实际上快乐不是直接和德性系在一起的,而是和带来快乐的活动系在一起。这条思路也有助于我们思考其他的问题。比如我们会讨论"审美快感"。艳俗的 cover girls,给人感官上的快感;而当你去看那些古希腊的悲剧时,你有什么可快乐的呢?但是,我们仍旧在另外的意义上,可以谈论它带来的审美的愉悦。这种愉悦和我们看 cover girls 的那种愉悦根本不是一种愉悦。现在,大家可能稍微有点明白了,所谓的"审美愉悦",根本就不是一看觉得真开心啊!它可能是你看后会觉得震撼,或者是痛苦,甚至是绝望的那种东西。

亚里士多德的思路对我们来说,非常富有解释力。但我也不想否认,我们的确有时候会单纯因为快乐而去做一些事情。我们聚会喝酒。是不是因为快乐而去喝酒呢?在一定意义上说,不是为了快乐而去喝酒,而是因为聚会去喝酒,而这聚会给我们带来快乐。但有的时候,几个人穷极无聊了,只是因为喝酒,有这么一个痛快劲儿,此外没有什么其他更多的内容。有些人还觉得挺快乐的。这种行为,我把它叫作求乐、找乐子。

我们现在把为了做成一件事情、乐于做一件事以及做这件事情的成功所带来的快乐和找乐子的快乐加以区分。平常我们并不因为不找乐子而不快乐,实际上不找乐子仍然可以过着相当快乐的生活。因为我们积极地做一些事情,而且乐于做它,在做这些事情的时候,我们会获得快乐。这种快乐不同于找乐子的快乐,区别就在于找乐子的过程只是求快乐的工具,所谓工具就是只要我有别的找乐子的办法,或者可以找到同样的或更大的乐子,那用什么工具就无所谓。但你乐于做一件事情就不是这样了,因为给你换一件事情做,你就不一定乐于做了。再举一个好的例子和一个不好的例子。比如所谓追求真理的快乐,是非常具体地追求一种真理的快乐。数学家在解决数学问题中获得快乐,哲学家在哲学思辨中获得快乐。那喝酒与之相比就完全不是那么回事了,因为喝什么酒无所谓,只要可以带来同等程度的兴奋和迷幻就行了。

所以,找乐子和一般正常的快乐是不能同日而语的。更不要说若求乐的手段本身是一种恶劣的手段,比如虐杀的快感,虐待小动物、他人的快乐。而我们大多数人在做大多数事情上,并不是在求乐。尽管我们知道做任何事情里面都包含了辛苦,甚至是痛苦,但我们做这些事情,并不是为了计算快乐,并不是说付出多大的痛苦就可以获得多少快乐。比如,我们这些年纪大的人都有过抚养孩子的经历,那个辛苦可能远远超过没做过父母时的想象。你说最后要的快乐是什么?难道就是考上重点大学?那个回报不在那儿,那个回报就在你给他洗尿布、把他从医院背回来等。回报就在你做的那些事情的辛苦之中,直接就得到了,因为你爱他们,你乐于做这些事情。有些事情的价值本身就是以它的难度来衡量的。据王朔观察,成年男人喜好的东西多半带点儿苦味:烟草、茶、咖啡、老白干、探险、极限运动。在味道上如此,做的事情上也是如此。要是一个大男人总是只干一些很轻松的事情,你不觉得这个人有点毛病吗?没有难度就没有意思,因为这个乐不仅是和苦相对着折合出来的,这个乐是乐于之乐,而不是最后得到的那个乐。

　　人的天性真不是都是避苦求乐的。我们有的时候,的确是会避苦求乐的,那有可能是因为那个苦来得有点重了,实在是想歇一下、乐一下了。但这在一定意义上,并不是我们的天性。因为我们的天性是去做那些事情。我们在衡量一个人的时候,不是在衡量一个人有多少乐,而是这个人做了多难的事情。因此,我们为什么会遇见那些冤狱的事情,比如像已经过世的南非前总统曼德拉,他经历了这么多痛苦之后还保有那样的品格,所以我们崇敬他。要是一个人平平顺顺度过了一辈子,我们恭喜他,但没有什么是可以值得我们尊崇的。的确,只有苦难让人成为英雄。没有经历苦难的人,我们可以用各种词语来形容他,但我们没有办法把他视作英雄。乃至于我们有时围在那里听过来人讲他苦难的经历,一脸崇敬。细较起来,让人成为英雄的不是苦难,而是对苦难的担当,是战胜苦难,是虽经了苦难仍腰杆挺直,甚至乐在其中。当然,就像我们不是为了快乐生活,迎难而上并不是去选择苦难;有志者投身一项事业,哪怕它会带来苦难。我们崇敬英雄,因为苦难没有压倒他。单单苦难与快乐毫无关系,被重大的苦难压垮,会让人怜悯,但不会令人崇敬。

　　那么,苦行主义呢? 这是一个很有意思的话题,好像和我们日常生活的观念不太吻合似的,所以特别值得去思考。苦行主义者眼界比较高,有些你觉得是值得一做的事情,他们会觉得不值得去做,无论它带来什么快乐。我们无法用尘世的目的来问苦行主义者要达到什么,因为他要的东西超出所有尘世的目的。苦行主义总与某种超越性相联系,这种东西无法用具体的目标来描述,而只能用乐于受苦来表征。苦行主义的那种快乐绝对不是苦行完了以后达到快乐,这里,快乐是超越的,不可见的,完完全全由乐于苦难来宣示。

　　我们了解了那么多快乐的用法,有恶劣的快乐、鄙俗的快乐、普通的快乐,高尚的快乐,一直到苦行的快乐。那可能有人会觉得“快乐”

这个词的用法是不是有点太混乱了？在这里我想说说，我大致是怎么想这个问题的。第一，人们也许会想，既然在各种各样的场合中都用"快乐"，那孔颜之乐、英雄之乐、苦行者之乐与找乐子一定有什么共同之处。我想说这种看法是一种比较流俗的看法，大家可能听说过一个词叫"家族相似"，比如甲和乙有点共同之处，乙和丙有点共同之处，丙和丁又有点相似之处，但把它们合在一起，从甲到丁并不是都有相似之处的。不过，这种思路仍不适于用来思考像快乐这样的概念。我们在讲快乐时，常常是把它当作一种心情来讲的。但是，快乐这个词远远不只是用在心情和情绪上，比如也可以说一种活动、一个场景、一个场面是快乐的。这些快乐要比一种情绪上波动的快乐广泛得多。因为快乐的心情和情绪只是一种快乐场景中的一个部分，快乐的心情和情绪是和一定的环境适配的。若说各种正常的快乐有什么共同之处，那恐怕是一种相当"抽象"的共同之处——快乐是一种上扬的态势，我们说喜气洋洋，不说喜气沉沉，说 cheer up，不说 cheer down。

从这个意义上来说，快乐本身是好的，这个"本身"说的是快乐处在它"本然的位置"之中——当快乐由向上的活动所引发，当它融合在上扬的情势之中，快乐是好的。当我们祝一个朋友快乐时，的确不只是祝他拥有一个良好的心情，还希望他拥有一份和他所处的环境、情境相配合的快乐，而不是那份被隔离出来的、简单心情上的快乐。现在我们可以明白了，为什么我们要把虐待小动物、他人的快乐叫作变态的快乐。这里用"变态"不只是表达道德义愤，虐待和残杀是向下的活动，是对积极洋溢的生命的一种抑制和残害。快乐在一定的环境中配合一定的活动，它有它自然的位置，如果把快乐从它本来的上扬趣向抽离出来，把它放到和快乐的天然活动所不相适配乃至相反的环境之中，这时候我们倾向于不说"快乐"，我们不说施虐的快乐，而说施虐快感，以便多多少少提示出这里说到的只是一种情绪，与快乐的自然环境脱节的情绪。

如果说施虐的快感把快乐从它本来的上扬趣向抽离出来,扭结到堕落的活动之中,那么,德行的快乐则完全来自所行之事的上升。从善是向上的,古人说,从善如登,德行是上扬的。古人说,生生大德。德行之乐无须伴有情绪快乐,毋宁说,这里的快乐是万物生生的自得之乐。德行者伴万物之欣欣生长,在他生存的根底上通于生生之大乐,是为至乐。

【思考】

1. 围绕功利主义与苦行主义,运用思维导图理清作者的追问与反思的线路。

2. 2018年,上海高考作文题:生活中,人们不仅关注自身的需要,也时常渴望被他人需要,以体现自己的价值。这种"被需要"的心态普遍存在,对此你有怎样的认识?借鉴陈嘉映此文不断追问的思路,就"需要"与"价值"的关系,写一篇思辨性的文章,阐述自己的看法。

历史、山水及渔樵①

赵汀阳

【阅读提示】

历史是个普通的词语,可一旦与山水、渔樵并列,就让人自然地联想到中国的文化精神。中国的思想文化不以宗教为本,而以历史为本,显示出一种巨大的勇气,即"要以人的世界来回应一切存在论的问题",这就是中国文化中的人文主义。

历史之所以与山水关联,乃是因为历史并非纯粹的形而下的时空与事实,而兼有形而上的超越性与永恒性,这就是历史的"常数"。有了常数,历史才有意义。当我们不再向某个虚构的神灵寻求超越性的时候,山水便成了考量历史的一个坐标,因为山水"与人事无涉而具有超越性",是"可信经验和本真价值的保留地"。不在人事变迁中探寻规律,倒要在山水中探求常数,可见历史的本真是多么隐晦与复杂。

中国人沉溺山水,体现了对历史超越性的理解。在作者看来,愤世嫉俗或怀才不遇之辈所寄情的山水,并非真的超越之地;"与山水有着纯粹的切身存在关系的"渔樵,才能算是现实的超越者,历史的超越者,因为渔樵谈论的历史,才是

----

① 选自《哲学研究》2018 年第 1 期。

隐藏在变动不居的历史中的那些恒定的常数。作者将此命名为"渔樵史学",他说:"渔樵史学以青山为尺度而观青史,意在历史性而不是历史,所见乃历史之道而超越历史恩怨。"

　　此文是一篇充满思辨色彩的学术文,却内隐了很多沧海桑田的历史感慨。

在《渔樵象释》一文中,张文江先生以渔樵作为中国哲学家之"象"①,这意味着一个深度哲学问题,由此可通达另一些重要概念,尤其是历史和山水。在此,笔者准备把历史、山水和渔樵作为哲学概念加以分析,以求理解一个以历史为本的精神世界何以建构其超越性。

一、历史为本的精神世界

历史乃中国精神世界之根基,这一点似乎是众多学人的共识(不排除有不同看法),也是古人一种代表性的理解,所谓"六经皆史"。以历史为本的精神世界之所以成为一个需要分析的问题,是因为这个精神世界以独特的方式处理了形而上学问题。以历史为本的精神世界必须以历史性为限度的有限思想格局,去回应思维可能提出的在历史性之外的形而上问题,必须以有限性去回应无限性。更确切地说,历史是一个具有时间限度的世界,即一个具有特定"历史性"(historicity)的世界,其视野尺度明显小于理论上或逻辑上的无限视野尺度。这就意味着,以历史为本也因此以历史视野为限的精神世界,必须能够以有限性去理解无限性,以有穷去理解无穷,否则就无法回应思维必然会提出的涉及无限或无穷性的问题。而如果不能回应

---

① 张文江,《古典学术讲要》,上海古籍出版社 2010 年版,第 184—195 页。

无限或无穷的问题,思想就无法建立一种形而上学,就会因此陷入自身受困的境地,而且就会因为思想能力有限而不得不屈服于宗教。显然,一种思想必须内含无限空间,否则无以维持自身的无限活力。换句话说,思想必须能够回应无限性和无穷性的问题,不然就会受困于情景性的一时一地一事物,而把涉及根本性的问题都留给宗教。事实上,以历史为本的精神世界成功地维持了自身的思想完整性,并不需要另一个以神为本的精神世界去回答关于无限和无穷的问题。那么,其中必有秘密。

以历史为本并不是精神世界之常见基础,而是一种独特的思想格局。以宗教为本才是更多文明的基础。在无限与无穷的世界中,不得解惑的人首先想象并且求助于不朽之神(the immortal),而不是求助于会死的人(the mortal),显然,不朽的神因其不朽而理当知道一切问题的答案。以历史为本而建立精神世界是人的最大勇气,它意味着人要以人的世界来回应一切存在论的问题。当人的世界成为存在论的核心问题,神的世界就可有可无,即使有,也是晦暗不明的异域,终究是可以存而不论的另类世界。于是,历史世界才是真实的长存世界,而鬼神世界只是虚设之境。可以说,以历史为本的精神世界才是严格意义上唯一的人文主义。以概念或逻辑为基础的思想,比如古希腊思想,虽然具有形而上的无限性,却因为概念的非实在性而无法建立一个具体性的精神世界,因此终究只能让步于拥有具体性的神的世界。与之不同,历史是具体的世界,因此在真实性上是自足的,所以说,历史是人文主义的唯一基础。由此看来,以有限存在去应对无限存在的历史精神固然有惊世的勇气,同时更是一种惊人的创造。毫无疑问,时间是无限的,历史是有限的,两者之长短无法相较,甚至即使时间也是有限的(按照当代物理学理论似乎如此),时间对于历史也仍然有着巨大的不对称优势。那么,是什么理由使得人敢于以历史去回应时间? 敢于以青史去对应青山? 敢于以人间经验去应对超验问题?

从陈梦家、张光直到李泽厚先生,都注意到在中国精神世界的形成过程中,有一个由巫到史的转换。正是这个转换确立了以历史为本的精神世界,正如李泽厚概括的,中国精神世界就基于"巫史传统"。[①] 既言传统,就意味着,巫与史所关注的事情虽然分属神人两界,但其间必有串通之一致性,否则无以言传统。其中的关键应该就在于对直接经验的信任,似乎可以说是一种经验主义信念:经验未必真实,但经验之外无真实。[②] 自新石器时代到夏商,期间虽经历了"绝地天通",但只是禁止了无法度的巫术,并未取消"正规的"官方巫术,巫术仍然是回答事关未来、无限性或无穷性的问题的方法。早期中国古人重视巫术实践中"灵验"经验的总结,而并没有建立一种虽无灵验而仍然坚信的超验信仰(这种彻底的经验主义是如何生成的,仍然是个谜)。甲骨文残片中有大量关于占卜的记录,这是保留总结占卜经验的一种证据;另外,长达数千年的巫术终究没有产生"成熟的"宗教,也是一个事实。这暗示着,古人以巫术实践的灵验经验作为天命的证据,而不是盲目相信一种在原则上或原理上不许质疑的绝对信仰,就是说,不存在先验原理,灵验才是原理。这种经验主义的理性态度大概就是李泽厚所称的"实践理性"。尽管我们尚无充分材料解释中国古人何以"自古以来"就倾向于实践理性,但事实确乎如此。[③] 总之,基于实践理性的态度,从总结巫术经验转向总结人事经验,从掌握

---

① 陈梦家,《商代的神话与巫术》,《燕京学报》1936 年第 20 期。张光直,《美术、神话与祭祀》,郭净译,生活·读书·新知三联书店 2013 年版。李泽厚,《由巫到礼　释礼归仁》,生活·读书·新知三联书店 2015 年版,第13—21 页。

② 逻辑上为真(true)只是纯粹形式的真,却不是真实(real)。只有真而不空才是真实。

③ 有一种流行看法认为,农耕社会由于依赖农作物的生长经验以及天时经验而倾向于经验主义。这恐怕不是充分理由,因为更多的农耕社会发展出了宗教。

占卜经验的巫转向掌握人事经验的史,也就有了可能性。不过,这个漫长的转变最终还需要一个划时代的理由。

周武王克商正是使得历史成为精神世界之本的决定性事件。周向有敬德惠民之行,因此得道多助而克商。商朝虽最重祭祀神明,敬天不辍,却不得天助而亡,这种强烈对比动摇了巫术的可信度而奠定了历史为本的地位。不过,周朝并没有取消天命的至高地位,而是强调不可见之天命必须有可见的证明方能生效。空言天命只是妄称天命,因此将人心所向确认为天命之明证(这几乎是唯一有力的证明,其他证据如天象地动皆可主观解释),正所谓"顺乎天而应乎人"(《周易·革·彖》)、"民之所欲,天必从之""天视自我民视,天听自我民听"(《尚书·泰誓》)。周朝的"顺天应人"原则既是思想革命也是神学革命,它开创了天人合一的思想传统,同时也就开创了历史为本的人文传统。周朝思想将天命倒映为人心,天道倒映为人道,上德验证于人德,问天转为问人,巫术经验也就转向历史经验。从这个意义上可以说,天人合一的原则始于周朝,尽管其论述或晚至战国或汉代。

如果没有天人合一的原则,就不可能以人应天,也就不可能以历史应对时间。这是关于人性的一个最大的神话(正如上帝是神性的最大神话),这个人性神话在人间建立了历史之不朽而与自然之不朽同辉。尽管历史的不朽无论在形而上的意义上,还是在形而下的事实上,都仍然是有限的和有穷的,无法与自然之不朽相较,因此青史之流传终究不及青山之永固,以历史为本的精神世界却开创了自然之外的另一种形而上问题,即定义了什么才是有意义的形而上问题:在人之外的世界,即使是无限而且无穷的,也是无意义的,因为无人便无言说,无言说则无意义。自然之不朽只是自在之不朽,无反应之不朽,虽永恒而不构成思想问题。换言之,在青史之外的青山并无意义,青山自身只是物理存在,虽存在却不构成存在论的问题,只因无人提问,其存在也就没有被赋予任何精神附加值,所以无意义。别说青山,如果没有人，就是上帝也无意义。在此，我们可以发现以历史为本的精神世界的道理：历史虽然有限，却是一切存在具有精神意义的根据。因此，历史的有限性足以应对时间的无限性，就像从 1 到 2 的有限区间却能够与无穷的自然数构成对应关系。

历史虽然具体，却不是一个形而下的概念，相反，它是一个形而上和形而下的合体概念。尽管时间比历史更久更远，但作为需要思考的问题，历史却比时间更为基本。在这个意义上，存在本身并不是存在论中的一个问题，而只是存在论的给定前提，而历史反而是存在的意义来源，正是历史使得存在成为有意义的问题。因此，"to be"只有在等于"to do"时才构成一个需要思考的存在论问题，否则只是存在本身的重言式——存在本身永如其所是，一切如常，只有当时间落实为历史，存在才成为不平常的问题。在历史形而上学之中，青史得以与青山并存，于是，历史不仅仅是历史，同时也是哲学和信仰，兼有思想世界和精神世界的双重维度，即天道与人道双重合一的性质。

二、山水是大地中的超越之地

自然本为一，对于人则分为天地，其原始意象或为上覆下载之自然知觉，此种上下之分却赋予天地不同的思想问题。天地之间的人也是自然，对于自然人，上天非人所及，是自然的超越部分，天在生活意志之外，所以天道是超越的。天道本身不可知，只能意会，人只能通过人道而间接地理解天道。人道尽在人的历史之中，于是人通过历史的历史性而意会天意。

人的问题的复杂性在于人性的复杂性。人性虽属于自然，但人性的独特之处在于，人性是自相矛盾的，或者说，自身不一致，内含有自毁因素，因此人性有可能"顺其自然地"否定人性。其中的关键问题是，个人的自然私欲就是对他人的自然私欲的否定，因此，自己也必定被他人否定。如果每个人都在互相否定中被否定，那么人就被否定了。因此,人的首要问题不是弘扬人性,而是如何拯救人。孔子的天才在于发现了"仁"是人的根本问题。"仁"的要义并非自然情感(孟子的理解有所偏差),而是一个人成为人的意志,所谓"我欲仁,斯仁至矣"(《论语·述而》)。"仁"意味着在任何人之间可以循环对应运用的意志,所以"仁"超越了个人意志,而是人之为人的一般意志,此种循环对应的意志建构了互尊为人的关系。如果个人意志不能超越私欲,就只是"我欲我所欲"而不是"我欲仁"。可以说,"我欲仁"是人之为人的资格。但是,多数人似乎偏要不仁,而儒家一直无法解决"人而不仁"的问题,这不仅是人难以成为人的问题,也是社会难以成为好社会的问题。不过,这却并非儒家之独家短处,事实上迄今为止尚无哪种理论或制度能够解决人而不仁的问题。仁者如果不去"浮于海",就只能在"乐山乐水"的意境中体会山的坚定意志和水的应变自如了。

　　人的复杂性就是历史的复杂性。生活属于大地,历史就属于大地。以历史为本的精神世界使思想的目光自天落到地,于是,一切问题都必须在地上解决。大地本为自然,同样具有超越性,但人对大地有着使用权,人对大地的干涉把大地变成人的场所,人在地上建构了社会。地上的社会经验虽有真实性之长,却也有缺乏超越性之短。可是,为什么一定需要超越性?超越性究竟有何意义?或者说,如果缺乏超越性,生活会缺少什么不可或缺的东西?这是个问题。有一点显而易见:对于生活,或对于思想,没有超越性就意味着没有常数,一切皆为不确定之变量。这一点无论对于生活还是思想都是致命的。没有常数意味着没有任何可信的不变根据,那么就只有意识流而没有思想了。同样,缺乏超越性,生命就只有本能或盲目行为而没有生活了。所以,怀疑论的目的不是为了怀疑一切,而是为了寻找不可怀疑的根基,深意在此。

　　世事虽然万变,思想也如此,但都需要坚实的依据,所谓万变中不变之理,也就是超越性。假如仅仅是生存,一切无非食色,那么就无须超越性,但缺乏超越性的生存就仅仅是生存而不是生活,无异于禽兽的行尸走肉而已。因此,超越性有何意义? 笔者愿意说,超越性正是意义本身,超越性就是生活的意义所在。此处所谓的"意义"并非分析哲学讨论的作为所指(reference)的意义(meaning),也不是语言学讨论的能指(signifier)的意指(significance),而是一个存在的目的性,即一个存在之所以成为如此存在的本意(that meant to be)。比如,人之为人,生活之为生活,文明之为文明,等等。就人的存在而言,超越性正是生活得以成为生活的意义。

社会虽然没有超越性,但并非社会中人都没有超越性,所有舍身成仁的英雄行为都具有超越性,平常之事也可以有超越性,如季布之诺。只是社会的整体运作没有超越性,所谓"天下熙熙皆为利来,天下攘攘皆为利往"(《史记·货殖列传》)。在社会中难寻超越性,于是,人们在大地上寻找超越的场所,寻找在社会之外的场所。尚未被社会化的自然,或者说,人事不触及的自然就仍然保有超越性。道在自然中展开,所谓"道法自然",因此,自然是存在论意义上的存在方式,不是风景,不是专门被观看的对象,而是投身之处,或者说,不是知识的对象,而是存在论的场所。自然包含时间中的空间和空间中的时间,是一个不断演化的存在,一个无限而无穷的存在,因此含有道的全部意义,却是人无法完全理解和把握的意义,所以自然是超越的。那么,除了赫赫上天,在大地上何处寻找与人事无涉的自然? 或者说,大地的超越性又在哪里?

山水,与人事无涉而具有超越性的自然就是山水。

不过并非山水之间尽皆超越之地。社会化的山水是"江湖"。人们通常把"江湖"识别为反社会或反体制的空间,但江湖实为官方体制外的另一种体制,仍然是一种社会形态,类似于黑社会。因此,江湖完全不具有超越性;相反,江湖是个凶险社会,所谓江湖险恶。此外,陶渊明想象的桃花源虽是世外之地,却也并非超越之地。桃花源中人虽不知秦汉魏晋,几乎忘却历史,却仍然是一个世俗社会,尽管或许是个和谐社会,生活简单到只剩下生儿育女、柴米油盐,但简单性并不等于超越性。如果以为极简主义到几乎无内容就等于深刻,或者以为空无等于超越,那是对文明、思想和历史的深刻误解。实际上,只有知道最复杂的世界、思想和历史才有能力超越那一切,也许应该说,对复杂性的超越才是有意义的超越,而对于近乎无内容的简单性却无可超越。老和尚竖起一指,或许是超越(也未必),而小沙弥竖起一指,却肯定无所超越。

无涉人事而可以借之旁观历史的山水才是超越之地,既不是社会,也无体制,是不属于历史却一直与历史同在的思想之地。人来到山水之间只是客人,即使是长久留居的隐者,也只是客居山水的人。即使占用了山水,也没有人能够拥有山水,因为没有人能做山水的主人。山水在本体上属于自然,仅在使用权上属于有缘的客人,还有"富有天下"的天子。按照王者传统,名山大川,江河湖海,皆"不封",都归属天子所有。但这种"所有"也只是一种使用权或管理权,据说是上天托管与天子的管理权,而山水的本体所有权仅仅属于自然,自然即天地,不属于任何人。自然因为富有时间而超越了历史,所以山水是不朽的,是旁观历史之地,能够以不朽的尺度而旁观即生即灭的人事。

在山水概念中还另有两种属于超现实的山水,或有原型,或为想象,但都不是真实山水,而是作为概念而存在的山水。其中一种是传说的神仙乐园。根据干春松的概述,包括有三十六天、三岛十洲、十大洞天、三十六小洞天、七十二福地之类,其中尤以昆仑山和三神山最为著名。① 那些洞天福地的名称虽然过半有其现实对应实地,情形却未

① 干春松,《神仙传》,社会科学文献出版社 1998 年版,第 115—133 页。

必如实,而以虚构情景为主。比如最为显赫的昆仑山实为一个象征性的存在,与现实之昆仑山名实不符,不可混为一谈。神仙所居的山水既为想象之地,神仙的生活也是想象的生活,与人事无涉,不仅不受人事之干涉,而且也不去干涉人事(通常如此)。神仙的山水虽然是超现实的,却不是超越的,因为神仙的超现实生活居然具有与俗世相类的秩序,神仙属于一个与人间相似的等级体系,也有不同级别的待遇。可见,神仙生活虽然超现实,却同样世俗,神仙长生不老的意义只在于永享世俗之乐,因而神仙只是另一种世俗存在,与超越性无关。

相比之下,诗画中的山水稍微接近超越性,这是另一种作为概念的山水,属于诗人和艺术家。诗人和艺术家创造的山水,其中不少也是有原型的,但经过想象而具有超现实性。诗人和艺术家并非关心历史的渔樵,相反,他们以山水去拒绝历史,以山水去拉远与世俗的距离,或者试图拉近与超越性的距离。然而山水的超越性不在于作为逃逸之地,而在于代表与历史性相呼应的时间性。如果青山不与青史对照,山水就失去可以超越的内容,就只是风景或者心境的写照,就只是表达了一种寄情美学。直接请回山水的园林,甚至比山水画更显白地表达了对自然之寄情,园林以假山水的直接在场而试图保留俗世与超越性之间的通道,但只是一种象征而已。总之,无论是神仙山水还是艺术山水,都试图以超现实的方式去接近超越性,可是超现实性终究不是超越性。超现实性回绝了历史性而缺乏沧桑。如果不能面对沧桑并且超越沧桑,就只是逃逸,其所得并非超越,只是隔世而已。

真山水,即可以自由进入而非私有的山水,无须隔世,无须幻觉,而直接具有超越性。山水是历史激荡所不能撼动的存在,王朝兴衰,世家成败,人才更替,财富聚散,红颜白发,功名得失,以青山度之,皆瞬间之事,所以青山依旧在,浪花淘尽英雄。历史为人事之变迁,山水为自然之自在,皆为道的运行。人事发于道而为弘道,所谓"人能弘道"(《论语·卫灵公》);自然为原道,超越人事即归于道。只有知道之变化,返璞归真才是有意义的,或者说,只有识得道为万事,才有资格归道为一。如若本来空空,只是无处可归而已,未曾归于道也。所以,史前青山无意义,青山必须见证青史,见证青史,才具有超越性。

一旦山水与社会分开来成为超越之地,大地就因为有所划分而具有了世界的丰富性,既有逐鹿之地,也有超越之地。这样的大地既属于英雄,也属于与英雄无关的异人(学者、僧侣、隐士、渔樵、艺术家),也称世外高人(而今皆为俗人)。英雄在有为之地有所“作”,非英雄在无为之地有所“述”,相应得彰。如今青山依旧在,坚如磐石(本来就是磐石),青史也在,但出入山水之人只是旅游者,因此山水也变成了社会,失去了超越性,山水之间再无渔樵之类异人。不过,张文江先生相信作为“象”的渔樵与文明一直同在,以此论之,于今渔樵只是一种方法,拥有渔樵方法的人就仍然是渔樵。

我们追忆山水,却发现作为超越之地的山水有其生成过程,并非自古如此。初时,社会很小,社会的建构是文明的核心问题,山水很大,属于有待开发的原野,尚未成为精神性的超越之地,而单纯是生计之地。《诗经》中对山水的歌颂表明,在被赋予形而上意义之前,山水的重要性只在于物产,野果野菜走兽游鱼之类,如“终南何有?有条有梅”(《诗经·秦风·终南》);“陟彼南山,言采其蕨。……陟彼南山,言采其薇”(《诗经·召南·草虫》);“猗与漆沮!潜有多鱼,有鳣有鲔,鲦鲿鰋鲤”(《诗经·周颂·潜》),等等。春秋时的思想者开始以山水暗喻思想方法论。孔子曰:“知者乐水,仁者乐山;知者动,仁者静。”(《论语·雍也》)水为事理:万事皆在如水一般的变化之中,所以水暗喻变化之事理;山为义理:青山万世不移,所以暗喻应万变而不变之根据。朱熹解释说:“知者达于事理而周流无滞,有似于水,故乐水;仁者安于义理而厚重不迁,有似于山,故乐山。”(《四书集注·论语集注》)理解如水万变之理,所以“知者不惑”;领会如山不移之理,所以“仁者不忧”。(参见《论语·子罕》)老子最为重视水的方法论,所谓"上善若水"(《道德经》),其意与孔子相通。山水必为一体,兼有变化与不变之理,与《易经》之方法论相合。因此,山水是方法论的意象。

为什么万变必须与不变合为一体? 其中道理是,如果只有变化,就无物可以识别,绝对流变等于无物存在而只有过程——也许在物理学的终极层次,物质只是过程,但不能解释人的世界;如果只有不变,虽永恒而无时间,更无历史,无影无迹,虽在犹死,同样不能解释人的世界。时间是生死的关键:生而有死者存在于时间中,因此有其终结;永恒存在永远自身同一,永无变化,也就不在时间中,可是超越时间的永恒仅仅是概念而非实在,因此说虽在犹死;或者说,永恒存在虽是永在,但也是永死,因为绝对存在之永在是超时间的,超越了生死概念,也就无生无死,如以时间概念去看,就是永在而永死。尽管永恒者或者绝对存在是一个可以理解的形而上学概念,但作为一个存在论的概念是非常奇怪的,因为超时间而无变化也就无可谈论。有意义的不朽性并非绝对永恒,而是在时间中的不朽,也就是万变与不变之合体。在人的视野里,唯有万变而不变的永在才是意义所在。因此,山水总是一体而且必须一体,有水的山才是有灵的山,才是活的山;有山的水才有曲折变化,才是有故事的水。正因为青山是活的,所以能够见证青史。

自周朝确立了历史为本的精神世界,春秋战国两汉为历史思维之极盛时代,人们目睹了制度革命、社会变迁和立法,中国的历史路线基本被确定。三国魏晋之后,经历乱世与失序,社会结构的破坏与重组,各族的逐鹿战争与兴亡,生活经验不再确定,社会陷于动荡和危险,于是山水成为可信经验和本真价值的保留地,一个超越之地,成为位于社会和历史之外的世界,而山水诗与山水画也随之兴起。山水成为无穷性与永久性的具象隐喻,这是形而上之道的形而下化,同时又是情感的形而上化。人们借得形而上无穷无尽的时间而超越转瞬即逝的历史,于是现实和未来都不再成为存在的重负——现实和未来在无穷流逝的时间里(水的隐喻)都是过去时,在永久存在面前(山的隐喻)都是完成时。

三、渔樵如何谈论历史

对于山水作为社会之外的世界,理解却有深浅之分。人们寄情于山水,表层意识是脱俗,在深层意识里却是对超越性的理解。如果仅仅把山水看作脱俗之地,那也是一种世俗理解。愤世嫉俗或怀才不遇之辈不能在俗地里脱俗,因此需要在脱俗之地隐居以自慰。清高必须与污浊相对才能够被定位而具有意义。因此,清高的姿态正是另一种世俗,可是只要意难平就仍然是以世俗为意义指标,清高就是尚未忘俗。作为超越之地的山水却完全无所谓世俗还是脱俗之分,不在世俗和脱俗的形而下框架里,而在其之上,所以是超越的,超越之地通达的是形而上之道。屈原遇渔父的故事便暗示了脱俗与超越之别:屈原被逐,意气难平,对渔父声称"举世皆浊我独清,众人皆醉我独醒",可是渔父不以为然,认为屈原无法应付浊世实为不懂超越之道:"圣人不凝滞于物,而能与世推移。"屈原不服,继续谈论自己之清高,渔父"不复与言",不理他了,"莞尔而笑,鼓枻而去,乃歌曰:沧浪之水清兮,可以濯吾缨;沧浪之水浊兮,可以濯吾足"。(《楚辞·渔父》)屈原虽"独清独醒",却未达到渔父之超越,因此阮籍有句:"渔父知世患,乘流泛轻舟。"这里的"世患"包括一切社会性的症候,世俗和脱俗都在其中,世俗和脱俗都同样未及道,仍然属于俗。

与山水有着纯粹的切身存在关系的人是渔樵。王维知道山水与渔樵的切身关系,有诗云:"行到水穷处,坐看云起时。偶然值林叟,谈笑无还期","分野中峰变,阴晴众壑殊。欲投人处宿,隔水问樵夫","若问穷通理,渔歌入浦深",等等。渔樵出没于山水之间,并非为了脱俗,其实渔樵从事的正是生活所需的俗事,山水首先是渔樵的生计,然而渔樵的质朴"山水智慧"几可及道。

那么,渔樵是什么人?渔樵虽然远离名利场而出入山林江湖,却不是功成身退的范蠡、张良之辈,不是隐居待沽的诸葛亮、谢安之类,也不是装疯扮酷的竹林一派,更不是啸聚山林的盗寇之流,也远远不及庄子所谓的真人,更加不是得道成仙的神仙,而只是以山水为生活资源的人,是非常接地气、对自然和人生有着丰富经验而见怪不怪的人。李泽厚先生在生计的意义上把渔樵识别为"劳动人民"①。渔樵以山水为生计,当然是劳动人民,不过还需进一步识别为劳动人民中的小众,有着朴素通透的智慧直观,宠辱不惊。张文江先生给出一个有趣的解释:"渔樵是中国的哲学家。"②这是在智慧深度上去定义渔樵。

渔樵之所以具有哲学的深度,张文江先生认为是因为渔樵之象暗喻人类文明的根基,意味着渔樵总能够从根本处去理解人类所做的一切事情。渔樵何以能够代表文明基础?他相信有一个隐秘的谜底:发明结绳作网而用于捕兽捞鱼的伏羲就是原始的"渔",而发明钻木取火的燧人氏则是原始的"樵"。渔樵就是文明的两个最早作者,他们的创作奠定了文明的最基本条件,也就是人类获取生存所需的食物和能源的手段。从知根知底的意义上说,渔樵最能够理解人类的根本努力。③那么,既然"渔樵这个象可以推到生存根源,只要人类没有灭亡,渔樵就会存在"④,所以渔樵贯通人类整个历史,既是过去,也是未来。渔樵只是代表生存手段的谜底,谜面早就随着时代而变成农业、工业、电子和生物技术了。不知道未来的人工智能机器人是否仍然表达了渔樵的象?这是个问题,如果是的话,人工智能的食物即能源,两者合二为一,那么,或许是历史的终结,或者是人的终结。

---

① 李泽厚,《美的历程》,文物出版社 1981 年版,第 168 页。

②③④ 张文江,《古典学术讲要》,上海古籍出版社 2010 年版,第 186 页,第 188—189 页,第 193 页。

据说渔樵闲时的主要话题是历史,于是,更有趣的问题是,为什么历史需要由渔樵来没完没了地谈论? 渔樵谈论历史到底谈论的是什么? 渔樵有什么资源或资格来谈论历史? 当然,无论是谁谈论历史,表面必定是故事,渔樵也不例外,但渔樵不是历史学家。历史学家会从历史事件被记载的描述(相当于故事)以及历史证据(考古文物、技术水平、生产能力、地理、气象之类)中去发现历史"真相"、历史变迁线索、因果关系、历史周期甚至一些颇为可疑的"历史规律"。

既然渔樵不是历史学家,那么对历史恐怕没有知识论的兴趣而无意于真相。对于渔樵来说,如果能够知道历史真相固然很好,历史真相却不是历史思想里的要紧问题,因为构成历史的历史性要素在任何故事中都已经齐备。就是说,兴衰成败,功名富贵,得失荣辱,是非正邪,强弱尊卑,形势时机,演化变迁,循环轮转,这些历史性的结构和运行方式在未必为真的历史故事中同样具备,因此故事与历史真相在历史性上是同构的,尽管面目大为不同。比如,假定历史真实的曹操是个真英雄,而渔樵谈论的是作为奸雄形象的曹操,虽不如实,却不影响三国的博弈格局和兴亡之道。历史真相可以增加历史知识,却未必增加对历史性的理解,因此,缺乏史学专业知识并不妨碍渔樵"理所当然"地谈论历史之道。渔樵只是"哲学地"谈论了历史,就是说,渔樵谈论的是"历史性"而不是历史。渔樵对历史的谈论虽然"得道",但不太可能直接讨论道。邵雍想象的"渔樵问对"多有直接论道之言,虽然精彩,却更像隐士高论,不似渔樵笑谈。

每种文化、社会或国家都有自己的历史性,即其兴衰之道和是非义理。《三国演义》的开篇词典型地表达了什么是渔樵的关注重点:"滚滚长江东逝水,浪花淘尽英雄。是非成败转头空,青山依旧在,几度夕阳红。白发渔樵江渚上,惯看秋月春风。一壶浊酒喜相逢,古今多少事,都付笑谈中。"其中核心意象似乎源于苏轼之"大江东去,浪淘尽,千古风流人物",以及辛弃疾之"千古兴亡多少事,悠悠,不尽长江滚滚流"。渔樵关注的不是历史事件或人物的是非曲直,而是作为命运的历史性,或者说历史性所解释的命运:在一种历史性之中,何者如水之逝? 何者如山之固? 在道的层次上,谁的得失都是得失,谁的成败都是成败。

时间本身虽然超越历史,但无人存在的时间并无意义,因此,人终究不可能借得时间的概念而超越历史,人只能守住人的意义,而人的意义只在历史中,因此人必须守住历史的意义,在此可谓历史是意义之界限。渔樵试图沟通天道与人道,通达于时间又守护历史,这又何以可能? 既然能够有意义谈论的是有限的历史,又如何达到无限时间的形而上层次? 唯一的途径是,渔樵通过无穷的话语不断谈论一切有限的生死存亡,即通过语言的无限能力而达到形而上的尺度——语言的能力是无限而且无穷的。

无穷的语言跟上了时间,谈论的却是有限的历史,于是就使无意义的时间落入有意义的历史之中,就像无穷展开的无理数,我们所理解的意义只在其有限展开之中。所以说,在历史之外的时间无意义,而无穷的时间在有限的历史之中显示其形而上的力量。伟大与意义是两件事情,无穷性、永恒性、绝对性是伟大的,但也是无意义的。以时间去超越历史是一种形而上幻觉,或者说,以形而上去超越形而下是一种理论幻觉;但是另一面,历史的有限意义在无穷时间中也变成无意义的,试图永远守住一种意义也是不可能的,任何意义都会消失。这意味着一个生活悖论:在时间中一切事情都不可能有意义,因此只能在历史中去建构意义,而建构意义就必须建构超越性,否则意义无处可依,因此历史的意义必须由时间来证明。唯一的出路是建构一个既有超越性又世俗的神话,使得形而上能够具体化为形而下。这里就需要渔樵的劳动人民智慧:把高于历史的山水封为永久性的超越存在,使之成为永久性的隐喻,同时以世俗的无穷话语去谈论皆为瞬间的无常世事,而使人事具有永久意义,这样,青史就与青山同辉而获得近乎永久的意义。

把事情永远谈论下去的方式，就是渔樵的谈论方式，这是一种凭借青山而论青史的谈论方式，也是一种超越功利和自我的谈论方式，即庄子所谓的"吾丧我"方式（《庄子·齐物论》），吾观万事之标准不再是代表一己之见的我，而代之以永久青山和无穷流水，以青山流水为尺度，则"是亦一无穷，非亦一无穷"（同上）。于是渔樵一定要借山水以观历史，以青山去看青史，山水成为一个纵览历史一切变化的常数尺度。山水不是历史的利益相关者，而是一切兴衰成败的无言旁观者，渔樵为之代言。渔樵站在山水的同样位置上，与山水一体，凭借山水的尺度，渔樵就有资格谈论历史。所以，对于渔樵，古今之事只是超越是非的笑谈，也正是在这个意义上，渔樵所谈论的是历史性，也即哲学化的历史，也就成为超越者，所见的历史乃是道的展开，"人间正道是沧桑"也是此意。

现在问题回到历史身上。历史当然不是用来笑谈的，其实，渔樵笑谈历史只是其"浊酒"风格，与其说是笑谈历史，还不如说是渔樵之见互为笑谈对象。因此，笑谈只是避免自己入戏，而能配得上青山的青史本身不可笑谈。历史沧桑的分量重于任何喜剧，甚至重于任何悲剧。历史虽有种种令人"有泪如倾"的故事，但历史性显示的是在喜剧和悲剧之上的超越性，那是任何人都无法左右的道。假定渔樵能够看破历史性，就像我们知道无理数是无穷展开的，渔樵也仍然难以看破历史的下一步，正如我们无法肯定无理数的下一数。只要人有自由意志和精神，就几乎不可能总结出历史规律。历史有道而无理，恰似无理数有道而无理。

历史如《春秋》者，以微言而显大义，或如《史记》者，通古今之变而知天人之际，无论微言大义还是古今通变都与伦理学无关，而是关于何为历史之道的问题。历史之道不是道德伦理，道德伦理乃一世之共识，尤其在道德伦理尚未产生根本分歧的古代社会里，通行的道德伦理是明显之义,几乎被认为是天经地义,无人反对,故无须以微言隐之。如果春秋之书果然有隐微之笔,恐怕也不属于伦理评价,作为共识的伦理无须隐藏,也无可隐藏。毫无疑问,历史书写总会包含伦理上的针砭奸恶,可问题是,伦理判断乃是直书显义,而历史之道,存亡变迁之道,才是历史研究试图破解的秘密,才是历史的隐义。换言之,一种历史的历史性才是历史变迁的隐义,也是渔樵看破而不说破的隐义——笑谈也许有助于不与说破。总之,史学不是伦理学的代言人,而是文明秘密的发现者。与作为入世史学的正史不同,渔樵史学是世外史学,但不是野史。如前所述,渔樵史学以青山为尺度而观青史,意在历史性而不是历史,所见乃历史之道而超越历史恩怨。

【思考】

1. 本文的思路与表达有一个严密的推论过程。绘制本文的思维导图,理清文章的论证思路。

2. 为什么作者将山水、渔樵与历史的言说相关联?

后记

让学术滋养性灵

余党绪

　　本书选录的文章,有的是独立的学术论文,像郭沫若的《甲申三百年祭》、葛兆光《严昏晓之节——古代中国关于白天与夜晚观念的思想史分析》;有的则是学术著作的章节或片段,如佩雷菲特《在皇帝脚下》、梁启超的《论周末学术思想勃兴之原因》等。这些文章从结构到风格,从论证到注引,都是严恭静正,有模有样。也选录了几篇不太"正经"的学术性文章,像鲁迅的《魏晋风度及文章与药及酒之关系——九月间在广州夏期学术演讲会讲》、孙绍振的《〈祝福〉:礼教的三重矛盾和悲剧的四层深度》,这两篇都是先演讲再成稿,行文风格迥然不同于前列诸文。鲁迅不仅是文学大师,也是公认的现代学术先驱,但他这篇谈论"魏晋风度及文章"的文章,则在杂感与论文之间,启发有余而论证不足,读来有疏朗跳脱之感。雷颐的《"一蓑烟雨任平生"——郭嵩焘的崎岖人生》算是一篇学术性随笔,触及很深,但未能展开;冯至的《长安十年》是《杜甫传》的一个章节,虽然作者声称"力求每句话都有它的根据,不违背历史",但作为叙事体的传记,终归离不开想象与虚构。

　　罗列种种,只是想说明,本书所说的"学术",是泛义的——不苛求文体,不苛求形式,只要以求真为目的、以论证为主体的文章,都算具有学术性。考虑到中学生的阅读兴趣与认知水准,选入这些非典型的学术性文章,是很必要的。当然,还有一个背景,那就是晚近以来,人们对学术的理解似有越来越开明的趋势——据说黄仁宇的《万历十五年》完稿后,在美国竟然找不到出版商,原因在于此书太不合乎历史论著的学术规范。如今,谁还会否认《万历十五年》的学术价值呢? 就我自己而言,20多年前读《万历十五年》的那种新奇与刺激,至今记忆犹新。

学术的目的是求真,求真的手段是论证,以论证求真知,这是学术的精髓。本书定名为"学术文章的论证魅力",无非是希望读者理解作者求真的宗旨,感受文章论证的魅力。入选的所谓"非典型"文章,看似不够学术,但其精神内里是清晰的:旨在求真,重在论证。

引导学生阅读学术性文章,起初完全是无心之举。当初开展万字长文实验时,就一直留意,什么样的文章能够引发学生的兴趣,且有积极的阅读效益。几年下来,我发现学术性的随笔、传记总在学生的肯定之列,其中佼佼者,感性的魅力与理性的力量并存互见,既激荡情怀又发人深思,最能引发学生的兴趣与探究。于是便有意增加这个方向的选文,除了继续推荐可读性强的随笔与传记,还有意推荐了少量严恭静正的学术文章,让学生尝鲜。事实证明,像朱光潜的《中西诗在情趣上的比较》这样的文章,学生也能硬着头皮把它"啃"下来——尽管不无抵触,但在一阵惊慌与抗拒之后,多数人还是能进入静心而持续的阅读状态。于漪老师一直倡导教师要读一点"磨脑子"的文章,我觉得,学生其实也该读一些"磨脑子"的文章,让他们的阅读欲求始终处在一个新奇与开放的状态。

学术性文章的阅读,还有一个重要原因,那就是对国际语文教育的参考与借鉴。2007年,一个偶然的际遇,我开始接触批判性思维,接触欧美的思辨读写。可以说,他们的阅读内容与教学设计让我震惊。内容的厚重与开放自不必多说,教学上的学术性追求更让我汗颜。是的,就是学术性追求。当我们普遍觉得中小学教育跟学术不沾边的时候,求真与论证早已融入他们的读写活动中,早已成为他们的一个教学常识。他山之石,可以攻玉,这以后,学术性便成了我思考教学问题的一个基本维度,而学术性文章的阅读,也与这样的思考密不可分。

何谓"论证魅力"?当我写下这一词组时,我头脑里同步闪现的是批判性思维。按我的理解,批判性思维就是一种学术性思维,体现的正是"以论证求真知"的理念。批判性思维的核心是论证,这一点毋庸置疑;而衡量思维品质高下的主要维度,也是论证,这一点可见证于各种权威的思维测评。一篇学术性文章的水准,取决于其论证水准,譬如话题的范畴与边界是否清晰,假设前提是否正确,证据是否真实且有论证力,推理过程是否合乎逻辑,在论证过程中是否充分考虑了非理性因素的影响,等等。说到底,论证的魅力,源于论者对事实与规律的尊重,对知识与逻辑的尊重,对证据与推理的尊重。

批判性思维研究领域富有影响力的人物理查德·保罗这样表述他的论证理念:"我不会随意认同任何信念的内容,我只认同自己形成这些信念的过程。我是一个批判性思维者,而且,正因为如此,我随时准备摒弃那些不能为证据或者理性思考所支持的信念。我已经准备好了紧紧跟随证据和推理,任凭它们把我引领至何方。"

这也是学术精神的核心吧。

学术性阅读的价值究竟何在?也许有人会问,中学又不是培养学者的地方,为什么要开展学术性阅读呢?这种急功近利和僵化机械的阅读心态,或许正是学术性阅读被长久忽视的重要原因。中小学的学术性阅读,自然也要学一些学术研究与表达的方法与规范,但更重要的,还是指向学生的人格发育与思维发展。古人说,腹有诗书气自华。其实,诗书要转化为美好的气质,也是需要条件的:一是诗书本身必须丰硕,若诗书本身是荒凉贫瘠的,拿什么涵养出不凡的气度? 二是读书人自己也得有含英咀华的本事,缺乏必要的感悟与思辨能力,再好的诗书也没有意义。"以论证求真知"的学术文,涵养的正是求真的意志与理性的精神,凡事诉诸证据与推理,诉诸知识与逻辑。这恐怕就是我们常说的"书卷气"吧?

"书卷气"不仅倚重于旁征博引,而且来自慎思明辨。

让学术滋养性灵。

在本书的编选过程中,我的工作室学员陈佳、陈思源、程欢、韩军延、黄艳嬿、胡亦佳、金鹰、刘敏、史红秀、王菁、王琳、吴萍、魏艳峰、徐丽丽、张航、张思聪、左书珍等老师参与了相关工作。

这里要特别感谢《语文学习》编辑部的朋友们,他们是何勇、张少杰、易英华、陈晓琼、顾薇薇和向文祺等。从"思辨读本"的策划、编辑、出版到发行推广,他们付出了很多心力。这种付出,不仅出于职业和工作的需要,也出于对思维教育的理解与期许。

谢谢你们。

关于本书版权事宜的启事

 收入本书的文章已获得大部分作者的授权，但还有部分作者没能联系上。请这些作者看到本书后直接与上海教育出版社联系，以便寄上样书和稿酬。

图书在版编目（CIP）数据

学术文章的论证魅力 / 余党绪编. — 上海:上海教育出版社, 2019.11（2024.2重印）
（中学生思辨读本）
ISBN 978-7-5444-9580-6

Ⅰ.①学… Ⅱ.①余… Ⅲ.①阅读课 – 中学 – 课外读物
Ⅳ.①G634.333

中国版本图书馆CIP数据核字(2019)第244729号

责任编辑　顾薇薇　陈晓琼　向文祺
书籍装帧　一步设计
封面设计　陈　芸

中学生思辨读本
学术文章的论证魅力
余党绪　编

_____

出版发行　上海教育出版社有限公司
官　　网　www.seph.com.cn
地　　址　上海市闵行区号景路159弄C座
邮　　编　201101
印　　刷　上海展强印刷有限公司
开　　本　890×1240　1/32　印张 11.75　插页 1
字　　数　295 千字
版　　次　2019年11月第1版
印　　次　2024年2月第7次印刷
书　　号　ISBN 978-7-5444-9580-6/G·7895
定　　价　39.00 元

_____

如发现质量问题，读者可向本社调换　电话:021-64373213